千年文明史

Vom Anfang bis heute

Eine kleine Geschichte der Welt

[德] 勒尔·兹威克（Loel Zwecker）◎著　黎阳◎译

中信出版集团 | 北京

图书在版编目（CIP）数据

千年文明史 /（德）勒尔·兹威克著；黎阳译 . --
北京：中信出版社，2019.8
ISBN 978-7-5217-0722-9

Ⅰ . ①千…　Ⅱ . ①勒… ②黎…　Ⅲ . ①世界史–文化
史　Ⅳ . ① K103

中国版本图书馆 CIP 数据核字（2019）第 109152 号

千年文明史

著　　者：[德] 勒尔·兹威克
译　　者：黎　阳
出版发行：中信出版集团股份有限公司
（北京市朝阳区惠新东街甲 4 号富盛大厦 2 座　邮编　100029）
承 印 者：北京通州皇家印刷厂

开　　本：787mm × 1092mm　1/16　　印　　张：20　　字　　数：243 千字
版　　次：2019 年 8 月第 1 版　　印　　次：2019 年 8 月第 1 次印刷
京权图字：01–2019–3330　　广告经营许可证：京朝工商广字第 8087 号
书　　号：ISBN 978–7–5217–0722–9
定　　价：69.00 元

历史不是简单地就发生了，
我们所有人都能对它产生影响。

献给

叙泽特

目　录

第5章

参赛者和思想者

第6章

照明和大众素食

第7章

焚书的皇帝

第8章

第一个超级大国

前言

历史是什么？为什么要讲以前的事？

几年前一个朋友问我，对童年最早的记忆是什么。这个问题还真不好回答。有时我们对有些事记忆犹新，事实上只不过是看过相关照片，比如小时候玩球或者用塑料铲子在沙滩挖沙子的照片；或是曾听父母说起这件事，我们之后把它当成了自己亲身经历过的。对于朋友的问题，最终我想起了童年的两件事。

其一是喝梨肉酸奶的事。我小时候特别喜欢某种加了梨肉的酸奶。一次，我跟着母亲从商场回到家，开心地从购物袋中拿出酸奶，跑去厨房拿勺子。我一边跑着，一边迫不及待地打开了酸奶盖子，把酸奶洒到了石质地板上，我踩到酸奶滑倒了，额头刚好磕在厨房的木头门槛上，流了很多血。家里人立刻将我送到医院，缝合伤口。

我不知道踩到酸奶滑倒的细节是不是我臆造的，因为整件事听起来有点像动画片里的情节，不过其余的事情都是真的。在那之后，很长一段时间内我的额头都缠着绷带，看起来像是戴了一顶拳击选手的头盔。

另一个记忆是关于我们家的狗史奴佛的，那是我大约 4 岁时候的事。史奴佛是一只维希拉犬，一种长着红褐色短毛的匈牙利猎狗。史奴佛很喜欢游泳，一次，我带它去一个人工湖游泳。我抓着它，它带着我游到湖对岸。它精力充沛，我其实只是它的累赘。即便如此它也没有丢下我，一直保护着我，小心地划着水。

虽然这两段记忆并没有对我产生深远的影响，但摔倒后我额头上就留下了一个疤，那之后我在有棱角的台阶附近拿着酸奶时就更小心一些。第二件事对我的影响是，直到 40 年后的今天，我每次在路上看到维希拉犬都很高兴。也因为在人工湖游泳的这一经历，维希拉犬成为我最喜欢的狗。如果我的父母当时养的是一条腊肠犬，可能我最喜欢的就会是腊肠犬了。

我们所有人在一生中都有过很多经历，一些很愉快，另一些却不那么愉快；有些经历留下了伤疤，有些则影响着我们对人、事、物的喜好，因此这些记忆对我们当下起到了重要的作用。也是记忆中的这些特殊的经历让我们变成了现在的我们，因此记忆十分重要。幸亏有它们，我们才能对比现在和从前，也才能更好地进行推断。假如我们没有记忆，没有幼儿园、小学时期和对从前住所的记忆，那么我们就不知道自己从哪儿来、自己是谁。当然每个人都会有不同的记忆，对相似或相同经历的反应也各不相同，但我们都会受其影响。

我们不是总能清楚地记得所有事情，但很多人都记得初恋是谁、长什么样子，记得第一位老师、第一场流行乐演唱会。我们能想起曾遭遇的特别危险或困难的状况，还有我们是怎么克服它的。别人向我们描述他们的记忆的时候，我们当然也能从中受益，这能帮助我们进行自我定位。朋友和父母常跟我们分享他们的经历。父母比我们年长，拥有丰富的阅历。他们很多时候还能汲取他们的父母，也就是我们的祖父母的经验。在我们出生前，祖父母也曾讲述过他们的经历。某些回忆从曾祖父母、曾曾祖父母一直追溯到我们从未谋面的祖先，追溯到生活在 100 年、200 年、300 年或者 1 000 年前的人们。就这样，过去发生的很多事情造就了我们，是它们组成了我们的历史。

但是某些人最初的记忆往往与糟糕的经历相关。他们可能会回忆起尖叫、爆炸、碎片、血、尸体和街道上躺着的伤者；可能还记得，4 岁时炸弹曾袭击他们居住的城市，或是乘船漂洋过海，逃离充满饥荒、贫穷或者正处于内战的家乡。对他们来说，个人的回忆与历史事件紧紧相连。也就是说，该事件以相似或相同的方式同时影响很多人，它让很多人陷入危险或者改变了他们的命运，这就是所谓的历史。

某些历史事件仅仅发生在几个月、几周或几小时前，其中的大多数与我们没有直接联系，因为它们可能发生在其他地方。当然即使有地域限制，有些戏剧性的事件我们也无法完全置身事外，例如恐怖袭击、内战和难民潮。我们能通过电视、报纸或网络关注这些事件。我们可能比从前更担心安全，因此在机场安检时我们要等待更长时间。看到别人经受如此糟糕的事情，我们很悲伤，想帮助他们。有一些事件不久前刚发生过或已持续多年，有一些事件则发生在几十年、几百年或几千年前，由我们的父母、祖父母或者历史书籍向我们讲述。

回想历史，我们往往想到战争，例如二战。在二战中牺牲、受难、流离失所的有几亿人，幸存者不得不重新安顿自己的生活。如果没有二战，我们之中的一些人可能会生活在另一个地方。为什么？因为战争让我们的祖父母或父母不得不逃离家乡，迁居他处。即便是几百年前发生的历史事件对我们如今的生活也很重要。例如 1789 年法国大革命爆发之后，人们才逐渐明白了这样一个道理：无论贫穷或富有，无论是乞丐或亿万富翁、农民或公爵，所有人都拥有同等的价值和权利。那之前的几百年中，并不是这样。绝大多数民众穷困潦倒且被压榨。大部分人一生必须遵从贵族、教皇和国王的命令，害怕遭遇不公正的处罚。直到200多年前，这一情况才有所改观。我们如今拥有的权利，是当时很多勇敢的人共同艰苦抗争的结果。

另一些更古老的文明进程在当下仍然影响着我们的生活。约12 000年前，人们慢慢地不再四处迁移，不再居住在洞穴或帐篷里，不再是狩猎者或食物采集者。他们开始定居，建起房屋。这是如今我们的定居生活方式的雏形。

这些历史事件共同决定了我们及亿万人的生活和行为方式。某些事件仅仅是我们各自生活的一部分，另外一些却具有历史意义，并以某种方式影响着我们每个人。在本书中我将阐述的正是后一类事件。在此过程中，我不时会将具有历史意义的事件与不同的人的个人经历联系起来。

历史不仅是革命和战争。在几千年的时间中，人们创立了哲学思想，创建起宗教，也创造出了艺术品。它们根植于人们的日常生活。此外，还出现了一些重要的发明，例如石斧、篝火、文字、金字塔、化妆品、运动、骑士精神、铁路、全身麻醉、灯泡、时尚、流行乐以及网络等。大部分发明至今仍影响着我们的生活、思维方式和审美，它们甚至能影响我们的愿景、梦想和对幸福的认知。

因此，更多地了解它们发生的过程既十分有益又使人兴奋。对于很多具有历史意义的发明和进步，人们已记不清它们是谁创造，或由谁发起的了。大多数时候有好些人参与其中，而如今往往没有人或者只有很少人记得这些人，仅有少数几个人得以留名青史。他们可能是发明家、将军或国家元首、总理、国王或皇帝，例如恺撒大帝、埃及艳后、拿破仑或奥巴马。他们也可能是革命家、自由斗士、探险家、学者、科学家、哲学家、作家、艺术家或电影明星。

在写本书时，我曾询问过几位年轻人对哪些历史人物尤其感兴趣，原因是什么，其中包括我 13 岁的教女玛丽娜和我 10 岁的侄子雅克布。他们提到了形形色色的历史人物：强大的征服者亚历山大大帝、涉猎广泛的艺术家兼发明家达·芬奇以及沉迷节食和健身的茜茜公主、世界近代史上最糟糕的国家元首之一希特勒，还有印度自由斗士兼和平推动者甘地。我将一一谈到这些具有深远影响的人物，并阐释他们之所以让人感兴趣的原因。

书中会出现一些名人，也会有像你我这样的普通人。我们甚至还会讲到我们祖辈和父辈的故事。20 世纪 60 年代他们为何会爱好流行乐、大胆的时尚和长发，并以此颠覆其父辈的生活方式？他们又为我们如今的生活做出了何种贡献？我们还将会看到，200 年或 1 000 年前的孩童是如何完成超出我们想象的、奇特的且高度危险的工作的。

从历史中我们能学到，人们在各种不同情况下和某些极端的环境下是如何行动的。了解历史的人不会轻易上当，反而能更快地洞察一切，学到新的知识。了解过去，就能更好地解读当下，这正是历史值得我们去研究的原因。熟悉过去，也能更好地构建未来。历史不是简单地就发生了，我们所有人都能对它产生影响。我们能在学校参与反对种族主义的活动，成年后也可参与选举。我们能参加游行表达对某件事的支持或反对，也能跟别人分享我们的经历或参与讨论。

在本书的各个章节中，我将讲述世界的历史，从约 46 亿年前地球诞生到 21 世纪。在这次时间旅行中我们将穿越古代、中世纪、近代，最终到达现代。我会对尤为重要的部分稍加赘述，另一些只会一带而过。我希望能以这种方式呈现清晰易懂的历史全貌。

第 1 章　从一个细胞讲起

从地球诞生经霸王龙时代直至人类出现：时间轴上最初的46 亿年的世界史。

哪个物种是地球上最成功的生物？这个问题当然很难回答。成功的定义到底是什么？这取决于人们认为什么是重要的。迄今为止生存时间最长的物种当属犀牛。犀牛已经在地球上生活了约 5 000 万年，而与人类形态相似的智人才出现了约 20 万年。犀牛在地球上生活的时间比人类长近 5 000 万年。

除了生存时间长短以外，还能怎样评价一个生物成功与否呢？它生活得是否幸福？或者它是否让其他生物生活得幸福？我们很难去调查在非洲和亚洲的热带草原上犀牛们的相处有多和谐、多幸福，我们也无从比较犀牛和人类生活的幸福度。但是我们能肯定地说，头顶巨角、身披厚甲的犀牛看起来虽然极具攻击性，其实比较内向和胆小。相较人类来说，它们相互间更少起争执。它们小心地对待周围的环境，甚至不会伤害苍蝇，因为它们完全食素。

关于犀牛的这些信息让人印象深刻，但是它连生存时间最长的世界纪录都保不住。什么叫生存时间最长？ 4 亿年前就有鱼类，包括体形似鱼的鲸。当时的鲸看起来跟现在的差异很大，比如皮肤就很不一样。因此至今生存年代最久且变化甚微的物种应该是无甲目生物了，可爱的无甲目生物拥有华丽的修长身躯及弯曲上扬的尾巴，通常全长仅有 1.5~3 厘米，生活在池塘等狭小的水域中。2.2 亿年前它们就存在了，它们在地球上出现的时间大约与恐龙一致。

恐龙当然比无甲目生物要强壮得多，但是它灭绝的时间比无甲目生物早得多。约 6 000 年前，最后一批恐龙灭绝。到那时为止它们也已经存在了 1.6 亿年之久。它们曾是地球上最强大的生物，臭名昭著的霸王龙（Tyrannosaurus Rex）也得名于此：拉丁语中的“恶霸”（Tyrannosaurus）和“帝王”（Rex）共同组成了“霸王龙”。其他任何物种都无法伤害霸王龙或其他大型恐龙。大型恐龙体型高达 10 米以上，身长达 20 米。让它们灭绝的并不是其他物种。6 000 年前很可能有一颗陨石，一颗在太空中飞行的巨型石块，撞击了地球。陨石触发了强烈的冲击波和大范围火灾，也可能导致了火山爆发，地球满目疮痍。气候也产生了变化：不久后地球遭遇干旱，植物灭绝，食物紧缺，无法满足大体型动物的需求。最终恐龙灭绝，仅有无甲目生物等小型生物得以幸免。

无甲目生物体型小，足够灵活，平安地度过了这段艰苦时期。它们以无处不在的海藻和细菌为食，这也是它们得以存活的原因。我们又说到了地球上最成功生物的下一位入围者——细菌，具体说来是蓝细菌。这一类型的细菌确实是地球上最年长的生物：它们生存了约 35 亿年。细菌的细胞和我们人类的相似，都是由氨基酸和蛋白质组成的，但它们的细胞数量少得多，有时甚至只有一个细胞。这类细菌成群出现，如今我们熟悉的是它的一种绿色浮游生物形式，它们多出现在水域中或鱼缸的四壁，偶尔也以蓝色物质的形式附在岩石表面。因此，蓝细菌之前也被称作蓝藻。

蓝细菌很顽强，它们能在严寒的北极和地下温泉中生存。此外，它们也能在最极端的甚至无氧的环境中生存，这也是它们成为地球上最年长生物的原因。大气层中聚集的氧气还不足以供动物（包括人类）生存的时候，细菌就已经在地球上出现了，因为在很长一段时间里地球上的空气是由氢气、氦气和氮气等其他气体组成的。更具体的情况我们无从得知，当时没人能观察记录这些情况。所有关于地球最开始的历史的信息，所依据的都只是想法和理论。这些理论是由科学家们——地质学家、化学家、物理学家及天文学家——提出的。虽然他们以测量、实验和计算支持自己的理论，但其中也不乏猜想。

就连地球本身是如何形成的，专家们也只能借助理论来解释。就我们目前所知而言，在约 46 亿年前，太阳刚形成后不久，在它的影响下，地球诞生了。太阳的形成是气体云层和尘埃颗粒混合的结果。约 138 亿年前，宇宙大爆炸后，这些气体云和尘埃一直飘浮在宇宙中。太阳诞生时各种物质和元素相互反应，导致了一次小型爆炸。这一核反应——原子分裂反应再次释放出更多的能量和热能。至今为止太阳仍不断地发生着核反应，因此这颗黄色火球持续放射着光芒。

原则上来说，地球形成的方式与太阳相似，结果却大相径庭。地球也是由在宇宙中飘浮的气体云和尘埃颗粒组成的，但没有发生爆炸和核反应。颗粒通过旋转聚集成块状物，因为重力的作用，越来越多的块状物被吸引过来，聚集在已有雏形的地球表面。由于外部热力的炙烤，金属元素和块状物融化为一体。最初地球十分炙热，随后慢慢冷却下来。随着时间的推移，它才逐渐成形，变成如今表面有些许凹凸不平的球体。

在最初的几十亿年中，刚诞生的地球温度很不稳定。时热时冷，有时极度干旱，之后又连着下几千年雨。在此过程中，海洋形成了。又过了 10 亿年，最初的生物——蓝细菌才出现。又过了几十亿年，才出现其他生命形式。

进化：从鱼鳍到腿，时间显微镜下的历史

从地球形成到人类诞生，这段历史持续时间之长，超乎想象。在这一

过程中有几个标志性的阶段，我们可以像穿越时光隧道一样一一回顾这些阶段：46 亿年前地球形成，35 亿年前微生物形式的最初生命体——蓝细菌出现，7 亿年前最早的植物出现，5 亿年前最初的动物——无脊椎水生物诞生，4 亿年前出现鱼类，恐龙和无甲目生物诞生于 2.2 亿年前，鸟类出现于 1 亿年前，距今 9 000 万—5 500 万年前灵长类动物以猴的形式首次出现，500 万年前原始人诞生，直立行走的人类出现在 200 万年前，现存物种——智人生活在约 20 万年前。

人类处在其他物种的漫长进化史的最末端，至今为止仅参与了地球历史的极短的一部分。如果我们把地球的历史想象成一天，那如今的人类才刚刚诞生几分钟。

地球上的生物经历了漫长的时间才演变成现在的形态。这一过程叫作进化，它就像时间显微镜下的历史一样。进化一词来源于拉丁语中的“evolvere”，意为“发展”。进化代表着经过许多世代不断发展的过程，能持续几千年甚至几百万年。进化既没有计划也不受控制，它的主要依据是基因突变和自然选择。基因突变是遗传信息随机性的变化，是由分子中的遗传基因造成的。基因能影响生物形态、大小及行为方式。这就像是大自然在掷色子，谁都不知道会出现什么结果。通过这种方式，生物的形态就能在几千年、几百万年间发生变化。有些生物的体型变大，鱼鳃和鱼鳍蜕化形成肺和腿。

自然选择的意思是，由大自然决定上文中的随机性变化——基因突变能否长期进行下去。例如以飞蛾做一个简单的例子，每只飞蛾的翅膀都是灰绿色的，但花色各异，有些飞蛾的翅膀上可能有亮色的花纹，有些飞蛾则没有花纹。在某些特定环境下，没有鲜艳花纹的飞蛾更不容易被鸟类等天敌发现，因为它们灰绿色的翅膀与树叶的颜色十分相近，帮助它们成为出色的伪装者。因此与带有鲜艳花纹的飞蛾相比，这些飞蛾往往更不容易被鸟类捕食。所以存活下来的花纹较少的飞蛾的数量更多，其繁殖的数量也更多。几代之后，在这一环境中仅剩下没有鲜艳花纹的飞蛾，带有鲜艳花纹的飞蛾灭绝了。

这种情况下，进化就表示花纹较少的，即伪装得更好的飞蛾在自然选择中获胜。但除了为进化做出的努力和进步以外，生物个体并没有察觉到这一切。花色各异的飞蛾这一简单的例子涉及的仅仅是进化中极小的一部分。我们可以想象，实现更大的变化需要多少时间。例如从鱼鳍到手臂的变化以及从鱼类到原始人的变化历经了约 4 亿年的时间。

从原始人发展成如今的人类也花了很长的时间。几千万年前，猿及随后的人类等灵长类动物才出现，而 500 万年前原始人才出现。早期的原始人头颅很小，下颚突出，拥有坚实的牙齿，用四肢行走。但为何在约 200 万年前原始人逐渐开始用后肢直立行走，最终甚至所有原始人都直立行走了呢？

学者们对此有过一些理论上的研究。一些学者认为，在某些地区，直立行走的原始人曾拥有进化优势：他们把头伸出热带丛林高耸的树枝，便能眺望远方。与用四肢行走的同类相比，直立行走的原始人能更容易发现敌人，例如肉食性猫科动物等，因此更易逃脱追捕。此外，在他们奔跑时，手被解放出来，便可以手持工具和武器，在猫科动物袭击时就能用武器保护自己。

这样我们就说到了推动人类进化的下一个重要进程——原始人的脑容量逐渐增大，比先前大了一倍。聪明的大脑让他们能够使用越来越多的武器和工具。随着这一发展，大约在距今 20 万年前便出现了上文提到的智人（Homo sapiens）。这一名字来自拉丁语，表示“智慧的、聪明的人类”。他们的脑容量比至今为止所有人类的都大。随后智人的活动范围逐步扩大，他们的近亲却逐步灭绝，例如生活在距今约 3 万年前的尼安德特人。

早期的人类以小规模聚居形式生活。他们居住在洞穴中，也会用树枝或长毛象骨头搭建起类似帐篷结构的房屋，再以动物皮草覆盖。他们用石头制造标枪、斧头、刀具等工具和武器，以狩猎和采集的方式获取食物。也就是说他们不会种植蔬菜和粮食，也不驯养牛等牲畜。更多的时候他们猎获羚羊、鹿和兔子，并以从灌木丛或树上采摘的野生浆果为食。很多人居无定所，随着天气和野生资源迁徙。也就因为这个原因，他们没有太多资产，仅有一些维持生存的必需品：抵御严寒的皮毛，以及标枪和石器。

在冬季，以狩猎和采集食物为生的智人常常受冻。因此有了更重要的一大发展——学会了生火。篝火驱走了严寒，这使得智人在夜晚能更长时间地保持清醒。日落后他们不再是立即缩进皮毛中马上入睡，而是围坐在一起。可以想象智人是怎样凝视着火焰，陷入思考，然后不知何时有了娱乐的兴致的。

于是他们玩弄起泥巴和木炭，并发现捏碎泥巴或木炭之后会有彩色的碎屑或粉末留在手指上，他们也许开始尝试用唾沫除去这些颜色。在此过程中，他们明白了色素和唾沫、水或油脂混合就能制成颜料。他们用这些颜料创作出了岩石和洞穴中的壁画。多数壁画描绘的是狩猎鹿和长毛象的场景，偶尔也有臆造的猎物。这大约发生在4 000年前，是艺术诞生的时刻。这些图画最初可能主要用于祭祀神灵。在某些地方它们也是魔法的一部分：最初的画家以为能通过图像将猎物事先禁锢起来。或者他们也许只是想展示狩猎中令人激动的瞬间，使其流传后世。

有的狩猎者和采集者还会制作饰品或乐器。最早的乐器是由骨头制成的笛子和棘轮。棘轮大多呈椭圆形，早期的音乐家们结绳将它固定，不断旋转，随着转速的变化，棘轮能发出高低不一的声音。智人就这样挥舞着棘轮，绕着圈儿，欢快起舞，直到感到晕眩。

棘轮发出响声预示着派对即将开始。最初人们通过发出咕噜的声音和吼叫来商讨一些严肃的问题。但随着时间的推移，他们拥有了更精准的表达工具——语言。这也是很重要的一大进步。因为通过语言，人们能交换更多的信息，也能很快地学习。人们能用高度发展的语言对事物进行分析，遇到困难也能相应地做出反应，同时也能策划将来的某一行动。因此在进化过程中，人类与其行为的变化比其他生物更快。

首次世界变革：人类定居

其中最大的变化之一是，人类不再为了狩猎和采集食物而四处迁徙。他们开始定居，开始建造房屋。这发生在距今约 1 万年前，这是人类历史上重要的里程碑。这是如何发生的呢？某个时刻人类可能察觉到，谷物的种子落到土地上便会长出粮食。他们开始在后院和田野上耕种，修建茅舍。同时他们也预先为冬季和困难的时期存贮和搜集粮食。

人类定居的生活方式也对其他动物产生了影响。刚成为房主的他们喂养狼，逐渐让狼变成房屋的守卫者——狗。他们饲养家猪，家猪比野猪更加肥美，也有更多肉。牛羊则产奶。如今茅舍为人类用牛奶生产奶酪提供了合适的空间，虽然制作过程有些漫长。他们利用谷物发酵制成啤酒，用蜂蜜和葡萄发酵酿造蜂蜜酒和红酒。从这时起，人类才能第一次真正喝醉。

人类不仅越来越奢侈地制作食物和酒精麻醉剂，也开始制造更多设备和工具。也许是一个偶然，人类发现了金属。可能有人在某块含铜的岩石附近生火，红色的铜受热之后熔化，从石头中流出，冷却之后凝固成特殊的形状，就像德国人新年浇铅[①]之后凝结的形状一样。他们很快就知道了金

① 新年浇铅是德国迎接新年的传统活动之一。人们用蜡烛熔化勺子里的铅块，然后倒入冷水，待其凝固后，根据形状预测新年运势。——编者注

属遇火会变软，能用于制作饰品和设备。

但是铜有一个缺点：冷却凝固之后它仍然太软，无法用于制作武器和工具。铜剑并没有什么用，因为一旦被击打就折了。一些机智的铁匠开始钻研，一次有人把锡和铜混合，发现合金比较坚固。这就是公元前 3 世纪起开始投入使用的青铜。它能用于制造刀具和剑。此前在长达 200 年的时间里，人们一直用木头和石头制作刀剑，因此此前的时代被称作石器时代。公元前 3 世纪，新发现的合金开启了青铜时代。

定居下来的人类发明了新技术，也储存了足够的食物，即使在灌木不产浆果的冬天，他们也很少有遭遇饥荒的风险，于是便形成了较大规模的居住区和群体。人们不再像从前一样艰难地四处搬迁财物，而是由一些人负责在茅舍看守工具、餐具、饰品、衣物、玩具、桌椅和柜子等财物。人类已经可以打造出一个舒适的家。室内装饰的出现也是人类历史上的一大进步。在此前狩猎和采集食物的几千年中，人类一直生活在没有家具的帐篷或洞穴里，在地上、坚硬的岩石上或者树干上进食。

定居后的人类开始分工合作。有人擅长饲养动物，有人擅长用麦秆铺设房顶，有人制造工具以供手工业者使用。于是便产生了贸易。

但是这也导致了新的冲突。越来越多的人共同居住在日显狭小的空间里，他们争论的问题是：哪块区域属于谁，邻居的牛的放牧范围能有多大，谁家篱笆应该设多高，谁家狗晚上是否吠得太大声。同时更重要的是怎样组织、管理和团结这个集体。法律能帮助处理财产关系，共同的信仰也能发挥作用：当许多人朝拜同一个神的塑像，施行相同的入殓仪式，他们就会感到自己与其他人同属于一个集体，即使他们并不相识。

约公元前 3000 年开始，这些仪式开始盛行。尤其重要的发展是，人们开始学习书写和阅读。通过新发明的文字，人类能更好地进行组织管理、遵守法律、交流饲养及耕种方法和信仰等方面的知识。那时发生的所有事以及能打动人心的事物被记录下来，成为最早的文字记录。这些发展最早出现在我们所说的中东地区。它覆盖了如今叙利亚、以色列、伊拉克和埃及等国家。接下来几个章节的内容就是关于在中东地区诞生的充满创造力的发明。

第 2 章　金字塔和香水

古埃及人如何在 5 000 年前建造大型建筑，享受奢华生活？

公元前 3 世纪，一种昆虫——屎壳郎家族的成员——甲壳虫在埃及完成了一个令人叹为观止的转变。这类甲壳虫的习性是将其他动物的粪便滚成球。它们白天在地面滚动这些小球，夜晚则将屎球推进地面的小孔中。它们以此为食，同时也在其上产卵。小甲壳虫从屎球中扑扇着翅膀飞出来，随后开始在地面爬行。

不知何时，一些在田野劳作的埃及人注意到这一过程。他们围着这些从地里飞出来的甲壳虫，十分惊诧：地里突然冒出来的这些小昆虫之前是怎么钻进去的？他们无法解释。一天有人就想：关于甲壳虫和它们的屎球，一定有种特殊的神力在发挥作用。什么神的神力呢？或许从甲壳虫的行为上能找到蛛丝马迹。

果然找到了。一段时间后有人发现，甲壳虫推动屎球的方式与古老传说中太阳神滚动他的太阳圆盘相似。太阳神在天上滚动太阳圆盘，从日出到日落。此外，神和甲壳虫还有一些共同点。甲壳虫和它的小球在地下度过黑夜，神也如此：一天结束的时候他和圆盘一起消失在天际。第二天清晨，太阳也如此奇迹般地再次从地面诞生。有时阳光照射在甲壳虫光滑的甲壳上，经过反射，小小的甲壳虫宛若刚升起的太阳。

经此阐释，那时的埃及人得出结论，甲壳虫就是太阳神凯布利的化身。凯布利被奉为早晨的太阳神，代表着创造与革新。于是小小的甲壳虫就成了伟大的太阳神的化身。人们用金子和彩色的石块制作成甲壳虫形状的护身符，以此向它致敬。甲壳虫被人们当作幸运符挂在脖子上，被命名为圣甲虫。

在古埃及，很多神是幻想出的人类和其他动物的合体，每个人都能从独特且优点各异的众多神灵中选择一个最喜欢的神，这取决于个人的喜好或当下的境遇。孕妇被塔沃里特女神吸引，塔沃里特是孕妇的保护女神。在画像和雕塑中，她被塑造成腆着大肚子的河马，但跟人类一样直立行走。或许是因为当时的埃及人看到体态丰腴的尼罗河河马时也跟我们一样忍俊不禁。但是在某些方面神灵表现得很严肃且令人敬畏。同时代也有强壮的动物赐予妇女力量和勇气的画像。

和尼罗河河马一样，尼罗河本身也充满神力。尼罗河从南至北贯穿整个埃及，离尼罗河仅几千米以外的地方都被沙漠覆盖，因此几乎所有埃及人都生活在尼罗河沿岸，河水赋予他们生命。

大约从公元前5000年起，越来越多的人在湿润丰饶的尼罗河沿岸定居，这里便形成了聚居区，从最初的村庄形成后来的城市。人们种植大麦、扁豆、鹰嘴豆和洋葱，饲养牛、驴、山羊、绵羊和猪。尼罗河一年一度的涨潮是非常重要的事件。洪水越过河岸为田野带来富含矿物质的淤泥，作用与肥料相似，植物便会生长得十分茂盛。因此尼罗河被敬为神灵的恩赐。

在古埃及，人们在日常生活中也能感觉到自己跟神灵的联系。神是大自然的一部分。但是与其他地方的人一样，埃及人在宗教上也遭遇了同样的问题：不知为何人们开始希望人类也像神一样，他们不但希望拥有特殊的动物和自然力量，还盼望着一个代表神的人类在地球上出现。对基督徒来说，下一世纪末耶稣出现了，我们现在已听闻过他的神迹。对埃及人来说，他们的法老就像神一般，也受到像神一般的敬仰。

如何用意念转移高山

但法老逝世之后问题便出现了。因为法老作为神本应长生不老，他们不再能让人信服。就连像纳尔迈这样最著名的法老也不能完全让人信服。纳尔迈于公元前 3000 年统一上下埃及（埃及北部和南部），建立了埃及王朝。埃及的统一开启了第一个法老王朝，这意味着接下来是几个家族连续统治的时期。古埃及和埃及文化共存了约 3000 年之久，胜过多数其他文化和王朝。但是法老当然会衰老和死亡。

那么怎么能让法老永生呢？逝世后他们至少要能在天堂庇佑其国家和国民。古埃及人一直都认为人死后灵魂依然存在，但同时他们也认为灵魂仍需要依附于尸首。尸首应该被妥善保存，避免腐坏，因此法老的尸首会被特殊处理：易腐烂的心脏、肝脏等器官被去除，分装入罐中保存；躯体干燥后，用浸过树脂和植物提取物的尸布包裹起来，这就是著名的木乃伊。

制作木乃伊是一门艺术。木乃伊制作专家偶尔用带有图案的石头替代眼睛。墓穴中的木乃伊还拥有跟他们真人一样大小的玩偶。木乃伊作为灵魂的宿主能保存几千年。为了确保死者灵魂在天堂能拥有舒适的生活，埃及人将死者日常所需物件都放入墓穴中：作为食物的牛和鹅、面包、啤酒、蒜、衣物、鞋、家具、药物，甚至还有通便药。

不仅法老能享受这种待遇，祭司以及能负担这些丧葬仪式开支的埃及人也能享受。但是法老作为神灵应当与其他人有所区别，就像其他人想被葬在法老周围，法老的强大应超越一切，其灵魂是永生的。约公元前 2650 年，法老左塞尔和他的建筑师伊姆霍特普找到了解决之道——金字塔。我们不知道他们为何决定修建这种形状的建筑，可能是建筑师或法老在思考永生问题的时候，联想到沙漠中的山丘。他们思索着，由石头组成的山历经世世代代依然屹立不倒，它们或许能使生命永续。由此他们可能便有了人类也能建造自己的山丘的想法，人类可以进入山丘，融入永恒的生命。金字塔就像形状完美对称的山丘。左塞尔在埃及北部的萨卡拉建起了第一座金字塔。人们把死去的法老深深地埋葬到金字塔内部，法老就成了山的一部分。他们的灵魂将寄宿在墓穴中的木乃伊躯体上，得以永续。

左塞尔的金字塔是世界上第一个完全用方石砌成的大型建筑。形状对称的三面十分重要：金字塔地基十分稳固，尖端直指云霄——神灵的居所。一些灵魂能通过这个通道升上云端。从反方向来看，金字塔的形状象征着射线，预示着拥有超能力的永恒的太阳由上至下散发着光芒。埃及人把法老葬在金字塔里，认为法老能在金字塔里永生。

胡夫金字塔是最大的金字塔，地处吉萨高原，古埃及首都孟菲斯附近，位于今埃及首都开罗以南 20 千米。胡夫金字塔是吉萨三座金字塔之一，也是胡夫墓室的所在。它高约 140 米，占据世界最高建筑宝座长达 4 000 年之久。直到中世纪，人们修建的大教堂才超越了它。但它依然是最宽的，胡夫金字塔每边宽 230 米，相当于两个足球场的长度。它由 200 多万块石头建成，其中大多数石块重约 2 吨，一些石块的重量相当于好几只大象的体重。某些花岗岩石块，例如法老墓室顶盖上的花岗岩石重达 20 多吨。

人们至今还不知道古埃及人是怎样建成金字塔的。建筑材料是从岩壁上的采石场开采而来，其中一些采石场距离建筑地有好几千米。工人不得不在酷热中一步步将石块拖到尼罗河河岸，装上船运往建筑地，然后再将巨型石块堆砌成金字塔。可以确定的是埃及人利用了绞车、滚轮、杠杆、坡道。但具体是如何操作的，科学家们如今还不得其解。建造一座金字塔平均需要 10 年，胡夫金字塔甚至花费了 20 多年。几千个工人马不停蹄地在工地上工作，在某些特定阶段还需要更多的数以万计的工人。当时还不存在货币，面包和啤酒便是他们的薪酬。他们还能获得的是参与一项神圣工程的幸福感。

埃及人用金字塔创造了一些世界纪录。几千年来，它们一直是人类建造的最庞大的建筑。或许在世界历史上再没有另一类建筑跟金字塔一样，耗费如此多时间、人力、物力，拥有如此巧夺天工的技巧，却仅为一人而建。法老的石棺隐藏于金字塔内部深处，位于狭长通道和大厅尽头较小的墓穴中。死者在石棺里沉睡，民众既看不到他，也看不到壁画和众多的黄金饰品。

对我们来说，金字塔或许毫无用处。对古埃及人来说，它们却是神力的证明。修建金字塔的确激发了古埃及人在技术和技艺上的精进。建筑师必须掌控全局并拥有专业知识，就像我们在学校所学习的知识一样，例如数学知识，其中几何学尤其重要。他们要计算出金字塔的角度，并绘制草图。工头得告诉工人们如何使用绞车，以及用什么样的绞车将石块拉到什么位置。每个人都有特殊分工。在建造大型建筑或制作复杂的产品时，这种分工方式十分必要。

随之而来的是，人们的薪酬产生了很大差异。知识丰富的负责人——建筑师的薪酬高于普通工人。普通工人虽然流了更多的汗水，但是他们不需要很多专业知识，也不需要承担责任。薪酬的高低取决于人们所从事的工作是否重要。在不同时期、不同文化中，人们对一项工作重要性的判断有所不同。如今经理和银行高管是高收入人群，因为高收益的、聪明的理财方式对我们很重要。而在古埃及，高收入人群就是建筑师和祭司等。

祭司最终会受命为法老置办所有他在天堂需要的东西。他们让人们在金字塔的一侧修建一座寺庙，在寺庙的一堵墙上画上一扇门。法老的灵魂就能通过这道虚假的门进入寺庙，在那儿享用祭司每天供奉的祭品。祭司一边供奉一边祷告：“噢，在天堂的法老，你应取走这神的祭品，它能满足你每日温饱，成千上万个面包，成千上万杯啤酒，数以千计的牛，成千上万只鹅，成千上万种甜食。”

祭司能获得死去法老的灵魂“吃剩下的”食物。即使他们自己不种菜、不耕地，也吃喝不愁。能获得这么多祭品是件奢侈的事，因为当时大部分平民主要以面包为食。祭司的生活可以说是十分优渥。法老生前就想安排好自己死后的生活，因此法老和富有的埃及人会将整座山的葡萄种植园、农庄、养牛场、田地、矿厂和采石场赠予祭司。一些寺庙拥有全埃及最大规模的产业。

另一个与祭司同样重要的职位是首相——法老的副手。首相同时也是国家政府首脑和最高法官，某种程度上相当于“超级部长”。首相掌管着建筑工程和国内经济的情况。他应当对所有领域都有所了解，至少必须知道每年何时尼罗河会发洪水。埃及人要提前准备预防洪水，他们观察到，洪水大概在每 365 天之后的 6 月和 9 月来到。埃及人发明了由 365 天、12 个月组成的日历。除了一些细微的变化之外，该日历一直沿用至今。

古埃及人的另一发明是文字。他们和下一章中即将出现的美索不达米亚的苏美尔人都是世界上最早学会书写的民族。在智人出现约 20 万年后，他们发明了文字。埃及人在公元前 3000 年发明了象形文字，它的意思是“神圣的符号”。有了这种文字，公职人员就能为灌溉设备、播种和收获撰写说明。在古埃及，仅有约 1% 的人会写字，因此识文断字的人拥有很高的声望，并可获得丰厚报酬。与现在不同的是，当时只有富家子才能上学。在学校他们会练习写一些句子，例如“能读会写，这能让你免受劳力之苦和所有艰辛”。

但是要学习这种象形文字是很困难的，它是图形文字和音标文字的复杂混合体。猫头鹰的图像表示“猫头鹰”，蛇的图像表示“蛇”，波浪表示“水”，但是拿着武器的一只手臂既可以表示“拿着武器的一只手臂”，又可以表示“强大”。现在又有了第三种可能，每个象形文字除了图像可能表达的意思之外，还可以代表一个单词中的某个字母或音符。猫头鹰的图像既能表示“猫头鹰”也能代表“m”，水的图像也能代表“n”。在阅读其文字时，埃及人不得不像猜谜一样从各种可能的含义中选出正确答案并进行组合。

与现在的文字相比，埃及人的文字似乎很烦琐。但是它在当时却是一个不得了的发明，它能简化许多日常琐事。在其帮助下，埃及人第一次能够记录和保存较长的信息、故事和复杂的建筑计划。此外，他们还能与几百公里开外的地方通信，而不必担心信使在长途中遗忘部分信息。文字的发明与埃及人的另一项重要发明——莎草纸（papyrus）有着紧密联系。莎草纸是纸（paper）的前身，也是后者英语名称的出处。与在石板上凿字然后带着石板相比，在莎草纸上书写并携带当然更简单便捷。

莎草纸是用草纤维制成的。制作时将草的茎叶切成 40 厘米的长条，排放到一张布上，然后将第二层茎叶反向叠放到上面，再盖上一张布，压实。植物的汁液将两层茎叶黏合在一起。经过晾干、磨平，便大功告成。纸卷就这样诞生了，它就是当时的书籍和信件的载体。公元前 3 世纪便携的莎草纸的发明十分具有开创性意义，就像电子邮件和短信等现代发明一样。

化妆的法老和留胡子的女王

古埃及或许是世界史上第一个拥有明确的疆域和固定边界的国家——所谓的领土国家。此前的人类从未想过设定国界。古埃及拥有并保持着相对明确的边界，这也与它的地理条件有关。古埃及被沙漠包围，这可以说是一种自然边界，它能保护这个国家不受外敌侵害。尼罗河则是埃及的交通主动脉及通信渠道，人们能用船运输莎草纸制成的信件，安全抵达埃及的各个角落。

古埃及和美索不达米亚或许都是最早出现的大型社会群体，拥有大型城市、宫殿、法律、交通网络、运河等基础设施，这类国家被称作高等文明。高等文明的特点还包括统一的宗教信仰、劳动分工及管理中的等级制度。等级制度严格规定了，谁能命令谁做什么事。当然在古埃及人以前就有等级制度的存在。但当时的划分更简单，并不明确。在石器时代群体首领的生活与其他成员无异，虽然首领异常强壮。他们并没有更大的房屋或宫殿，只有更紧实的肌肉。力量能帮助他们捍卫首领的地位，偶尔也用于压制其他人。他们或许能从共同狩猎的野味中分得最好的一块肉，但也跟其他人一样，一起围坐在同一个篝火旁，既没有更精美的食物享用也没有更昂贵的衣服穿。

这一切随着古埃及等高等文明的诞生而改变。古埃及统治者能从父母那里继承王位、财富和宫殿，在历史上这或许是首次。英语中的“pharao”（法老）一词原本也是“大房子”的意思。对其他埃及人来说也是这样：权力越大，房子就越大。奢侈的生活应运而生。但仅有少数人过着奢侈的生活。一些人拥有石头砌成的大房子，包含浴室、厕所以及种满棕榈树和鲜花的花园，建有与外界隔离的高墙。另一些人则住在小木屋里，他们得去河里洗澡。统治者每餐都有鱼、肉、水果和精致的糕点。穷人则不一样，他们的主要食物是面包。由于劣质面粉中混进了沙子，面包吃起来会硌牙，因此很多贫困的埃及人上了年纪之后只有满嘴烂牙。

优秀的法老当然不是只会继承“大房子”和修建金字塔。法老和他的副手还得做一些艰难的决策。例如，应为干旱和紧急情况贮备多少粮食，应该与哪国进行贸易，向哪国发起战争。在众多法老中有几位声名显赫，包括上文提到过的公元前 3000 年建立埃及帝国的纳尔迈法老以及在他 1 500 年之后著名的哈特谢普苏特女王。

她名字的意思是“第一位高贵的女性”。从法律上来说，在古埃及男女是近乎平等的。女性能独立拥有并继承财产，以及继续遗赠其财产。她们能签署合约，也能向法院提起诉讼。原则上来说，女人能自己挑选丈夫，女人作为“一家之主”拥有发言权。她们还能在经济和生意方面做出决策。为什么要强调这点呢？因为在许多方面，生活在古埃及的女人甚至比距今 150 年前世界上绝大多数国家的女人享有更多权利，包括欧洲部分国家。但是一个女人作为女王统治国家，这在古埃及也是非常罕见的。哈特谢普苏特能掌握大权，是因为她同父异母的弟弟图特摩斯二世早逝。在没有男性继承者的情况下，她便获得了机会，一跃成为一国之君。

哈特谢普苏特大力推动外贸，并主持修建了多个建筑和几个大型方碑。这些方碑象征着天与地的连接，拥有金字塔一样的塔尖，再现太阳神拉的光束。哈特谢普苏特也十分热衷于展示自我。随着时间推移，她越发热衷将自己的形象以画像和雕塑的形式展示出来。在一个又一个塑像中，她的胸部渐渐缩小，肩部变宽，最终甚至有了胡子。不知何时她的形象竟变成了一个男人。

哈特谢普苏特为什么要这样做呢？或许她想消灭一切对她的权力和力量的质疑，因为她是一个女人，却统治着埃及。不得不说她形象的转变很好地说明了古埃及人对艺术的重视。艺术影响了埃及人对自我形象的认知，他们显然相信艺术是有某种魔力的。

或许正是因此才会有这么多人憎恨埃赫那吞法老，因为他企图改变这些。他大约从公元前 1350 年开始执政。出生时他是阿蒙霍特普四世，但成年后他将自己改名为埃赫那吞，意思是“为阿顿服务的人”。阿顿是这一时期埃及人信奉的太阳神，其形象是太阳圆盘。起初阿顿只是埃及众神之一，但是埃赫那吞将他置于其他神之上，企图压制其他神。埃赫那吞的这一做法触怒了很多埃及人，因为他们也热爱其他形态各异的神灵，例如圣甲虫神凯布利、狮身人面的斯芬克斯。其中人身羊头的古埃及主神阿蒙尤其受敬仰，但埃赫那吞竟想削弱这位强大的风神和造物神的影响。

埃赫那吞不仅想改变神界，还企图改变艺术，改变臣民对世界的认知和看法。埃及人的传统壁画都是平面和图解式的，类似今天的漫画。他们用壁画展示幻想中的情景，迸发无限想象。埃赫那吞却偏爱更贴近现实的图画，例如他和他美丽的妻子纳芙蒂蒂的画像。他想通过画像展示非常生活化的事件，例如与孩子玩耍的画面。这些都是新的变化。此外，在他的画像上还能看到他的小肚子。这与此前的法老画像完全不同，之前的法老们都以纤瘦高挑的形象出现在画像中，罔顾真相。男法老基本上都有着匀称的髋部和宽阔的肩膀，女法老都有纤长的腿，他们的体型看起来就像用现在的修图技术修出来的一样。

埃赫那吞或许认为过去那种画像有些无聊。无论原因为何，他被骂作“异教徒”。他死后，继任者又恢复了古老的神灵等级制度和先前的绘画艺术。与埃赫那吞一样，其继任者也改过名。他出生时名为图坦卡吞，意思是“阿顿的化身”，但是他将自己改名为图坦卡蒙，即“阿蒙的化身”。与太阳神阿顿相比，他显然更想成为阿蒙神。

古埃及国王十分重视名字和“化身”。为了在生活中看起来也像神一样，他们会佩戴印有神的画像和神的象征的饰品，例如王冕、王冠和带有眼镜蛇花纹的手环。眼镜蛇是极其危险的毒蛇，受到威胁时它会直立起上身并膨起颈部。埃及人认为眼镜蛇是神圣的，它能保护法老免受敌人攻击。

法老尽可能地模仿神，而神的塑像也应该与真实的人类一样活灵活现。神的塑像多由人们所说的“神灵的肉身”——黄金制成。祭司为塑像穿上由布料制成的衣物，就像对布偶一样对待它们，甚至在它们眼部画上粗粗的黑色、绿色或蓝色的线条和眼线。他们以此强调神能看得多远，他的视野是多么宽广，眼神是多么深邃。

法老的妆容也跟神的塑像一样，他们画 kajal 眼线[①]、眼影、口红，甚至还有腮红。富有的臣民无论男女都使用化妆品，尤其在节日时他们打扮得十分精致，以显示对神的尊敬。然后他们会从庙里请出阿蒙神的塑像，在整个城市巡游。同行的乐手奏乐，舞者翩翩起舞。在节日期间埃及人会喝醉，他们认为醉酒能将人间与神界连通。女人戴着假发，身着裹裙，佩戴金饰、银饰和宝石。日常生活中只穿遮羞布光着上身四处溜达的男人在节庆时也会穿着透明的长袍。

埃及人在他们自己的脸上涂画是为了让自己变得漂亮、超凡脱俗。他们将黑的、蓝的和绿的矿石磨碎与油脂混合，再将混合物像眼影一样涂在眼睛周围。这些化妆品不仅让埃及人面容精致，而且还有药用价值，能抑制炎症，预防眼部疾病。因为风常常将沙漠中的沙砾刮到脸上，所以眼部炎症在当时是很常见的疾病。埃及人当时无法理解这种化妆品的医用价值，于是就以为是化妆产生了魔力。

他们化妆的原因来自多方面：宗教、时尚以及医用。同样，埃及奢侈生活的另一重要元素——香水也一样。我们如今在商店买到的香水源于宗教。当时人们用熏香朝拜神灵、制作木乃伊。富有的埃及人也用散发熏香气味的药剂掩盖自己的体味。药剂中还添加了明矾——一种晶体状的盐类，它至今还被用于制造去除腋臭的滚珠。

不久后小型的香水工业就形成了，甚至还会出口。香水中含有没药、桂皮、豆蔻和睡莲的提取物，香味充满异域风情。苏西努香水或许是用百合、菖蒲、没药、藏红花、桂皮和蜂蜜制成的；西腓等圣香是平民禁止使用的，仅用于特定的宗教仪式或节日。这些香水就是当时的香奈儿 5 号香水或者迪奥小姐香水。埃及人的香水远近驰名。

① kajal 眼线是一种在中东、北非、印度、南美洲被广泛应用的眼线，多为黑色。——译者注

埃及历史上最有名的人物当属克利奥帕特拉。她有一些特殊癖好，传说她用稀释的醋溶解昂贵的珍珠，然后当作鸡尾酒一样喝下（科学家现在已经证实了这一做法的可行性）。或许她想展示自己是多么独特，能挥金如土地过着无上奢华的生活。英语中的“luxury”（奢侈）一词来源于拉丁语，原本除了“富足的、奢华的、放纵的”以外还有“不同寻常”的意思。

克利奥帕特拉完全异于常人，或许她也必须异于常人。她是埃及最后一位还能维持埃及半独立统治的女性统治者，同时她还试图对抗强大的罗马人。在她之后埃及便沦为罗马帝国的领土。

克利奥帕特拉于公元前 51 年掌权。当时埃及国力衰弱，起义和内战使它分崩离析。此前埃及已经几次被利比亚人、努比亚人、波斯人以及亚历山大大帝统治下的希腊人攻占，这时它又被罗马这位超级霸主占领。但克利奥帕特拉还是成功地连续让两位罗马统治者支持她，并且是以色诱的方式。这两位罗马人是恺撒和马克·安东尼。克利奥帕特拉用她妖艳的外貌和独特的行为将他们迷惑，并说服他们与她合作，让她成为埃及统治者。克利奥帕特拉需要罗马人的保护，以抵御内敌。作为回报，她必须向罗马进贡埃及的粮食。

克利奥帕特拉成功让埃及恢复了秩序，走出萧条。但是她很难向臣民解释为何跟罗马人合作，很多埃及人不堪忍受罗马人的间接统治。女王未婚却生下了恺撒大帝的儿子。为了维护自己的形象，她不得不装神弄鬼。她打扮成受人尊敬的伊西斯女神的模样，戴着象征伊西斯的牛角王冠，手持圣西斯特尔叉铃（节庆中人们会用叉铃为伊西斯演奏）。但为何偏偏是伊西斯呢？

伊西斯是生命、生育和魔法之神，也是儿童保护神。传说中她在丈夫奥西里斯被害身亡的情况下，独自养大了儿子荷鲁斯。奥西里斯被杀害后，成了冥王。伊西斯勇敢地战胜了命运，因此单身母亲在埃及也十分受人尊敬。伊西斯是埃及人的楷模和偶像，因此同样作为单身母亲的克利奥帕特拉应该也能得到伊西斯同等的荣耀。

克利奥帕特拉的智慧和魅力让她的统治延续了二十几年。公元前 31 年，马克·安东尼与其政敌屋大维——之后的奥古斯都大帝，在希腊海岸边阿克提姆发生海战，马克·安东尼战败。但他不愿被俘，他知道屋大维会侮辱他并可能杀死他。因此他宁愿自杀，扑向了自己的剑。克利奥帕特拉也在绝望中自杀。传说中她让古老的法老象征物——充满毒性的眼镜蛇咬死了自己。

克利奥帕特拉显然对她周围的环境造成了不可磨灭的影响，虽然她的外貌其实完全不符合大众审美。据目前所知，她个子不高，身体圆润，可能长着一只鹰钩鼻。但是她用高贵的充满智慧的举止、外形和她美妙的声音给人留下了深刻印象，这至少能让她在生活中化身成神灵一般的存在。

古埃及人有很多重要发明，它们仍然影响着当今世界：石头砌成的房子、大型建筑、劳动分工、有组织的宗教、文字、纸、日历、化妆品和香水。此外，他们还在并不引人瞩目的事物和生物中看到了神灵的存在，甚至包括甲壳虫。他们以这种方式美化日常生活，为它增添了一丝魔幻色彩。我认为这是克利奥帕特拉和古埃及让我们如此着迷的原因之一。

第 3 章　第一批超级英雄和世界数学冠军

在美索不达米亚，人们建起了大型城市，编写出一本综合性法典和一部引人入胜的文学作品，科学也繁荣发展。

天空是千万年间不曾改变的事物之一，但 5 000 年前的人类仰望天空，他们跟我们今天所看到的有所不同。那时夜空被流星、陨石和行星照亮，人们便以为那就是神的降临。他们认为天空中运行的物体会影响他们在地上的生活，发光的天体或许能实现他们的愿望。相反一颗星星被云遮住或许就表示神心情低落，甚至可能对地球上的居民漠不关心。

人类可以认真观察天体，从它的变化中便能预测，神将让地上的他们遭遇什么，这样至少能提前做好准备。某个夜晚，一位全神贯注的观察者将天空中几颗闪耀的星连接起来，发现这些星星能组成图像。某些星星突然看起来像蝎子，另一些星星让人联想到射手的形象。人们开始赋予这些星星一些与射手或蝎子相关的特质和行为方式。当蝎子在天空中展现出它的毒刺时，他们就得小心了。相反，射手或许就能让人相信，下次与敌人作战时将获得支援。

12 星座便是从这些联想中发展而来的，天蝎座、射手座、白羊座、金牛座、双鱼座、巨蟹座、狮子座等。人们将星座预测记录在石碑上，随着时间推移便形成了一整套对星座的释义，占星术便诞生了。因此，直至如今，当我们在 8 月看到流星欢快地闪耀着划过天空时，仍然会许下愿望。

占星术是由两个民族发明的：上一章提到的古埃及人和我们在这章即

将认识的苏美尔人。除占星术以外，这两个民族还有一些共同点：他们都发展出高等文明，建立起了拥有多达 5 万人口的城市；他们都拥有祭司、庙宇、化妆品、香水和精细的管理体系。要知道 5 000 年前无论是在欧洲、美洲、非洲还是亚洲，大多数人都还生活在部落或村庄中，或者还过着游牧和采集食物的生活。

埃及和苏美尔或许是世界上最早出现的两个高等文明，而且它们还是邻居。苏美尔人定居在美索不达米亚平原，即所谓的两河流域，它深受幼发拉底和底格里斯两条河流的影响。这个地方如今是叙利亚和伊拉克所在地。公元前 3000 年至今，它曾先后被多个部落和民族占领，其中主要是苏美尔人、巴比伦人和亚述人。

他们也曾有自己的神。与埃及的神不同，美索不达米亚的神多以纯粹的人类形象出现，他们大多留着长胡子，身披花纹复杂的长袍。但是完全脱离动物也不行，因此在画像中，苏美尔人、巴比伦人和亚述人的神的身旁都会出现动物，动物也标志着神对应的特征和能力。巴比伦人的主神马尔杜克身旁是一只人类想象出来的动物——龙，强大的龙彰显出马尔杜克是不可战胜的。

美索不达米亚文明创意无限。其一是，苏美尔人或许比埃及人更早建立起大型城市，例如乌尔城、拉噶史和乌鲁克等城市。这里有城墙包围并保护起来的宫殿、塔楼和街道。国王统治着这些城市及其周边的小部落。但我们还无法确定是否如传说所言，是苏美尔人最早发明了自行车。自行车或许最早是从欧洲或亚洲传来的。确信无疑的是，这些美索不达米亚平原上的居民很早就修出了品质过硬的道路，供带轮车辆行驶。在公元前 1000 年，那儿的部分道路甚至是用沥青混凝土铺设的，那是焦油的前身。沥青混凝土是碎石和沥青的混合物，沥青则是像石油一样的从地下冒出的黑色液体，多用作砂浆。巴比伦人将砖砌的建筑方式与煅烧过的砖块完美结合起来。煅烧过的砖块易于加工，与仅靠风干的土砖相比，它更坚硬，也更耐储存。

美索不达米亚的居民不仅拥有了不起的建筑技能和城市，他们的文字也非同凡响。在某些方面他们或许比埃及人更超前。苏美尔人发明了楔形文字，它由横向和竖向的楔形图案和线条组成。它们被印在湿润的碑牌上，然后再经煅烧或晒干。

因为碑牌易于保存，我们至今还能了解到苏美尔人的一些其他重要发明，例如数学。苏美尔人是最早的数学世界冠军。他们会用分数和小数进行计算，会建立方程式，同时也十分擅长几何。因此在希腊数学家兼哲学家毕达哥拉斯证明勾股定理之前，他们就知道这一定理。这是如今世界上所有学生都要学习的等式：$a^2+b^2=c^2$，早在几千年前人们就用它计算直角三角形面积和验证直角三角形。

数学被用于建筑，也被用于天文学——研究天体的科学。苏美尔人计算出各个星体的运行轨迹和运行时间，制作出极其精细的日历。他们在数学领域的另一成就是六十进制（sexagesimal system），它至今还影响着我们的日常生活。它来源于拉丁语中的 sexagesimus，意思是“第 60 个”。罗马人的数字中比 10 更大的整数是 50，然后是 100，而苏美尔人的数字中比 10 更大的整数是 60。因为他们十分擅长几何，该体系也流传下来。至今为止圆仍然是 360 度，即 6 个 60 度。我们的 1 小时也有 60 分钟，因为苏美尔人就是这样分割时间的。

由于当时的钟没有指针，将小时划分成分对日常生活并没有多大意义，这仅仅是理论而已。但至今为止在全球范围内，1 小时都等于 60 分钟，而不是 50 或 100 分钟。拥有 5 000 年历史的美索不达米亚文明就这样影响着我们对时间的感知。

最早的冒险故事和一部人人适用的法典

美索不达米亚的居民不仅是伟大的数学家、天文学家、工程师和建筑师。世界上第一个超级英雄或许也出生在这儿，他就是《吉尔伽美什史诗》中的吉尔伽美什。

在这篇叙事诗中，吉尔伽美什的身份是美索不达米亚最古老的城邦之一——乌鲁克的国王。故事概要是这样的。

最初吉尔伽美什被刻画成身材挺拔魁梧的“神级英雄”，2/3 血缘来自神，1/3 来自人类。但是他十分傲慢，不顾臣民疾苦。因此上帝用泥土创造了恩奇都，它半人半兽，浑身是毛、充满野性。他让吉尔伽美什重新看待自己的职责，学习谦逊做人。他俩互不认输：

> 在那他们抓住彼此，像公牛一样屈膝，门柱颤动着，墙也在震动！
>
> 吉尔伽美什和恩奇都，
>
> 对，他们抓住彼此，像公牛一样屈膝，门柱颤动着，墙也在震动！

这里可以明显看出这篇史诗的风格，也就是它的写作手法和表达方式。当我们阅读这些充满韵律和循环往复的诗句时，我们能感受到战斗的紧张气氛，我们能看到战斗双方不断相互击打、不断敲打门柱的样子。

战斗难分胜负，吉尔伽美什和恩奇都不打不相识，结为挚友，他们一起共同经历了许多冒险和战斗。但他们杀死天牛，惹怒了神。神决定惩罚他们，让恩奇都患病而死。吉尔伽美什为朋友的死亡感到悲伤，茫然若失地踏上了寻求永生的征途，最终他抵达了福地。他甚至还找到了永葆青春的植物，谁吃了它谁就能永生。但在归途中，神草却被一条蛇偷走，蛇吃了神草后能直接蜕掉旧皮，这便是神草返老还童的奇效，至今为止神草仍在发挥作用。

最终吉尔伽美什没能将不死草带回乌鲁克。他十分失落，仿佛失去了所有，但他渐渐发现自己也有所收获。他最终醒悟，这位年轻的国王发现他不一定要成为神才能有所作为。他变得谦逊，开始思索自己作为人能做些什么，至少通过另一种方式达到永恒。在他的命令下，保卫乌鲁克人民的城墙坚固屹立。史诗中强调，用于建造城墙的砖块比风干的土砖更坚固、更持久。

史诗的最后一部分叙述了人们如何维护城墙，其中一些描述或许是真实的：因为坚固的城墙确实帮助乌鲁克崛起，成为城邦。

总而言之，《吉尔伽美什史诗》探讨的问题是：人类究竟如何成为神？他能否永生？如果能，怎样才能永生？吉尔伽美什是世界史上第一个超级英雄，他是超人的前身。他与超人一样拥有超能力，同时也与傲慢、愤怒、疑惑和悲伤等人类难题抗争。最终他克服了这些困难，并帮助人们解决了实际问题。

或许真的曾有一位叫吉尔伽美什的国王，我们不太清楚他具体是怎么生活的，《吉尔伽美什史诗》中绝大部分有关他的故事都是编造的。叙事诗大多包含想象和奇特的想法，但同时又与日常生活相关。它们篇幅短小，重在讲述故事，与小说类似。但与小说不同的是，它是由诗句组成的。也就是说叙事诗每行诗句的长度是有限制的，并且包含某种固定的、重复出现的节律，就像诗歌和说唱一样。

《吉尔伽美什史诗》有各种不同的版本，最著名的是公元前 1200 年刻在 12 块碑石上的版本。这首诗也是许多同类文章的范本，来自美索不达米亚的第二著名的作品——《汉穆拉比法典》也一样。《汉穆拉比法典》创作于公元前18世纪，是世界最古老的法典之一。该法典以当时的巴比伦国王汉穆拉比命名，共有282条条款被镌刻在碑石上。此外，国王让人把条款刻在抛光的石柱上，石柱矗立在国王的宫殿前。这样每位臣民都可看到全文，以此维护自身权利。这一做法在当时是十分新颖的。但我们无法确定在实际生活中这些法条究竟是否曾被贯彻执行。

无论如何，设立法典都是很好的想法。该法典包含一些务实的条款，但是有些条款对我们今天来说却有些奇怪。其中最著名的第196条条款写着："挖去别人眼睛的人也要被挖去眼睛。"这就是"以眼还眼、以牙还牙"的法理。它代表惩罚应该与罪行同等，或在程度上相等。

如今人们知道这并不是一条有用的规则。如果我被打了，我不应该直接反击报复，因为这样事情就会恶化，往往会给所有人带来更多暴力、仇恨、罪行和痛苦。但是4 000年前的规则是"你怎么对待我，我就怎样待你"。就明确定义惩罚这一点来说，这本身就已经是进步了。它能在很大程度上避免持续爆发的复仇战，例如通过武力为遭受不公的亲人复仇。

美索不达米亚早期人民——苏美尔人、巴比伦人和亚述人为之后的文明奠定了重要基础。在建立高等文明3 000年后，他们遭遇了与埃及人一样的经历：他们的帝国被其他民族攻占，起初被波斯人，随后被罗马人和阿拉伯人占领。但至今为止我们仍然在用砖块修建房屋，时间依旧以60为单位运转。

第 4 章　上帝和他的奇幻故事

公元前 1 世纪，叙事文体在巴勒斯坦盛行，它们讲述了一位完全不同的神：他是唯一的神，也是不可见的。这些故事为世界两大宗教——犹太教和基督教奠定了基础。

5 000 年前，在人们的观念中，神是闪烁的星星构成的图像，是甲壳虫，或是强大的人兽共同体。巴比伦人的神是衣着华丽的男人，有时还驾驭着一条凶猛的龙。每个场合都有着各自对应的神或女神：如果想要孩子，就找生育女神；木匠希望家具作坊成功运作，便去请求手工神帮助。数千年来所有人都会根据当下的事务向众多神灵中对应的神求助。但是如今世界上绝大多数宗教教徒却只崇拜一位神。变化是怎么发生的呢？为何神灵的多样性会突然消失？

这与近 3 000 年前生活在埃及和美索不达米亚平原上某地区的一个民族有关。该地区名叫巴勒斯坦，大约相当于今以色列、约旦和约旦河西岸。这个民族是犹太人。他们极大地减少了神的数量，最终只剩下唯一的神——上帝。这一创举具有全球性的影响力，从此上帝一人掌管所有事务，这已经是前所未闻了。此外，他不仅是唯一的神，而且还是不可见的。更让人难以置信的是，他竟然在全球俘获了大量教徒。

最初这位唯一神的境遇十分困难。他名叫耶和华，但人们最好不要说出他的名字。犹太教徒与其他宗教的教徒很不同的一点是，他们没有充满想象的五颜六色的神的画像，也没有华丽的塑像供人瞻仰和祈祷，但是他们有扣人心弦且常常很疯狂的故事。上帝在故事中扮演主角。傍晚当犹太人坐在房间里，或穿越荒漠时，或是围坐在帐篷前的篝火边时，他们都会讲起这些故事。

其中一些故事是编造的，例如上帝如何以奇特的方式从埃及人手中救出犹太人。犹太人被强大的埃及人逼到了红海岸边的死角。他们没有能渡河逃亡的船只，即将被包围，性命不保。这时奇迹发生了，先知摩西受上帝之命，他将汹涌的海浪分开，犹太人毫发无损地穿越红海。还不止这些，当埃及人来追赶他们的时候，海水又汇合到一起，将来者淹死。

犹太人的故事讲述了他们是如何在神的帮助下历经冒险和通过考验的。约公元前 1000 年起，这些故事由多个作者在几百年中编写而成，作者们的名字已不得而知。故事涉及战争、谋杀、人伦悲剧、爱、激情和嫉妒。某些故事中包含现实生活中真实的细节，却又包含像天使、龙和超级英雄等幻想，并且唯一的神——上帝总是参与其中。

这些故事被汇集起来，最终被记录在超长卷轴和书籍里，犹太人的圣书——《妥拉》便诞生了。它也被称作《旧约》，是基督教《圣经》的前半部分。这些故事就这样为世界两大宗教——犹太教和基督教奠定了坚实的基石。

从某种程度上来说，《旧约》对世间万物做出了解释，包括世界和人类的诞生。《旧约》一开始便讲述了最初的人类——亚当和夏娃的故事，他们偷吃禁果，被驱逐出伊甸园。随后的故事主要讲述了有关犹太人以及犹太先知兼头领亚伯拉罕和摩西的历史。

其中大多数故事是杜撰的，但同时它们也涉及实际存在的犹太人的邻居、朋友、敌人。为人熟知的例子是“巴别塔”。巴别指代的是巴比伦，即上一章所讲的巴比伦人的首都。《旧约》中讲道，巴比伦居民想用他们高超的砖砌建筑方式建一座通天塔。这听起来振奋人心，令人期待。但是上帝为此震怒。为什么？他觉得巴比伦人傲慢狂妄，竟然想修建与天同高的通天塔。因此他施法让巴别塔建造工地上的人们突然开始说不同的语言。人们无法理解对方，不久后工地陷入混乱，建塔计划失败。

巴别塔成为人类自恃过高、狂妄自大而被上帝惩罚的最著名的例子。如今当人们无法理解对方并因此导致误解的时候，人们就用“巴比伦语言混乱”或“巴比伦”指代。

但为何巴比伦人会多次出现在《圣经》故事中呢？这是因为，在现实生活中他们也曾是犹太人的敌人。公元前 597 年，巴比伦国王纳布卡德纳查二世攻占犹太人城市耶路撒冷，并俘获了一部分居民。对犹太人来说，这是他们无法忘记的最大悲剧。《圣经》中的很多故事也讲述了他们这段流亡的经历。

这段经历影响十分深远，几百年后出现了更激烈的、富于想象的流亡巴比伦的描述，例如《旧约》中的《但以理书》。该卷的主人公是先知但以理，他是被俘获到巴比伦的犹太人之一。书中讲道，一次他遇到了一条体型庞大的龙，巴比伦人像朝拜神一样朝拜它。但以理略施小计，他用柏油、肥肉和毛发做成糕点，喂给巨龙。它狼吞虎咽，随后这头庞然大物竟被撑破了，发出巨大的爆炸声。

但以理喂食杀死的这条巨龙或许就是巴比伦的马尔杜克神。巴比伦国王要为它报仇，他命令臣民把但以理扔到深坑里，里面关有一头饿狮，国王意图让狮子吃掉但以理。但是另一位犹太先知哈巴谷救了但以理。哈巴谷虽然住在远方——犹太人的故乡朱迪亚，但是在上帝的帮助下，“天使抓着他的头发，用神力将他带到巴比伦狮坑旁”。哈巴谷向坑中坐着的但以理扔去带有魔力的食物，这可以保他毫发无损，狮子也无法伤害他。

巴比伦国王发现但以理安然无事，深受触动。他甚至要转信犹太教。他呼喊着：“伟大的上帝啊！上帝！除了你再没有其他的神了！”在上帝的帮助下，但以理最终成功战胜了看似强大的巴比伦人。他向众人展示了，犹太教的神和信仰是更为优越的。

以书为家

《旧约》中的部分故事来源于现实，但书中的大多数故事只能说是编造得很合理。至今为止我们都无法完全弄清，犹太王大卫和所罗门是如何统治以色列王国的，以及该王国在分裂成北部的以色列国和南部的犹大国之后又发生了什么。可以确定的是，亚述人、巴比伦人以及随后的罗马人攻占了犹太人所在的地区。尤为糟糕的是，罗马人在其统治时期对犹太人起义进行了镇压，并在随后的 70 年摧毁了耶路撒冷的寺庙——犹太人的宗教及文化中心。犹太人之后的两次起义也以失败告终。大量犹太人开始逃亡、移居，此后他们分散在世界各地，也就是所谓的流散。

犹太人离乡背井，因此《旧约》就显得尤为重要。他们随身携带《旧约》卷轴，它就像家的替代品。它就像是一本小说，人们在阅读时可以全身心投入，就像置身一个他们熟悉的世界中，与故事中的英雄们一起冒险。

即使犹太人漂泊在外，《旧约》故事仍能让他们感受到家的感觉，并给予他们安慰和勇气。在《旧约》的支持下，他们即使受难也一直认为自己是上帝的选民。但在某些故事中，犹太人的错误和罪行也饱受批评。故事是以劝诫的形式指导人们在生活中如何正确地行动。因此《旧约》中除了大量冒险故事以外，还包括日常生活中的具体行为准则，例如十诫中的描述：摩西登上西奈山。雷声滚滚。无形的神在火焰和烟雾中降临，向摩西施诫。

神教导摩西："除了我之外，你不可有别的神。"这是第一条告诫，随后还有 9 条："不可为自己雕刻偶像""不可妄称耶和华——你神的名""当纪念安息日，守为圣日""当孝敬父母""不可杀人""不可奸淫""不可偷盗""不可做假见证陷害人""不可贪恋他人的房屋；也不可贪恋他人的妻子、仆婢、牛驴，并他一切所有的"。

十诫中的某些告诫此前已经出现过，有些至今还能在世界各国法条中看到，例如禁止杀人。而其他告诫则非常独特，它们涉及犹太人独有的生活方式，例如安息日为圣日。

《旧约》的作者将宗教规则和思想穿插到动人的故事中，故事迅速由希伯来语被翻译成当时的世界语言——希腊语。而犹太人的另一位邻居——腓尼基人的另一项发明则让《旧约》故事在全球广泛流传。腓尼基人擅长航海和贸易。公元前 1200 年左右，他们发明了世界上第一套字母文字：他们不再用埃及人复杂的象形文字或苏美尔人的楔形文字书写，而是使用相对较少的 22 个字母，用以造词。该字母表为希腊语和拉丁语等大多数语言奠定了基础。

无形的犹太神灵的故事成了全球畅销品。即使没有神像，它也发挥了深远的影响。但至今为止，《圣经》故事往往被过度解读——上帝能看见一切，无论何时何地，他都能在无形中进行干预和打击，疾病是他惩罚的手段之一。这使得人们无时无刻不对上帝怀有畏惧。我们应该想到，在撰写《圣经》故事的年代，某些疾病和自然灾害的原因还不为人知，因此人们往往将其解释为上帝的惩罚或考验。

《圣经》中的某些事物有时隐含着象征性意义。龙并非只是简单的一条龙，也意指其他。龙是想象的产物，它代表着充满威胁的、无法触及的、让人生畏的事物，人们只能靠想象臆造出来。在故事中被但以理打败、爆裂身亡的巴比伦人的巨龙或许就是想象的产物。正因为此，但以理才能让它"嘭"的一声在空中爆裂解体。

无论如何,《旧约》都成了犹太教和基督教的教旨。它们是仅有一位神的宗教，被称为一神教。在上一章讲古埃及人时，我们看到埃赫那吞法老试图引入一神论，推崇太阳神阿顿，最终以失败告终。一神论的发展需要时间，如今它在全球占主要地位,《旧约》故事对此有所贡献。

第 5 章　参赛者和思想者

古希腊人对政治、艺术、体育、哲学和辩论等领域贡献良多，同时也为我们的文化奠定了重要基础。

洞穴里十分昏暗，几个男人被困在里面。虽然同伴再三警告，国王奥德修斯却还是好奇：他一定要知道传说中的独眼巨人在孤岛上是如何生活的。因此他和 12 位勇士来到了孤岛，探寻到了独眼巨人波吕斐摩斯的地下巢穴。巨人傍晚带着羊从牧场回来时用一块巨石挡住了洞穴入口。他攻击奥德修斯的两位勇士，将他们压碎、撕烂。

幸存者此刻蹲坐在角落。他们该尝试用剑刺死巨人吗？就算成功了这也不是好主意，因为他们无力将入口处的巨石推开。这些希腊战士眼看就要永远被囚禁在洞穴里，奥德修斯必须另寻出路。他与巨人波吕斐摩斯攀谈，给巨人敬酒，将巨人灌醉。当微醺的波吕斐摩斯询问他的姓名时，他回答道："我的名字叫没有人。"

巨人睡着之后，希腊人爬到他身上用削尖的树枝挖出了他的眼睛。波吕斐摩斯痛苦地吼叫，听到声音的其他独眼巨人从附近赶到，他们问波吕斐摩斯发生了什么，是否需要帮助。波吕斐摩斯喊道："朋友！没有人要设计杀害我，而且是要阴谋。"其他独眼巨人就回答说，那一切正常，于是便散了。

奥德修斯的诡计成功了，但是现在他需要一个逃跑计划。瞎掉的巨人又杀死了两个勇士。他虽然看不见了，早上移开大石放牧羊群的时候，会用手一只只地摸索羊只，不让希腊人逃走。最后奥德修斯想出了一个点子：

他和同伴一起将每三只羊套在一起，然后分别挂在羊肚子上。他们成功地在一个清晨溜走了，死里逃生。

奥德修斯是《奥德赛》中的英雄。《奥德赛》和《伊利亚特》都是希腊诗人荷马的主要作品，这两部叙事史诗跟《旧约》故事一样出自公元前8000年，它们都对当时以及此后数百年人们的思想影响至深。《伊利亚特》讲述了希腊人向特洛伊城发起的特洛伊战争；奥德赛则描述了在希腊人攻占特洛伊城之后，奥德修斯经历的冒险和迷航。奥德修斯在旅途中收获良多，而且他往往都能找到聪明的解决方法。但是他花了10年才返乡，见到妻子佩涅罗佩。因此现在西方人经历劳累的长途奔波之后，或火车飞机晚点，或长时间没找着路的时候，他们会说："哎，这真是奥德赛。"

这两部希腊史诗不仅讲述了冒险故事，而且跟《旧约》故事一样涉及爱、诱惑、背叛、忠诚等主题。跟《圣经》一样，荷马的故事也是编造的，但同时也包含一些实际存在的事物。而叙事史诗与《圣经》最大的区别在于：在史诗中，糟糕的主题及决定性事件之间往往会突然插入喜剧。

例如《奥德赛》中有这样一个情节，年老的奥德修斯遇到一位极其健壮的年轻人，这位选手向他发起挑战，希望和他一较高下。奥德修斯其实已经厌倦了这些竞赛，只想返乡见妻子，于是直言年轻人不自量力。在一生中奥德修斯常常用智慧而非力量来解决问题，他常看到年轻气盛和狂妄自大往往只会带来麻烦。英雄仿佛已经上了年纪，不想再回应年轻人的挑衅。但他突然说道：

> 现在，你已激起我的愤怒，以此番颠三倒四的胡言，
> 我并非如你所说，是个竞技场上的门外汉；
> 相反，告诉你，我一直是
> 最好的赛手，只凭我的精壮，我的手臂。

现在，我已历经愁难，痛苦不堪，
因我在战场出生入死，又漂泊在汹涌的海洋。
但即便吃过种种苦难，我将就此一试身手，
只因你的话使我心痛，激起我比拼的决心。

奥德修斯言出必行。他拿起一块铁饼，甩向天空。铁饼飞得很远，让发起挑战的年轻人哑口无言。看热闹的围观群众也为奥德修斯的能力感到惊讶。奥德修斯对自己的成绩十分满意，最后同意进行力量比试。智慧、手工工艺及竞赛之神——雅典娜帮助他获得了胜利，她十分善待勇敢而充满好奇心的战士。

运动对希腊人来说并不简单，它还跟宗教密切相关。这也体现在最著名的奥林匹克竞赛中。如今奥运会的前身奥林匹克竞赛正式始于公元前776年。来自希腊各个地区的运动员齐聚一堂，同场竞技。他们的任务是取乐观众，同时这也是一项具有宗教意义的盛会。为期数天的竞赛以圣城奥林匹亚命名，那里是希腊众神之王——宙斯的神庙所在地。人们参加拳击、摔跤、赛跑及上文提及的掷铁饼等其他赛事，以表对神的敬仰。其中好手甚至可能要与诗人比试。

参赛者赤身裸体。赛前他们在身上涂抹橄榄油，肌肉就可在阳光下闪现光泽。或许因此希腊人开创出我们如今所谓的身体护理，也就是对健美身材的追求和展示。在最初比赛中，获胜者仅获得一枝橄榄枝。随着时间推移，又增加了奖金或国家提供的一年免费餐食。

竞赛之所以如此重要，是因为它增强了希腊人的团体意识。这很有必要，因为当时希腊长期处于分裂状态。自公元前1200年起，多里安人和爱奥尼亚人等北方民族移居至今希腊，在这里建立起众多邦国，即希腊语中的城邦，例如底比斯、科林斯、阿尔戈斯、莱斯博斯、斯巴达及雅典等城邦。小型城邦类似如今的村庄，大型城邦像如今的城市。雅典在其全盛时期的公元前5世纪约有300万居民，约等于今德国城市奥格斯堡和比勒费尔德两地的人口总和。

希腊城邦间常常爆发战争，但在奥林匹克竞赛期间他们却异常和睦，出现了所谓的奥林匹克和平。虽然体育赛事中多有争端，而且某些全能运动项目十分暴力，甚至可能造成伤亡，例如一项混合了拳击和摔跤的古希腊式搏击比赛，但在比赛中是严令禁止使用武器的。

思想乒乓：辩论

除了运动以外，在戏剧、艺术、建筑、教育学、医学、政治、经济及哲学等其他领域中的竞技也对古希腊人至关重要。竞技精神推动希腊人在所有领域不断发展创新。与他们的英雄奥德修斯一样，他们也充满好奇心，不断追求创新和进步。这一点使他们有别于其他很多民族，脱颖而出。

无论在运动竞赛、战争或是在艺术领域，主题都是对自身进行检验。甚至在哲学中、在对智慧的追求中也是如此。古希腊人在哲学领域闻名世界。在柏拉图的哲学著作中，哲学竟也和运动一样激烈。读柏拉图的《对话录》时，我们立即就能看出这一点也不是高深晦涩的学术专著，它的内容大多是激烈的讨论，让人想起竞赛。其中往往还包含一些城邦首领和苏格拉底、高尔吉亚、拉凯斯等哲学家之间奇特的对话。他们像老友一样谈话，柏拉图仿佛只是将对话记录下来，事实上很多或大多数对话是他虚构的，其内容涉及政治、教育、美感、荣誉、爱和酗酒的危害。书中最主要的参与者是哲学家苏格拉底。

苏格拉底生活在公元前5世纪的雅典，他是柏拉图的老师，也特立独行。据说他经常在雅典的市场上与路过的陌生人攀谈，即使对方全无兴致。

人们很怕见到他，他的问题让所有人感到困扰。当这个身材瘦小、半秃而发丝蓬乱的男人走过来，很多认出他的人就会想：惨了，他又有一大堆问题，滔滔不绝，太累人了，但还是有点意思。最后苏格拉底总会让人们有所收获。他告诉人们，每个人的所知有限，并强调人不能自以为无所不知，而是要开放地看待别人的观点和新奇的想法。

希腊人尤其重视思想交流，因此他们经常思考一个问题：探讨一个主题的最好方式是什么，怎样不让对方本人感到受辱，或怎样避免表现出被冒犯。他们找到了一个方法：其中一人阐述话题，用论据阐释其观点并列举实例，然后另一位参与者陈述反对观点，随后双方轮流阐述论据。这类似一个小型的思想乒乓球竞赛。最后双方观点可能达成一致，形成一个“合成观点”，为所有人带来全新的认知。同时，参与谈话的人都感到自己对该成果有所贡献，或至少参与其中。

该方法的专业术语叫作辩证法（dialektik），该词来源于希腊语中的dialektiké，其本意为“谈话”。辩论能力对希腊人十分重要，他们为此创建的辩证法甚至是希腊人最重要的技能之一。此外希腊人的重要知识技能还有几何学、算术、计算、天文学、音乐、语法和雄辩学——具有说服力地讲话。

这些知识听起来都很美好，但希腊文化存在一大缺陷：巨大的贫富差距。富人才真正有时间钻研哲学和技艺。少数人富有的前提是，很多人依然生活在奴隶制度之下。

据估算，在雅典生活的 30 万居民中，奴隶约占 10 万，即总人口的 1/3。他们有着与自由人完全不同的境况。有些奴隶和自由人住在同一屋檐下，其职业是公职人员、手工业者或富人家孩子的看护，他们是家庭（在希腊语中表示为 oikos）成员。家庭又和家庭作坊混合在一起，类似于父母、孩子、仆人共同生活、劳作的大型农场。德语中的“ökonomie”（经济）

一词便来源于该词，即最优的持家之道和财务管理原则。可惜还有数千位奴隶在最恶劣的环境下卖力干活，这也是雅典的固定组成部分。例如奴隶不得不用锤头和凿子在狭小的矿井中艰难地开凿，很多人因吸入过量粉尘、爆炸性气体泄漏或溢出身亡。但银矿是雅典城邦的重要收入来源。奴隶的来源有两种：要么是战俘，要么是债务奴隶。债务奴隶是指当某人无法偿还债务时，不得不卖身为奴抵债。此外，贩卖和出租奴隶也曾是盈利十分可观的业务。

除雅典以外，最强大的城邦是斯巴达，在那儿存在着一种特殊形式的奴役。斯巴达位于希腊南部的伯罗奔尼撒半岛。在那里斯巴达人统治着原住民希洛人。希洛人必须向斯巴达人供奉自己近半数的粮食、山羊奶、肉和羊毛，他们与奴隶无异。斯巴达人并不工作，更确切地说他们有另外的工作。为了镇压人口数量占上风的希洛人，斯巴达人必须成为骁勇的战士。即使是年幼的斯巴达人都待在训练营里，不断操练。

为达到锻炼目的，衣着单薄的孩子不得不在严寒中光脚走路。他们的饮食也是一种严苛的考验：他们以野猪肉和血做成的汤为食，并以盐和醋调味，这种汤被称作“黑汤”。其他地区的希腊人常嘲笑斯巴达人和他们的食物：你们知道为何斯巴达人喜欢战死沙场？因为这样他们就不必再吃黑汤了。

斯巴达人恶劣的生存条件举世闻名，至今为止，我们仍将不舒适的艰苦的生活称作斯巴达式生活。

希腊人最伟大的发明：民主制

希腊民风彪悍，但在雅典发生的一项变革为社会公正做出了长久的贡献，即民主制。2 500 年前，希腊人创造了我们如今的国家体制。德语中的“demokratie”（民主）的定义来自希腊语中的“dēmos”（国民）和“kratía”

（政府），混合后表示“民选政府”。国民能够选举出在某一段时间内由谁来统治国家。

希腊人为何要建立民主制？民选政府起初是为了应对危机而诞生。6 世纪初，雅典人民对统治现状十分不满。很多人不堪贵族统治阶层的剥削，起义一触即发。为缓和局势，贵族出身的政治家及诗人——梭伦临危受命进行调解。梭伦智慧超凡，果然他颁布了一项明智的措施：禁止以人身抵债。以人身抵债的做法让很多无法偿还债务的贫困农民沦为奴隶。如今他们重获自由，他们甚至能参加在雅典中心广场——阿果拉广场举行的公民大会。人们在那里为推动国家发展和维护国民利益建言献策。

一位名叫克里斯提尼的人让民主制有了突破性的进展。他将雅典市及周边划分成多个选区，各选区选举出代表，派往雅典，组成 500 人议会，这是世界上首个议会。议会成员再选举出 9 位国家领导。同时他们还选出 10 位军事战略家，战略家们是军事统帅，但在和平时期他们也掌握大权。

民主制的出现开启了政治家的生涯。德语中的“politik”（政治）一词来源于希腊语中的“polis”（邦国）。伯里克利为政治职业化做出了巨大贡献，他或许是古希腊最著名的政治家。他生活在公元前 5 世纪，与苏格拉底同一时代。伯里克利设立了公职津贴制度，至今我们还这样称呼公职人员从国家获得的薪酬。在它的帮助下，穷人也能参与政治。

伯里克利提出，除奴隶和外邦人以外的所有男性正式公民，都可参加公民大会。民主制在雅典达到全盛期之后再次被取缔。直到 20 世纪初为止，伯里克利代表的民主制从未被超越。他是一位伟大的演说家，但同时他也采用其他手段来取悦民众。在他担任军事统帅时，他授权菲狄亚斯等雕刻家制作雕像。在他推动下，雅典人开始修建雅典卫城神庙（帕特农神庙）。神庙遗址如今依然矗立在希腊首都雅典的卫城山丘之上，成了雅典的标志。

卫城神庙的石柱群虽然雄伟，但并不像埃及金字塔那样让人生畏，或像后文将出现的罗马斗兽场和受希腊建筑风格影响的其他建筑一样浮夸。卫城神庙的石柱并不是完全笔直的，而是有一些微小的曲度，这让它们看起来更高贵甚至具有一些类似人类的特征。众多高度一致的石柱支撑起殿顶，同时殿顶也将所有石柱保护起来。这样的卫城神庙也是民主的美好象征。

美究竟是什么，能带来什么

除了其他优点，据说伯里克利仪表堂堂。古希腊人十分看重外貌，当然，美感这一主题也常常出现在辩论中。深受哲学思想影响的希腊人提出疑问：什么是真正的美。与智慧和权力相比，应怎样看待美的重要性？希腊人讨论的素材来自日常生活和神话。神话是古老的故事，故事中既包含人类也会出现神灵。希腊神祇的举止与人类无异，他们往往很自私，也会嫉妒和幸灾乐祸。神话的主题是人类生活中出现的问题。

神话《帕里斯的评判》也涉及这些问题。故事重点围绕美和一次选美比赛展开，这大概是世界上首场选美比赛。小伙子帕里斯必须决定女神赫拉、雅典娜和阿佛洛狄忒三人谁最美。他选择了爱神阿佛洛狄忒，因为爱神许诺他，世界上最美的女人——海伦会爱上他。但问题是海伦已经与斯巴达国王成婚，因此帕里斯与海伦借机私奔，来到帕里斯的故乡特洛伊。而为了将海伦带回斯巴达，希腊各城邦联合与特洛伊城开战。这就是上文《伊利亚特》中曾提到的特洛伊战争。

《帕里斯的评判》揭示了一件事——当人们为美、为一个女人的外貌而疯狂时，这将给人类带来灾难。美的意义是什么，它能代表什么？这个问题让哲学家们伤透了脑筋。如果人们为了得到像海伦一样的美女而发动战争，那么美究竟值不值得赞美？

究竟该如何追求美，才能避免引发争端和战争呢？其中一个可能是：置身于美丽的艺术品中。艺术品中不存在有血有肉的真实人类的弱点，所有人都可以欣赏它们，并且不会引发争端。希腊雕塑家塑造出美妙的雕像：女人拥有精致的圆润的臀部，男人拥有健美的体魄，它们看起来栩栩如生。这与埃及人和其他民族的雕像不同，是十分新颖的雕塑风格。希腊雕像十分生动，但同时也展现出宁静与和谐。一些希腊人认为，雕像作品能使欣赏者的灵魂达到平衡，使他们变得超脱、美好且美丽。

美不局限于漂亮的、对称的脸蛋。对希腊人来说，真正的美与良好的道德紧密相关。哲学家柏拉图就不相信人类以及画像和雕像等艺术品的外在美。他断言，外在美只是错觉，他一直追求的是美的深层含义。对他来说，最美好的事情是生活在一个美好的、秩序良好的国度，这可能比最好看的人更美。柏拉图最著名的作品《理想国》就阐述了这一观点。他认为无论经过几年还是几百年，这一观点都会持续散发魅力，不会随着时间推移而衰退。

柏拉图是其想法和理论的狂热爱好者。关于美这一主题他还发表了一些观点。他认为，几何体比最对称的人类更美，包括大小相同的图案以及圆形和三角形等。他写道，从事几何学的人“更容易看到美好的想法”。数学是美好事物的象征，这真是古希腊人的一个有趣的想法。

追求美好思想的柏拉图影响了之后几百年内众多的，甚至可以说是所有的哲学家。除了这些美好的想法以外，希腊人也发动了一些可怕的战争。其中最残酷的是伯罗奔尼撒战争。从公元前 431 年—前 404 年，它近乎持续了 30 年。雅典人结成的联盟对战斯巴达及其盟友，最终斯巴达获胜。

虽然希腊诞生了哲学家、民主人士，但即使是在和平时期，这里仍存在很多不公现象。除奴隶以外，另一个群体——女性也常遭受不公待遇。

女性不能被选举为议员，与古埃及不同的是，很难想象一位希腊女性接掌政权。此外，对女性的压迫也存在于其个人生活中，从青年时期就开始了。希腊女性早婚，部分女性 12 岁便结婚，而大部分新郎明显更为年长。已婚女性的婚后行为受到严格约束。她们必须老实地待在家，待在自己的房间里。相反已婚男性则与朋友在研讨会——一种大肆饮酒的聚会上开怀畅饮，或是享受辩论和音乐。希腊男人有男性和女性情人，他们还付钱召妓。他们不仅与妓女发生性关系，还与她们探讨文学和哲学问题。但如果已婚妇女有情人，在大多数城邦她们将被判处通奸罪，受到严厉惩罚。

马拉松的发明和学校的起源

在希腊文化发展的同时，与其相邻的波斯帝国也强大起来。公元前 6 世纪，国王居鲁士二世建立起这个强大的帝国，地处今伊朗。继任者大流士一世将其面积扩展至今埃及和今印度。但波斯人也想控制埃及，于是埃及各城邦联合起来抵抗波斯人入侵。

希腊城邦赢得了具有决定性意义的两场战役：公元前 490 年马拉松战役和公元前 480 年撒拉米斯战役。据说在赢得马拉松战役后，一位希腊士兵从马拉松附近跑回雅典传送获胜的喜讯，大约跑了 42 千米。传说将消息传到后，他力竭而亡。虽然该信使死亡的事情并不属实，但因为这个故事十分动人，所以流传开来。马拉松长跑赛距离定为 42.195 千米，距离长于此的长跑也被称作马拉松。跑马拉松成为如今世界上很多人的业余爱好。

希腊人对我们文化的影响体现在我们使用的众多词汇中。德语中的“schule”（学校）一词来源于希腊语中的“scholé”，其含义是“闲适、宁静、停止工作”。这在今天听起来很奇怪，因为很多学生都认为上学很累、压力太大。但在当时学校是青年向往的地方，因为不是每个人都有机会上学，只有富家子才有上学的特权或由私人教师授课，因此每 10 位古希腊居民中仅有 1 位识文断字。

古希腊学生大多在室外或体育馆上课。因此体育馆也可能是由石柱组成的一种教室，虽然起初只是运动设施。德语中的“gymnasion”（体育馆）一词演变成“gymnasium”（中学），来源于希腊语中的“gymnos”，它表示“赤裸的”。赤裸？这也很奇怪。这与中学有何关系？它们之间的联系要追溯到古希腊人的一个习惯，他们在做校园运动时习惯赤身裸体。希腊人比现代人更重视校园运动。首先运动有利于提升竞技精神；其次古希腊人通过体操和田径运动来健身和提升身体灵活性，他们认为强健灵活的身体直接与思维的灵敏度相关，并有活跃思维的作用。

第一位伟大的征服者和第一位知名朋克

总体来说，希腊人对欧洲其他地区的文化影响至深，随后也对世界范围内其他国家的文化产生了极大影响。这种影响来自几方面，其一是由于希腊的殖民行为。德语中的“kolonie”（殖民）一词来源于拉丁语中的动词“colere”，表示“开垦土地”。在某些时期，希腊的耕地和牧场不足，一些希腊人便出海在爱琴海上寻觅更适宜生活的地方。他们在小亚细亚的沿海地区（今土耳其）定居，此外他们也到达了意大利的西西里岛。他们仿照自己的希腊城邦家乡，在海外建立起那些城邦的“附属城市”。

希腊文化的广泛传播还归因于强大的征服者亚历山大大帝。他生活在公元前 4 世纪。他并不是真正意义上的希腊人，而是马其顿帝国的国王，马其顿位于希腊北部边界附近。他的父亲腓力二世以其强大的军队征服并占领了希腊城邦。但亚历山大并不满足于继承父亲的领地，拼力继续扩大疆域。他征服了波斯王国在小亚细亚的领地，最后甚至占领了整个波斯王国。在公元前 33 年伊苏斯战役中，他又重创大流士三世领导的波斯。

亚历山大甚至迎娶了美丽的波斯王国公主罗克珊娜，以此象征性地将希腊人民与波斯人联系起来。他接管了波斯人的统治权，其中包括对埃及和巴比伦的统治。他兴建城市，并以他的名字命名，其中包括埃及城市亚历山大，它以其宏伟的图书馆闻名。

亚历山大一直想征服其他国家，因此在当时也已经有很多人认为他太疯狂，有关他的故事更加加深了这一印象。其中一个故事与著名的德尔菲神谕有关。据说亚历山大在德尔菲问卜，询问他战胜的概率有多大。这在当时是很正常的，为了预测自己的未来，地中海各个地区的人都到德尔菲问卜。他们想知道，自己的某项事业、某段婚姻或某趟旅程能否顺利进行。据说一位名叫皮提亚的女祭司站在岩缝间聆听人们的问题，气体从岩缝中喷涌而出，女祭司便陷入半梦半醒的通神状态。人们认为当女祭司在烟雾缭绕中呓语时，就是掌管光明、诗歌、音乐和语言的阿波罗神显灵了。这或许也是神谕往往很含糊的原因，人们不得不发挥点想象以猜测神谕的含义。此外问卜还是一项十分可观的业务，因为人们必须付钱才能向德尔菲神庙问卜。

神谕之地仅在一个月中的某几天开放。当亚历山大拜访时，正值关闭，但是他十分急切，据说他拽着女祭司的头发逼迫她说出预言。女祭司痛得大叫，喊出“你是战无不胜的”。或许一时间她无法想到更好的回答，这句话并没有揭示，亚历山大在征服了一些地区之后的遭遇以及他的帝国最后的境遇。但亚历山大当时应该是很满意的。

亚历山大仿佛真的战无不胜。他的军队所向披靡，最终抵达今阿富汗和巴基斯坦。他却突然患病，随后因一次高烧早逝。亚历山大死后，他的帝国一分为三，分别由三位继承者接管。分裂后的帝国风光不再。公元前 2 世纪，罗马人征服并占领了该地区。尽管罗马人在军事上战胜了亚历山大的继任者，但是很多希腊文化由罗马人传承并传播开来。

当亚历山大问卜神谕时，他或许应该更耐心一点。他或许也能从哲学家那儿学到些什么。亚历山大青年时期曾有过亚里士多德这样出色的老师，后者在当时乃至几世纪后依然是科学、政治及道德行为，即伦理学等领域的权威。此外亚历山大还曾与其他哲学家有过交往，例如第欧根尼。

出生于锡诺帕的第欧根尼是一位性格怪僻的哲学家。他属于所谓的犬儒派，这一哲学流派的代表人物被称作犬儒。他们推崇一种尽可能朴素的禁欲生活，以一种近乎固执的方式肆意享受生活。他们认为，如果人们不知道墨守成规或服从权威的意义，他们不应一味这样做。

为了不断强调这一思想，第欧根尼刻意打扮得衣衫褴褛，用手代替高脚杯掬水喝，据说他还睡在一个木桶里。为了展示他从不依赖别人，并且在特殊情况下还能独自取乐，他在大庭广众下手淫。在今天听起来这很荒唐，而且是明令禁止的，但当时人们对赤身裸体和性的看法普遍更加开放。据推测第欧根尼的这一奇闻其实是捏造的。这样就能激励人们思考，他们能通过哪些不同的方式方法获得满足。

亚历山大对第欧根尼多有耳闻，他也对这位恣意妄为的人颇感兴趣。于是某一天他前去拜访第欧根尼。这位哲学家与往常一样衣着朴素地坐在木桶前。亚历山大问他有什么愿望，强大的国王会帮他实现愿望。对此，第欧根尼回答道：“不要挡住我的阳光。”

亚历山大暴怒的脾气让所有人畏惧。对此他会做何反应呢？他反而更为第欧根尼吸引。第欧根尼或许是世界上第一位有名的朋克。亚历山大或许应该去哪儿享受下阳光，而不是一味地攻城略地。这一故事很可能是杜撰的。希腊神话传说和名人逸事大多都旨在揭示各种行为方式可能产生的后果以及什么是生活的真谛。

亚历山大大帝的帝国被其他民族征服而灭亡之后，希腊人一直在西方世界的文化和哲学领域保持着领先地位。他们不断提出一些根本性议题。伊壁鸠鲁成功创立了伊壁鸠鲁学派，他强调生活的真谛是快乐，应避免痛苦和享乐。伊壁鸠鲁师从哲学家德谟克利特。德谟克利特在当时就对我们如今熟悉的一些知识提出了假设：所有事物包括人在内都是由无数个微小的原子组成的，原子能自由组合并再次分离。伊壁鸠鲁认为原子的组合方式，连神都无法决定。他是对神力提出质疑的第一人。对他来说神存在吗？存在，但是他认为神住在自己的神界，因此不会激怒或惩罚人类。人类不应依赖于神，而是要更多地关注实质性的东西，例如感官的享受。例如人类应该像重视精美的食物一样享受一道简单的豆类菜肴。对他来说真正重要的东西还有友谊，人们应该适当地维护友谊。伊壁鸠鲁还提出了，在面对无法改变的事物和命运的打击时，我们应保持坚定不移的信念。

这些学说最终追求的是什么？达到拥有坚定不移的信念且宁静及安详的状态，即安乐的状态。这也正是亚历山大时期之后的第二大哲学流派——斯多葛派的最高追求。芝诺开创了这一流派。与伊壁鸠鲁不同的是，他认为我们不能通过享乐来达到快乐与平和，而是应该更多地专注于自身的义务。我们应该毫无怨言地、不假思索地履行这些义务。这种祥和的姿态至今被称作斯多葛式。芝诺强调，人类不应被愤怒或惧怕等强烈的情绪左右，应该以理性取代感性。

希腊人的行为不一定都像其哲学家想象的那样明智。他们虽然创造了民主制，但他们仍然为小事而愤怒，继而引发战争。即便如此，他们还是为世界带来了一些美好的思想、众多神话传说以及《奥德赛》等叙事诗。几千年来他们激励了一代又一代人。

第 6 章　照明和大众素食

佛教如何出现在印度和亚洲其他地区？冥想为何成为真实的力量？

我们爱吃肉，动物就得因此死亡吗？德国 5%~10% 的人口是素食者。某些调查结果表明，在印度约有 40% 的人放弃肉食，几近半数。印度人对动物友好吗？为何印度的素食者比德国和其他地方多这么多呢？

这与其历史有关，尤为重要的是三大古老的宗教——佛教、耆那教和印度教，信条都是不杀生、非暴力，对万物生灵皆如此。这三大宗教的共同之处在于，都遵循传统思想、信仰灵魂转世，即轮回。他们认为躯体虽然会消亡，但是灵魂永生。死后灵魂将进入另一生物的躯体，可能是人类，也可能是动物，因此人类可能以公牛、猫、鼠、甲壳虫、狗或公鸡的身份重生。当人们吃咖喱鸡时，或许会不小心吃掉一个人类的灵魂，因此很多印度人都食素。

在很多方面，印度历史对如今人们的生活方式仍发挥着重要作用。轮回说不仅影响了人们的膳食习惯，还改变了人们的行为举止。在几乎所有印度人的宗教中，生命目标都是通过轮回转世最终让灵魂到达极乐世界，也就是天堂。在极乐世界中，灵魂将获得愉悦，再也不需要从一个生物轮回到另一个生物。灵魂的轮回虽然提供了转变为另一种形态的可能，但是这一世的辛苦是否值得，下一世能否更加舒适，人们不得而知。下一世能否变得更好，与每个人的善恶业相关。“业”一词来自古印度语梵语，原本表示“行为”和“作用”。简单说来，业就像一种由好坏行为组成的账户。

我们生活中行为的好坏将决定我们获得的业的多少，即善恶业账户上是有结余还是负债。

至今仍有很多人认为，如果某人有善业，他就能转世成为强大的、受人尊敬的生物，就能成为眼镜蛇而不是田鼠，成为公爵而不是奴隶，成为富商而不是贫农。即使是遭受最多苦难的奴隶都会信仰轮回转世，以寻求安慰。这一思想在印度尤为普遍，因为许多人生来就注定辛苦一生，注定无法在有生之年改变命运。出生在低种姓家庭的人便是如此。一个种姓的人被视作同一个社会群体，某一种姓的人只能从事与其对应的固定工作。

该制度以四大种姓为基础，四大种姓也不断被细分。最上层是婆罗门，是受过良好教育的人，比如僧侣、诗人、学者等。刹帝利是第二种姓，基本是武士等。他们之下是第三种姓，一般是商人和自由农民。第四种姓首陀罗为手工业者、租种地主土地的农民和临时工。此外还有一大批民众处于种姓制度的最底层，他们的生活状况极为恶劣，他们被叫作“贱民”或“不可接触者”。

他们是“不可接触者”，因为上等种姓的人应该避免和他们接触，否则会被污染。“不可接触者”不得不从事最艰苦的工作。他们注定要生活在排挤和羞辱中。

以前“不可接触者”被称作贱民，如今被称作“达利特”。该词来源于梵语，表示“被践踏的”“被驱逐的”“被毁灭的”，这一名称就已经体现出种姓制度的残酷。种姓制度影响了几世纪来的数亿印度人的生活。如今种姓制度已经被印度法律废除，但种姓制度的余毒未清。在农村，低种姓的人仍然会遭受歧视。达利特的孩子必须自带餐具去上学，他们不能与其他种姓的孩子共用学校的公用餐具。来自不同种姓的男女也会被家长禁止通婚。

印度人普遍认为，经常朝拜神灵可以提高轮回出生在高种姓阶层的可能性，反过来这又对最高种姓婆罗门有利，因为他们能获得祭品。他们能拿走人们供奉给神灵的食物或金银。由于婆罗门受益于种姓制度，因此长期以来他们不支持废除种姓制度。

一个神话王子和一个真王子

婆罗门掌管的宗教原本叫作婆罗门教，其圣书是《吠陀经》，后改名为印度教。如今其信仰者绝大多数是印度人。婆罗门教和婆罗门种姓都是以印度最高神梵天命名的。他是三大主神之一，是万物的创造者。另一位主神是掌管秩序的神——毗湿奴，他常伴梵天身侧。第三大主神湿婆则更为奇特，她是毁灭之神。她跨骑在一头公牛上，脖子上常常缠绕着一条蛇。她会毁灭事物，但也能以此创造新事物。

《吠陀经》描绘了神的事迹，其中包括对众多神灵以及风雨的赞歌及诗歌。印度宗教圣书中还包括两部叙事诗《摩诃婆罗多》和《罗摩衍那》，它们创作于约公元前 5 世纪。与同时期希腊人的《荷马史诗》和犹太人的《圣经 · 旧约》在它们各自人民心目中的地位一样，《摩诃婆罗多》和《罗摩衍那》对印度人十分重要。印度的叙事诗也讲述了神灵和人类的冒险故事、王室、战争和爱情。《罗摩衍那》以印度英雄人物罗摩命名，他是一位王子，同时也是毗湿奴神作为人类时的化身。

一次罗摩在一位侯爵举办的射箭比赛中获胜，侯爵许诺他可迎娶美丽的公主悉多，但悉多被魔王掳走带到了罗刹。苦寻良久，罗摩最终找到了爱人的所在，却不知道怎样带兵进入罗刹。此时神猴哈奴曼来帮助他。哈奴曼疾驰快如风，并能随意改变身高和形态，他帮助罗摩探悉了罗刹的地形。罗摩与部下一起在洪水之上筑起一座巨型石桥，进入罗刹，救出悉多。

罗摩和悉多等一些英雄、王子和公主的故事和其中神灵的法力让数百万人沉迷于想象的世界，这却无法改变种姓制度。另一位不同于罗摩的真正存在的王子最终才削弱了种姓制度的影响力。

他名叫乔达摩·悉达多（释迦牟尼），他人生经历的开始也有些像神话。他生活在公元前6—前5世纪，具体时间不详。他是印度北部一个侯爵的儿子。有关记载表明，他生活在一座王宫里，过着奢侈的生活。他有一位妻子和一个孩子，却不用为任何事操心。父亲为他承担所有的开销，甚至力图将他与一切不快的事物隔绝。但有一天，当悉达多坐着马车在宫殿附近散心时，他看到一位佝偻的老翁步履维艰，这深深触动了他。

随后的几天中，他接连看到街上一位病危的人、一具尸体和一位和尚。这位和尚是一位禁食的苦行僧，衣衫褴褛。这些情景让悉达多陷入沉思：财富和青春也无法阻止人的衰老和死亡，贫穷则对和尚来说无关紧要，而他自己要如何面对这注定会到来的不幸呢？

这一问题一直困扰着他，让他不得宁静。他想自己体会贫穷和肉体的痛苦。或许他能像苦行僧一样对此习以为常，因而变得强大？他就想，可能一段时间之后这些痛苦对我来说再也无关紧要了。因此悉达多开始了极端的自我实验：他置身酷热和严寒环境，衣着破败，禁食直到骨瘦嶙峋，虚弱无力，最后甚至吃下自己的粪便。

所有这些却没能带给他强健的身体或更多的收获，带来的只有不适和厌恶。某一天，充满疑惑、虚弱到几近昏厥的悉达多在一棵无花果树下冥想。在那儿他找到了答案——折中，即找到两种极端生活的折中点。两种极端之一是肤浅的转瞬即逝的奢侈生活，它无法阻止不幸和疾病；另一极端是苦行，即完全放弃精美的食物和其他乐趣。

对悉达多来说，折中意味着他不必刻意折磨自己，摈弃所有，更重要的是当事与愿违时却不被激怒。不必一味追求新奇的、更美好的事物，更奢侈的、更昂贵的、更多的食物或衣物。一开始就不提出过高要求，这就能避免过大的压力。悉达多认为，我们也不应为无法改变的事物和人感到愤怒。也就是说，人应该看重自己拥有的最好的东西，并享受简单的事物。这几乎跟上一章提到的希腊哲学家第欧根尼一样：当我们只有小房子时，就能经常外出，就能更多地享受温暖的阳光洒在皮肤上的感觉。

悉达多在无花果树下有了新的领悟，这让他激动不已，于是他称自己为 Buddha（佛祖）。Buddha 在梵语中原本表示“觉醒者”。顿悟之后，他开始周游全国向人们传授如何觉悟和获得简单快乐的方法。他的方法包括四个简单步骤，即“四谛”：首先，我们必须接受世界的不完美，痛苦是无法避免的；其次，我们应该清楚贪婪是很多痛苦的来源，我们追求的总是多于我们能得到的或需要的；再次，当我们摈除贪婪和欲望，并认识到并非所有欲望都应满足，并且也能通过其他方式获得快乐时，就能摆脱痛苦；最后，如果我们能正确看待生活中的小事，一切都会迎刃而解。

同时“八正道”对此很有助益，“八正道”指正见、正思维、正语、正业、正命、正精进、正念、正定。“正语”表示“正确地言语”，例如不多言他人之事，因为这最终会破坏自己的心情，并且会带来负面情绪。“正定”指什么？是指我们应找到安宁，不被琐事烦扰。佛祖正定的方法是冥想。冥想时我们就能发现，我们曾被琐事激怒和烦扰。

与一个人的出身相比，佛祖更重视人的行为和思想，因此外在的种姓制度就失去了意义，这是佛教受大众欢迎的原因之一。每个人都能“觉悟”，穷人没钱向婆罗门进贡也能修行获得佛祖启示。佛教僧人既不需要供奉也不索要财物，人人都能获得指点。他们需要的只是一点施舍，即化缘。他们挨家挨户乞食，只要人们把自己的一点米饭和蔬菜放入他们的钵中，他们就很满足。

为了活得快乐，佛教徒只在必要时游历。但我们也知道与其他人相比，佛祖能更轻易地舍弃财富，因为他年轻时曾拥有过财富和奢侈的生活。他曾组建过家庭，坐拥豪宅。此外佛祖当然不像我们在画像中看到的那样时刻保持完美。画像和雕塑中的佛祖拥有匀称或圆润的体型与和善的微笑，但这些形象都不是源自佛祖生活的年代，而是后世人想象出来的，他们从未见过佛祖。佛祖真实的相貌可能与我们认为的有所出入。

世界上第一部动物保护法和非暴力征服

尽管佛教影响力逐渐扩大，婆罗门教却一直在印度宗教中拥有统治性地位。但公元前 3 世纪情况突然有了转变，这一转变归功于一位国王——阿育王。阿育王统一了印度帝国，并将其疆域拓宽到今阿富汗至南印度领域。但有一天他为自己因开拓疆土而沾染的无数鲜血忏悔，于是他遁入佛门，开始信仰这一推崇和平的宗教。

阿育王让人在全印度范围内的岩壁和石柱上镌刻铭文，传播如何使生活更美好。在日常生活中或路途中，这些铭文随处可见。他解释自己如何皈依佛教，他讲道，在与敌方侯爵的一场战斗中，他的士兵杀敌 10 万，这是一场可怕的“杀戮”。于是他从此专注于一种可以说是“最强大的”征服方式。何种方式？他指的是不通过武力，而是通过适当柔和的、关怀的政策来征服。在当时这个想法是十分奇特的。

阿育王强调与他人和谐相处的重要性。此外他还颁布了一部类似动物保护法的法规。在首条法规，即一封诏书中写道：“往常在国王的厨房中，每日为准备肉酱都有成百上千只动物被杀。如今每日只杀三只：两只珍珠鸡和一头鹿，鹿也不应常杀。但今后这三只动物也不能杀。”

显然阿育王想逐步禁止杀生。有一处碑文列举了受他保护的动物，其中有鹦鹉、野鸭、蝙蝠、豪猪、松鼠、鸽子、鱼、公牛、狍子和鹿，甚至还包括蚂蚁。他解释道，“山羊、母羊和母猪”等肉食主要来源虽可以食用，但禁止在它们哺乳期内宰杀。禁止猎杀不满 6 个月的幼崽。这比现在通常的幼崽禁猎期还长。

阿育王并没有直接命令全民食素。但他或许是世界上第一位关注动物法的统治者，他甚至为动物修建了康复中心。但并不因为阿育王是爱惜动物的佛教徒，他的政策就总是公正的。他是一位集权统治者。印度与 200 年前的希腊不同，在印度从未有过民主。阿育王也没有废除奴隶制，他只是要求人们要“以正确的行为对待奴隶和仆人”。

阿育王死后，他的孔雀王朝迅速覆灭。几百年后，在印度，婆罗门教再次取代佛教。种姓制度又延续了几千年，而佛教则被排挤出印度。但是佛教没有消失，而是在亚洲，在今缅甸、不丹、泰国、越南、中国和日本等地传播开来。几百年后，佛教又通过这些国家流传到欧洲。如今在德国的餐馆、健身中心、时装店和室内装饰品店都能看到佛像，甚至比十字架还多。至少作为装饰品来说，微笑的佛像在全世界获得了普遍的认同。

第 7 章　焚书的皇帝

中国的第一位皇帝想在帝国上下贯彻他的理念，他事无巨细地严格限制臣民的日常举止，并抵制传统。

2 000 年前，全世界仅有 1.5 亿 ~2 亿人，相当于如今美国人口的一半或德国人口的 2 倍。如今地球上生活着近 75 亿人，是当时的 40 倍之多。但有一点并没有变：以前和现在世界上最多的都是中国人。如今约 1/6 的地球居民来自中国。2 000 年前，在中国生活着约 6 000 万人，相当于当时的世界人口的 1/3。为了建立一个庞大的帝国和实现某种程度上的文化统一，我们今天所说的中国居民必须统一。他们最终以武力完成了统一。

最初的华夏帝国是商朝[①]，我们对它的了解也不多。早在公元前2000年它就已经建立。中国文字最早的记录来自商朝[②]，但是它的疆域仅是如今中国的很小一部分。之后在中国历史上出现多个诸侯国，这与拥有众多邦国的古希腊相似。它们为争夺统治权而战，这样一直持续到公元前 400 年，这时仅留存下来 7 个国家。其中一个国家在公元前 221 年打败了其他所有国家，它就是秦国。

秦国的主要疆域位于今中国北部，当地民风尤为粗犷：传言在中国其他地方被看作野蛮行为的活人祭祀在这里却得以盛行。战后秦国统治者成

---

① 中国史书记载的第一个世袭制王朝应为夏朝，商朝应为第二个，原文仅为欧美部分学者的个人观点，与中国史学界定论有异。——编者注

② 在此之前已存在文字记录，原文仅为欧美部分学者的个人观点，与中国史学界定论有异。——编者注

为中国统一后的第一位皇帝。皇帝是比国王更强大的统治者，同时统治多个国家和民族。这是中国历史上首次成功统一众多邦国，建立帝国，其疆域大致与如今的中国相当。这位统治者掌权后称自己为秦始皇，意为“第一位皇帝”。

秦始皇进行了很多改革，并在全国强力推行改革措施。他精简机构，在全国范围内实施统一的度量衡和文字。他在边境建起高墙，抵御游牧民族等外敌。这些高墙就是中国最著名的标志——长城的前身。高达 8 米、宽至 5 米的秦长城至今仍然像一条蜿蜒的巨蛇，在山丘之上、山谷之间绵延数千里，穿越森林和草原。秦始皇还组建起纪律严明且强大的军队。他实行高压政策——百姓被划分为以五个家庭为单位的“伍”，每个家庭都得为另外四个家庭负责。任一家庭中有人犯罪或不服从管理时，其他四个家庭都要连坐。此外，人们也被迫告发他人，因为根据一项官方规定，“不举者”要被腰斩。

秦始皇想完全按照自己的意愿打造一个新中国，并掌控其每一个细节。秦朝官员须身着黑衣，头戴四方官帽，官帽必须正好六指高。对士兵发髻的位置以及如何修剪胡须也有严格规定。对制作一双鞋所用锦缎的量也有明确规定。秦朝有着发达的交通网，关于交通网的一项规定是，道路旁每隔 5 步，即大约 7 米的距离应种一棵树。秦始皇在都城咸阳周围修建了 270 座宫殿。他常往返于宫殿之间，以视察国情。

为何要制定这么多项细则？秦始皇认为人性本恶，无论何时何地，他都得对百姓加以控制。他的意图是按照自己的意愿打造这个帝国，为此他采取了极端的强制性措施。某一天，他突然想抹去人们对此前其他统治者在位期间的生活方式和思想的所有记忆。只要消灭传统，就没有什么能限制他的行为。于是他下令，所有有关历史的书籍——史书、古诗或相关文献必须销毁，医学或农业等包含实用信息的著作除外。百姓不知道历史，那他们就不能说以前的这个或那个比现在的更好。因此秦始皇的丞相、“发言人”兼“顾问”发布宣告，百姓必须焚毁所有秦代以前的历史文献，并警告“以古非今者族”（以古代情况否定现在的灭族）。

秦始皇焚书这一举措在中国尤为困难，因为人们十分注重传统和记忆，例如人们会举行盛大的仪式祭奠祖先，以此获得安全感。祖先是他们的模范，能教导他们当下如何作为。然而秦始皇想毁灭这些，他的言论和思想应当是唯一的权威。

为了让后人也敬仰他和他的作为，他修建了规模庞大的陵墓。秦始皇的陵墓跟埃及法老的类似。他下令用高墙筑起一个完全四方的陵园，陵园中砌起一座金字塔形状的山丘，他死后将在此安息。为确保其陵墓长久安宁，秦始皇命人用陶土制作了约 8 000 名士兵。他们大多身披战甲，或手持武器，或身骑战马，栩栩如生。在秦始皇死后的帝国中，他便由这些兵马俑护卫。兵马俑长眠地下数千年之久，直到 1974 年，一位农民在钻井时意外发现了它们，之后考古学家才发掘出部分兵马俑。

秦始皇想长生不老。为此他常拜访仙山，愿与神仙为邻。他的御医也得为他献上各类神药，但有的神药含有水银。或许正是这些长生不老药导致了秦始皇的早逝，这位中国“第一位皇帝”享年仅 49 岁。

强盛如罗马、丰富如雅典文化：汉朝

为稳固大秦帝国根基，秦始皇制定了一系列规则和法条。但即便如此，秦朝在他死后第三年——公元前 207 年便覆灭了。继位者相互争斗，掀起腥风血雨。丞相觊觎大权，与之后的秦二世合谋害死了皇长子。之后农民不堪统治者的残酷压迫，相继起义。最终一位名叫刘邦的小官在众多起义军中异军突起，成功在公元前 202 年称帝，建立汉朝。

与秦朝相比，汉朝持续的时间明显更长——407年，直到220年。在汉朝生活着约6 000万人，与同时期罗马帝国的人数相当。

汉朝是中国文化和经济大放异彩的时期。各项技术有了空前的发展，例如在金属加工和水利工具制造领域。同时汉朝人还发明了造纸术，贸易往来繁荣。丝绸之路也发挥了重要作用，它是由众多道路和路线组成的一个交通网，横穿亚洲腹地，例如今乌兹别克斯坦首都塔什干以及印度北部、阿拉伯及北非等地区，以运输中国丝绸而得名。丝绸精致无双，散发奇异光泽，是中国除香料和瓷器以外最重要的贸易品。当蚕结茧时，其丝腺会分泌出一种细丝，在很长一段时间里，只有中国人知道如何从蚕茧中获得丝线。中国人死守制作丝绸的秘密，从而把丝绸销往世界各地。

商队以马匹或骆驼载满货物，穿越丝绸之路。他们的旅程充满冒险，可持续几周或几个月之久。他们穿过高山、横跨沙漠，沙漠里的白昼炽热如火，夜间却寒冷刺骨。此外商人们还经常遭遇劫匪。为抵御劫匪，汉朝皇帝派出官兵沿路巡察。

丝绸之路推动了各类货物的贸易，加快了东西方思想的交流。汉朝的文化十分多元化。与秦始皇时期不同，在汉朝人们能传承祖先的文化。在众多古老的哲学书籍中，两位思想家脱颖而出：孔子和老子。他们的思想来自公元前6—前5世纪，与希腊的苏格拉底和柏拉图、印度的释迦牟尼活跃的年代相近。

老子最著名的作品是《道德经》。我们无法确定，是否真有老子其人，还是《道德经》是否另有多位作者合著。老子的道教学说同样闻名于世。道教哲学的中心思想是“道”，“道”表示“路、路径”，广义上也表示“规则”和“正确的方式”。道是自然的原始力量，所有生物都以这种能量为基础。除非认真参悟和体会，否则人们无法真正理解它。参悟它最好的方法是，独自去山顶或林间空地上打坐冥想。此时道会流动在我们的呼吸间，飘荡在树叶随风发出的沙沙声中。

修道的目的与希腊哲学所倡导的相似，即发现美好，使灵魂达到平衡。但道教徒不像希腊人一样爱好辩论，而是对某些说法的含义苦思冥想。例如在《道德经》中关于美的唯一一句话："天下皆知美之为美，斯恶已。"听起来很奇怪，实则非常有深意。这句话的意思是，一旦我们以"美"这个词来定义某人的美时，就变相地将其他人归类为丑，我们就有陷入狭隘思维的危险。道教追求的是一种包罗万象的美，它体现在优雅的体态及宁静平和的心态中。

与此相比，中国的第二大思想流派——儒学则给出了更具体的指示。儒学更深入地探究如何在日常生活中运用道的思想。在大自然中独自冥想后，我们常常认为找到了道。但当我们在学校或在职场中与他人相处，或处理日常问题时，就很难保持友好平和了。

孔子对此有深刻的认识。他并非是整日独自待在家，一直被一群乖巧的学生包围的哲学家。他曾任小官，在传道授业生涯中也不得不顺应环境。孔子对中国人的思维方式产生了长远的影响，他的儒学被尊为正统学术。即使出身布衣，在通过以儒学为考核内容的科举考试后，人们就能入仕为官，平步青云。

儒学教导我们，在日常生活中应当向父母、亲人和长辈行鞠躬礼，以示尊敬。如果我们遵守礼节，即使心情糟糕或被人烦扰也能保持最起码的友好。但问题在于，事实上往往弱小的一方必须更礼貌地对待强者，不得不屈从于强者。

第 8 章　第一个超级大国

罗马长久的富裕和强大，超越当时任何国家。他们在法律体系、基础设施、战争机器及娱乐产业等领域立下丰碑。

“我的住所恰在一所浴场之上。各种嘈杂之声穿墙过屋，”1 世纪的罗马哲学家塞涅卡这样描述罗马的一所浴场，“这令我对自己的听力深恶痛绝，这一点不难想象！譬如，一位绅士挥舞重物奋力锻炼，我都可以听到他在咕咕哝哝，他长呼吸时，我能听到他在急促地大声喘息。也会碰到懒惰之人，满足于廉价按摩，听到手不断拍打他的肩膀。还有比赛计分者大声宣布比分，这简直是雪上加霜。除此之外，偶有蛮不讲理的醉酒闹事者或者被捕的扒手，总是喜欢在浴场欣赏自己声音的吵嚷者，还有跳入泳池乱嚷和乱扑腾的人。这些声音还算好听，想象一下声音尖厉刺耳的拔毛发者，为了宣扬，他不断大喊大叫，绝不住嘴，除非是他在给别人拔腋毛，他能折磨得受害人更大声地喊叫。不断变换叫卖声的蛋糕小贩、香肠小贩、糖果小贩——所有卖食物的小贩都大声叫卖，各有各的腔调。”

这是塞涅卡 2 000 多年前对罗马一所浴场内的热闹场景的描述，即所谓的“温泉浴场”（Therme）。该德语单词来源于拉丁语中的“thermae”，表示“温暖”。浴场拥有一套复杂精细的设备，众多管道将热气输送到大型浴缸和蒸汽浴室中，给其供暖。此外温泉浴场还提供各式各样的休闲娱乐活动，设有美容院、体操间和小吃店。

古罗马的独到之处不仅在于温泉浴室与其复杂的技术，还在于它供给淡水的方式。引水渠将淡水输送至罗马帝国首都和其他地方。引水渠包括管道和沟渠，长达几百公里的引水渠架设在支柱或堆砌而成的复杂拱柱之上，穿越田野和山谷，将山中的水源引渡到城市。至今我们还能在意大利或法国看到遗留的一些引水渠，令人叹为观止。

罗马工程师的另一大成就是排水体系：地下通道和管道网络将污水和排泄物疏导到城外，某些管道的宽度和高度达到数米。包括伦敦和巴黎在内，几千年来没有一个大型城市超越这一纪录。除了排水体系和引水渠，罗马基础设施还包括分布广泛的道路网。广义上来说，政府官员也是基础设施的一部分，他们负责规范日常事务，管理秩序。在这些领域，罗马人都明显领先于其他国家的人。他们在哲学、艺术和文学方面没有多少建树，大多数哲学、艺术和文学都借鉴自古希腊人。但就基础设施、工程设计及大众休闲娱乐而言，他们处于顶级水平，因此他们影响了众多民族和国家。此外，罗马人井然有序的法律体系、法典和法庭也同样出众。

罗马人拥有强大的军队，士兵往往都经过极端训练，但它也因此臭名昭著。熟悉电影《勇士斗恺撒》的人都知道，罗马人军营的结构和秩序是多么完美——完全呈矩形的阵营近乎一座座小型城市，削尖的木桩在其周围筑成围墙，同时营内还设有守卫塔——因此罗马人曾一度统治了几乎整个欧洲。

强大的军事实力、制度和基础设施让罗马一跃成为世界超级大国，并在几百年间一直保持领先地位。而最初罗马也很弱小，地处蛮荒。在古老传说中，罗马的建立者是罗穆卢斯和雷穆斯。这对双胞胎被他们的母亲遗弃在野外，幸运的是一只母狼发现了他们并把他们当成自己的孩子，哺育他们，并将他们养育成人。或许因此罗穆卢斯和雷穆斯行为尤其粗暴，他们长大后反目成仇。为成为罗马唯一的建立者和命名者，罗穆卢斯杀死了雷穆斯，母狼成了罗马城市徽章上的标志动物，这就是传说中罗马历史的开端。双胞胎兄弟和母狼的故事虽然与好战的罗马人十分贴切，但事实上对于罗马最初的历史我们知之甚少。可以确定的是，罗马最初曾是一个王国，它正式建立于公元前 753 年。最初生活在意大利的一个民族——伊特鲁里亚人的国王统治着罗马。但直到共和国时期，罗马特有的基础设施、法律和规则以及庞大的军队才发展成型。

转变是如何发生的？几位英勇的贵族将伊特鲁里亚人国王老塔克文逐出罗马，公元前 509 年，罗马共和国建成。共和国权力的中心是元老院，元老院由贵族组成。元老院每年从元老院成员中选出两位执政官，共同执政。因此元老统治着其他穷人，也就是所谓的平民，元老和平民之间不许通婚。随着时间推移，平民发起反抗，争夺权利。他们组织市民集会，参与法律上的决策，但实质权力仍然掌握在元老们手中。因为在选举时，富有的罗马人比穷人拥有更多选票。选举中有专门的公职人员——审查员监督。此外可以说大多数平民都是某位富人的“顾客”：他们受富人的庇护，同时作为回报，他们也得为庇护人办事。当庇护人参与政治竞选时，“顾客”们就得为他投票。

也就是说，罗马并没有跟雅典一样的真正意义上的民主。但人们至少有法律保障，所有生而自由的罗马人是平等的。约公元前 450 年，在罗马城中心的古罗马广场上矗立着巨大的铜碑，上面刻有十二铜表法。现在看来，其中一些法律条款让人难以置信。例如一位父亲囊中羞涩时，可以将儿子卖为奴隶。另一些则与现代法律相似，例如对继承权的相关规定。甚至有条款规定，人们必须保持门前的道路畅通无碍。

罗马帝国如此光鲜、秩序井然，这也归功于众多重要的基本原则，在一些方面罗马至今仍是世界的楷模。其中一条就是以物换物原则，也就是人们签订条约，以我所有换我所需。在今天看来这理所当然，但必须先得有人制定这些基本原则，之后所有人才能以此为据订立合同，然后才能真正付款和送货。

基本上当每个自由的罗马人在认为自己遭受了不公时，都有权诉诸法律。法官必须听取被告陈述，被告也可以为自己辩护。但实施起来往往并不容易。在罗马共和国时期并没有警察，没法报警。如果你的大衣被偷了，还是得自己想办法。如果是有奴隶的有钱人，就让身强体壮的奴隶将大衣抢回来，然后将带回的衣物呈上法庭。如果被告未能如约出庭，他们常常就会采取一种独特行动：原告或原告派人到被告家门口，大喊大叫，例如“利菲乌斯偷了弗拉菲乌斯的大衣！利菲乌斯是小偷！利菲乌斯必须出庭”，迫使被告现身谈判。特殊情况下呼叫会持续一天之久，直到被告害怕邻居说三道四或因聒噪无法入睡而不得不屈服。

罗马法律体系有其独到之处，至少已经拥有清晰的条款和公民权利，但奴隶几乎没有任何权利。贩卖奴隶在罗马是合法的，主人甚至可以殴打或杀害奴隶。原则上来说罗马的奴隶制与希腊的一样。一些身为仆人或管家的奴隶或许能期待，主人某天会因为他们尽忠职守还他们自由。但有大量奴隶遭受虐待，在采石场等极其恶劣的环境下劳作至死。

大多数奴隶都认命了，除非不幸恰好降临在自己身上，但偶尔也有例外。其中最著名的是一位名叫斯巴达克斯的人。他是罗马的一位奴隶和角斗士。公元前 73 年，他无法忍受监禁的生活，于是带领数位角斗士逃出位于意大利南部的角斗士学校。随后他们号召奴隶发起起义，渐渐获得了数万奴隶的拥护。最终斯巴达克斯带领他的拥护者正式向罗马军团发起小型战争。公元前 71 年，几场战役之后，奴隶军被打败，斯巴达克斯及其绝大多数拥护者战死沙场。约 6 000 名他的追随者被残害，被罗马人钉死在从罗马到加普亚沿途的十字架上，以警示其他心怀不满的奴隶。罗马残暴镇压起义后，又恢复了秩序。

长袍、贫民区：等级森严的古罗马

虽然古罗马等级森严，但初访者也不容易辨别谁是有地位的人。细节往往能体现地位高低，无论富裕与否，大多数罗马人日常一律都穿着及膝的束腰长袍丘尼克。元老的长袍上印有紫色宽条纹，而普通贵族则是窄条纹。罗马男子的节日服装和标志性服饰是托加长袍，它是一种奇特的服饰：富有的罗马男子让奴隶将数米长的布料缠绕在自己身上，该长袍不需腰带固定，也就是说它既不十分牢固也不舒适，一不小心可能就会滑落。托加一般用于正式场合，例如重要的节日餐会或仪式。但穿着托加的女子被罗马人认为是妓女。女子通常都穿着束腰长裙斯托拉。

古罗马人在衣装上差异不大，但细微的差别往往具有象征性的意义，它们确立了社会交往中的等级秩序。

古罗马人十分看重等级秩序，它体现在生活的各个领域中，但在某些地区等级秩序却很难维持。罗马的穷人大多集中居住在贫民区中的廉租房，廉租房越修越多，越来越高。而建筑材料十分劣质，所以时不时有房屋倒塌。奥古斯都大帝在位时将建筑物高度限制在 20 米以内，贫民区仍然一片混乱。罗马讽刺诗人尤维纳利斯表达了他对罗马贫民区的看法："住在罗马这种地方，病人最终会因失眠而死。在狭窄、弯曲的街道上，行进的马车声、赶牲畜人呵斥牲畜停下的咒骂声，连聋人都无法入睡。"

古罗马民风粗犷。富有的罗马人住在拥有地热、游泳池和卫生间的房屋或别墅中，但贫民区的穷人不得不使用夜壶，或直接在街角处大小便。很多罗马人用涂鸦来宣泄自己对此的愤怒，这也证实了随地便溺的情况十分普遍。例如在墙上显眼的位置写着："在此处大小便的人，上帝将降怒于他！"

如果在家周围有公厕就比较幸运。水从公厕下方流过，水上架着有若干开口的木头长椅，罗马人并排坐在长椅上，一边聊天一边商讨业务。但得小心青年们的恶作剧：他们将沾有油的线团点燃扔到水中，让它随水流一路漂过。

在罗马如何生活，很大程度上取决于自己所处的阶层和居住的城区。主要的 7 个城区分布在 7 座山丘上：富人区位于北方的奎里尔诺山；帕拉蒂尼山（Palatin）是帝王的住所，德语中的“palast”（宫殿）一词便来源于此；阿文提诺山及山下的台伯河边长期居住着贫民；宗教及政治中心位于卡皮托尔山，山上矗立着一座城堡和罗马人最伟大的朱庇特神庙，它供奉主神朱庇特、婚姻和母性之神朱诺以及手工艺和诗歌之神弥涅耳瓦，庆祝新任执政官上任的庆典也在这里举行。

卡皮托尔山位于罗马广场，罗马广场是元老议会等一些政府机构的所在地。军队凯旋也会朝罗马广场行进，这时罗马人会隆重地庆祝凯旋。将领们头戴桂冠、身着闪耀的盔甲，穿过城市。同行的还有收获颇丰的罗马兵团士兵，押解着战俘。群众夹道欢迎，为将士们欢呼喝彩。

在全球侵略扩张却遭遇内战

罗马人的一大独特的习性便是，有计划地攻占和侵略其他国家。到公元前 1 世纪为止，罗马人打败了希腊人、日耳曼人和凯尔特人。他们占领了今英国、西班牙、巴勒斯坦等地，并控制了今埃及地区。

超级大国罗马唯一真正强大的敌人是迦太基。邦国迦太基位于今北非突尼斯国土范围内，由腓尼基人建立。腓尼基人也被称作迦太基人，来自今黎巴嫩和叙利亚地区。迦太基规模虽明显小于罗马，但该国贸易发达，因此十分富庶。迦太基人是聪明狡诈的商人，也是军事策略家。100 年间，他们与罗马人发生了三次迦太基战争。迦太基的汉尼拔将军在战场上享有盛名，他甚至曾带领军队一路深入意大利。率领着全副武装的庞大军队，他是如何做到的？放弃从非洲乘船到达意大利随后从南部逼近罗马的方法，他选择了更远的行军路线。他先从非洲乘船到达西班牙，横穿今西班牙和法国国境，然后由北向南越过阿尔卑斯山脉，向意大利进军。行军路途之漫长超出想象。在当时的条件下，如此长途跋涉实在危险重重。更疯狂的是，帮助他越过阿尔卑斯山脉的座驾竟然是战象。迦太基人将当时人看来奇特的、重达数吨的怪物用于战争，这一消息在罗马人中传来，引发了恐慌。但因在行军途中历尽千辛万苦，加上天气严寒，仅有少数战象存活下来。

公元前 216 年 8 月 2 日，著名的坎尼会战在意大利南部发生，在此战役汉尼拔以少胜多打败罗马军团。他使用了一个计谋：迦太基人先佯败，诱敌深入，在罗马人以为自己即将获胜时，迦太基人突然发起围攻。直到数千年后的今天，这个包抄战术仍为全世界将领和军事策略家所推崇。但最终罗马人还是获得了战争的胜利，迦太基被夷为平地。

罗马这下看起来战无不胜。训练有素的罗马军团起到了尤为重要的作用，罗马人攻城略地和因此聚敛的财富都归功于他们。德语中的“Legionär”（罗马军团）的名号来自“legion”（军团），是对由多达 5 000 名士兵所组成的军队的称呼。罗马共和国时期实行义务兵役制。当罗马兵团攻击敌人时，他们会整齐划一地排列开来，向对方逼近，在盾牌后竖起标枪，致命的标枪长达数米。例如在攻击阵型龟甲阵中，27 位士兵排成三列，将盾牌置于身前或头顶，盾牌就组成类似甲壳的形状。龟甲缓缓前进，却锐不可当，来势汹汹。

罗马军团曾一度扩张至 30 万人，这是古代第一大军事力量，远超其他国家。为了使军队能迅速从一方边境转移至另一方，罗马人修建起通达帝国上下的道路网，并在十二铜表法中规定了道路的宽度。

罗马四处征战的结果是：数以万计的人沦为奴隶。罗马人压榨他们，向战败国索要高额税款和物品，即所谓的贡品。长此以往，罗马人残暴的征服方式也让它自食恶果。其一是，被打压的民族不断起义。其二是，服兵役的农民征战遥远国度的同时，荒废了自己的土地。穷人不得不将自己的土地出售给贵族大地主，导致大量穷人在战后沦为无业游民。一些人去罗马城讨生活，因为在罗马城他们至少能从国家领到口粮，但仍然生活在穷困潦倒之中。

公元前133年，情况一度因提比略·格拉古而有所好转。提比略出身贵族，但他被选为平民的代表——保民官，致力于将国有土地分配给穷困的农民。但他被政敌谋害，这成了最终导致反抗和内战的导火线，内战持续了近百年。

奇怪的是，对外罗马仍然是一个超级大国。罗马人几乎统治了他们所知的整个世界，包括当时几乎整个欧洲、巴勒斯坦和叙利亚等中东国家，以及北非地区。但其本身在内部争端中支离破碎。其原因之一是贫富差距巨大，最富有的罗马人一顿宴会挥霍的钱甚至超过一个贫穷家庭一整年的生活费。在当时再没有另一个国家的人民在生活水平上有如此大的差距。

公元前1世纪，罗马人内部争端最终导致两党对立：贵族元老派和平民派。最终起到决定性作用的是，哪位军事将领能夺得权力。在内战中军事力量最为重要，政治权力由原来的元老院转向拥有庞大军队的军事领袖掌控。其中一位军事领袖名叫尤利乌斯·恺撒。恺撒曾与其他两位军事领袖——克拉苏和庞培三人共同执政。这是罗马典型的策略联盟，他们三人强强联合，每个人都在某一方面做出了重要贡献：克拉苏十分富有，能资助军队；庞培出身最精明的贵族世家之一；恺撒则深受民众爱戴。但恺撒还是想独揽政权，最终他打败了另外两位对手。

恺撒征服了众多新领地。他向凯尔特人发起战争，后者也被罗马人称作高卢人。我们大多数人是通过电影《勇士斗恺撒》认识他们的，他们主要生活在今法国。恺撒也成功征服了日耳曼人，并与他们订立盟约。绝大多数日耳曼人生活在今德国。虽然他们是罗马人的邻居，但过着完全不同的生活。他们住在没什么窗户的茅草屋或木制长屋里，一部分自由人与奴隶同住一个屋檐下。日耳曼人不建庙宇，当森林中出现一种极其绚烂的日光时，他们便在野外祈祷。他们也没有罗马的元老院，却有自由人集会和法庭，强大的领袖们在这里听取民众的意见。

罗马人和日耳曼人生活在两个世界。在罗马人看来，日耳曼人是以动物皮毛蔽体的强壮的自然人。他们有一种服装——裤子，罗马人对此很陌生。与穿着短裙的罗马军团相比，身着裤子的日耳曼男人更英勇善战，但缺少罗马士兵的严明秩序和严苛训练。因此罗马人在多数战役中取胜，同往常一样，他们俘获了大量战俘。但偶尔双方也会订立和约，避免征战。他们进行双边贸易、通婚。长此以往，日耳曼人也被罗马人的生活方式影响。德国一些古老的城市就起源于这两种文化的交流，例如奥格斯堡、美因茨、科布伦茨、波恩、特里尔和科隆。

征服者恺撒深受民众爱戴，因此很多罗马人并不反对他成为独裁者，并终生掌握大权。统治者暂时成为独裁者，这在罗马很常见，因为在战争或危机中人们必须快速行动，没有时间进行冗长的投票表决。但很多元老却反对恺撒永远独掌政权。公元前 44 年年初，一些元老与布鲁图斯结盟，密谋夺权。布鲁图斯原本是恺撒的亲信，比恺撒小 15 岁。

这一切发生在 3 月 15 日，密谋夺权者在庞贝剧院门前集会，这是元老们通常集会的场所。恺撒来时，一群人包围了他，在混乱中一人掏出一把匕首，刺向恺撒，接着其他人也纷纷行动。最终恺撒被刺中二十几刀。在众多袭击者眼前，他倒下了，鲜血流满了石板地。布鲁图斯应该是最后袭击恺撒的人之一。据说当他拿刀刺向恺撒时，恺撒颤抖着大喊道："啊，还有你吗，我的孩子？"

没有独裁者的独裁统治：帝国时期

恺撒被杀后，元老们和军事领袖们开始争夺权力。最有力的角逐者是恺撒的大侄子兼养子屋大维和军事统帅马克·安东尼。起初他们是盟友，随后反目成仇。屋大维的优势在于他的军师兼支持者梅赛纳斯。梅赛纳斯十分富有，可以资助军队。在亚克兴海战中，屋大维获胜。他虽然也像恺撒一样想独揽政权，但他不愿以独裁者的身份出现在民众和元老面前，他害怕恺撒的遭遇再次发生在自己身上。怎么办呢？他使用了一个手段：首先他将罗马正式命名为共和国，但他追求的权力大过执政官。因此在公元前 27 年，他自命为第一公民，意为"第一执政官"或"元首"。屋大维开拓出一种新的执政方式——元首制。也就是说，他并不是真正的独裁者，但他拥有最终决定权。从此，在罗马开始实行元首制，根本上来说仍然是帝制。这是罗马历史上继王国、共和国之后的第三历史阶段。

屋大维尤其偏爱给自己加上各种荣誉头衔。他著名的称号是第一公民，又因为他是恺撒的继任者，"恺撒"也成为他名号的一部分。此后，每位罗马统治者也都拥有荣誉头衔。德语中的"kaiser"（皇帝）一词也来源于"Caesar"（恺撒）。此外屋大维还被称作奥古斯都，该词在拉丁语中表示"伟大的、杰出的、特殊的"。屋大维拥有一种特殊能力：他善于夸大其词，过分美好地粉饰事物。

这位伟大领袖本身虚弱、敏感、脆弱，但对其他人从不手软。他列出政敌名单，并派人谋杀他们。他的一部分财产花费在雇用杀手上，一部分用于国家开支。整体来说，政治谋杀在这一时期属于例行政治议程。被谋杀的著名人物包括元老西塞罗，他是罗马最善辩的演说家。他善用雄辩技巧，这对罗马人来说尤为重要。西塞罗雄辩技巧十分高超，如今拉丁语学习者还会在课堂上研读他的文章。他为维持罗马共和国所贡献的一切最终却给他带来灾祸。

屋大维在罗马帝国边疆布防，为经历内战后支离破碎的罗马帝国带来较长时间的和平时期——罗马和平。他整肃国家财政，实施了更加合理的新税收制度。

屋大维不仅要重整帝国，还要人赞颂自己和强大的罗马帝国。他下令修建雕塑、丰碑和寺庙，让闪亮的白色大理石赋予罗马城崭新的面貌。此外他还下令奥维德、贺拉斯、维吉尔等著名作家创作出诗歌和一系列叙事诗，例如《埃涅阿斯记》。它们歌颂罗马，或者尽可能从正面描述它。

屋大维除了鼓励美好的文学和艺术之外，也推动了一项残酷的大众娱乐项目：角斗。早在几百年前罗马就出现了角斗，但起初角斗只是人们为了小范围祭奠某位去世的亲属而举行的仪式，随着时间推移，它逐渐变成一项大众娱乐活动。在角斗中，奴隶和罪犯拼死相互搏斗，他们以刺枪和罗马短剑（在拉丁语中为“gladius”）做武器，这也是德语中的“gladiator”（角斗士）一词的由来。此外，当时还曾上演野兽之间的搏杀，以及狮子和熊撕咬人类等项目。

尽管如此仍有贫穷的自由罗马人梦想成为角斗士，以获得免费膳食。并且如果他们经常在角斗中胜出，他们就能成为明星。角斗士自称“凶猛的野兽”或“永远的胜利者”。在大众的欢呼声中，他们觉得自己就像战神或叙事诗中的英雄一般。斗兽场等竞技场能容纳多达 8 万名观众，与如今的足球场座位数相近。角斗组织方在傍晚比赛前还会举办晚宴，尊贵客户能在这里私下结交肌肉发达的角斗士们。

屋大维一边通过娱乐节目保持民众的情绪乐观，一边发放烤制面包所需的谷物。西方俗语“面包与马戏”就来源于此。它表示，给民众一点物质上的馈赠和娱乐活动，以便将民众的注意力从实质问题上转移，如此便能降低大众对政治改革或变革的追求。“面包与马戏”这一表达方式至今在西方仍常被使用，但人们更多时候会将它与世界杯等运动项目和电视娱乐节目联系起来。

罗马帝国的好几位统治者都曾留下骇人听闻的事迹，其中包括屋大维的几位继任者。来自他本家的就有卡里古拉、克劳狄一世和尼禄大帝等几位绝对闻名遐迩的皇帝。尼禄大帝爱好作诗和唱歌，强迫臣民观看他的声乐表演。与众多皇帝一样，他因为谋杀亲信和亲属而臭名昭著，甚至传说他谋杀了自己的母亲。他为人极其残暴，据说他将兽皮绑在俘虏身上，然后在人身上放火，把人当作火炬一样活活烧死。在他统治时期，64 年罗马爆发大火，整个罗马城被大火吞灭。传说大火是尼禄大帝本人故意放的，为了从他所住的山头观看这场火焰秀。

罗马不可逆转地坠落低谷。2 世纪，当图拉真、哈德良和马可·奥勒留统治罗马时，情况又有了好转。罗马兵团征服的一些地区爆发起义，为维持和平，哈德良放弃了这些地区。马可·奥勒留是希腊斯多葛学说的拥护者。对他来说最重要的是，达到淡泊和谐的状态以及公正对待所有人。

一个世纪之后，好皇帝的时代过去了。3 世纪，戎马皇帝掌握大权，他们都曾是将领，被士兵拥护为王，或许因为他们支付了最丰厚的酬劳。但同理，他们也容易被自己的将士谋杀，因为别人愿意为皇位支付更高酬劳。戎马皇帝的执政时间较短，且大多死于非命。

4 世纪初，在戴克里先皇帝时期，罗马又获得些许平静。为遏制争端，他将罗马分由 4 位统治者治理，他自己为最高统治者。他甚至将自己尊为神人，自称为丘比特的后代。但军事将领并不能像古埃及的法老一样轻易将自己奉为神。罗马皇帝怎么做的呢？戴克里先的继任者君士坦丁大帝就十分精明。

失败者的宗教获得胜利：基督教

罗马人对待宗教的方式十分灵活。他们看到希腊神话中神的丰富多彩，便逐渐将其中某些特征赋予自己的神灵，将其与希腊神话中的描述相结合。最终罗马主神丘比特与希腊主神宙斯相差无几：两者均生于洞穴，婴儿时期由山羊哺乳；他们都有众多爱人，常常化身成公牛或天鹅与她们约会；他们都用闪电攻击敌人。除了罗马本身的宗教之外，当时奴隶们还从遥远的国家带来了众多其他宗教，基督教从中脱颖而出。

众所周知，基督教起源于耶稣，他来自拿撒勒，在屋大维统治时期的巴勒斯坦地区活动。在现在看来，那就是公元元年，因为现今的纪年体系以耶稣的诞生为起始。福音书里记载了我们对耶稣的所知，福音一词在希腊语中表示“好消息”“喜讯”。福音书和保罗书信等其他一些著作组成了《新约》,《新约》和《旧约》组成了基督教的《圣经》。福音的传道者马可、马太、路加和约翰共同描绘了耶稣富有传奇色彩的传道经历和生活。虽然福音书是在耶稣死后很久才撰写的，并不是可信的历史记载，但这些让人着迷的故事却成为如今世界上拥有最多教徒的宗教——基督教的教旨。

耶稣当然不觉得自己是基督徒。他是犹太人，起初他只是想对犹太教进行改革，革除其弊病。他认为教士不应该拥有太大权力，因为他们过于因循守旧而忽略了实质。耶稣强调神对众人的爱一律平等，博爱精神对他来说尤其重要。福音书中记载，上帝宽恕人类的罪行，无论贫穷富贵，上至国王下至奴隶，人人平等。

这在当时是十分大胆的说法，也就不难理解为何统治者将耶稣视为威胁。耶稣最终被钉死在十字架上。除《圣经》以外，其他多部非基督教的历史记载对此也有相关描述。不同的是,《圣经》中记载，耶稣是神的儿子，他死后复活并救赎了人类。但史实和宗教信仰之间必然存在差异。

最初生活在罗马帝国的一些基督徒被迫害，有些甚至像耶稣一样被钉死在十字架上。但大多数时候，如果他们保持低调，统治阶层尚且能容忍他们。大部分罗马人并不理解基督教，并嘲笑这种和平主义信仰。

直到 312 年，君士坦丁大帝做出一个惊人之举。传说，一次他战胜归来，讲述他在战前一夜的梦境。梦中出现了象征神的标志，他参悟了圣意：“看到这一标志的你将获得胜利！”什么标志？君士坦丁指的不是罗马战神玛尔斯的圣矛，而是代表和平主义者耶稣的十字架。他声称是因为看到了象征耶稣的十字架，才得以胜利归来。

这代表了什么呢？起初很多罗马人不甚了解。基督教的救世主耶稣已让他们费解。耶稣并不是强壮的战士，甚至不是罗马人。身为木匠的儿子，耶稣属于平民阶层。他真的是神？对于他如此关心穷人和社会底层的弱者，很多人觉得这很奇怪。更糟糕的是，耶稣本人都是个失败者。最后他自己受尽折磨被钉死在十字架上，这对罗马人来说是最屈辱的死法。

这一切让耶稣成为很多罗马人眼中的弱者，圣父也成了失败的神，但随后一些人渐渐认识到了基督教《福音书》中讲述的圣父和圣子的优点。罗马在玛尔斯的庇佑下多次在战争中获胜，但这也给罗马人带来了新的战争和痛苦。耶稣所代表的博爱精神能否带来转机呢？《圣经》给予了他们希望。当罗马人相约一起祈祷，一起唱颂歌时，一种温暖、团结和相互信任之情油然而生。这是很多罗马人从未感受到的，越来越多的人被这一点吸引。

我们并不知道君士坦丁大帝本人真正的信仰。但他或许认识到，基督教等新宗教能给穷人和弱者以希望，给动荡的帝国以平静。大约 70 年之后，罗马皇帝狄奥多西才将基督教定为罗马的国教，但君士坦丁大帝为基督教成为世界性宗教做出了重要贡献。

罗马帝国迁都和民族大迁徙

君士坦丁大帝的另一惊人之举是，他于 330 年将城市拜占庭（今伊斯坦布尔）定为罗马帝国的新首都。他最初将其命名为“新罗马”，不久后为致敬皇帝，它又被更名为君士坦丁堡。这一举动让人诧异，因为这座城市离罗马约 1 300 千米之远，它的一半位于当时被称作小亚细亚的地区，该地区鲜为人知，不过是罗马几百年来征服的众多地区之一。为何要选择这里呢？君士坦丁堡附近分布着多条贸易线路，是连接欧洲和中东、欧洲和亚洲的交通枢纽，它能为帝国创造收入。此外意大利在 4 世纪时一直遭遇其他民族的攻击，人们也想以此躲避战乱。

但迁都东方后，罗马帝国权力中心一分为二：西方的古罗马和东方的君士坦丁堡。375 年以来，日耳曼部落涌入意大利，这使西罗马帝国动荡不安。无数部落随着民族大迁徙而来，这一迁移过程让人惊叹。成千上万的家庭带着孩子、行囊和牲畜徒步或乘车横跨欧洲。他们在陌生的国度定居，东欧的斯拉夫人和西欧的凯尔特人也属于移民之列。但其中大部分人是日耳曼人，如阿勒曼尼人、盎格鲁人、萨克森人（定居不列颠的后被称为撒克逊人）、勃艮第人、弗里西人、法兰克人、伦巴第人、汪达尔人、哥特人等分支。他们来自斯堪的纳维亚地区，即今波兰、法国和德国。

为何会发生民族大迁徙？细节我们无从知晓。其中一个导火线是欧洲被神秘的游牧民族——匈人入侵。匈人融合了多种势力和文化，其中大部分势力来自亚洲草原。匈人从东入侵欧洲，他们在掠夺财物的同时驱赶当地居民。匈人士兵驾马奔驰，搭弓射箭。据说他们十分依赖马匹，即使在谈判时也不愿下马。匈人占领了众多地区，建立了以今匈牙利为中心的王国，其疆域延伸至法国和意大利。

匈人帝国最著名的统治者是阿提拉，他占领了罗马和君士坦丁堡。为避免受其侵略，惊恐的居民不得不向他献上数吨金子作为贡品。但正当权力达到巅峰的时候，阿提拉却因不明原因身亡。有人传说他的妻子在新婚当晚在宫殿中将他谋杀。也有传言或许是新娘的族人策划了这场暗杀，以削弱匈人的势力。匈人帝国在阿提拉死后便迅速走向灭亡。游牧民族的战士骁勇善战，却无法统治一个大型王国。

至今为止仍有历史学家试图探究，民族大迁徙中各民族迁移的方式、原因和速度。可以确定的是，日耳曼民族分支汪达尔人有约 8 万人从欧洲迁徙至北非。另外来自德国北部的两大分支——盎格鲁人和萨克森人来到英国，甚至英格兰（England）就是以盎格鲁人（Angeln）命名的。

一些移民在路途中抢夺他人财物，另一些则平和地在某处安家，与当地部落为邻。说哥特语的哥特人遇到说凯尔特语的凯尔特人或说拉丁语的罗马人，他们试着进行商讨，却相互误解、辱骂、发生冲突，或者相恋。

民族大迁徙对罗马帝国的历史如此重要，是因为越来越多的日耳曼人翻越阿尔卑斯山脉来到意大利。476 年，日耳曼人统领奥多亚塞罢免了西罗马帝国最后一位皇帝罗穆卢斯·奥古斯都，自命为意大利国王。至此，辉煌一时的西罗马帝国灭亡。

西罗马帝国毁灭后的几十年间，日耳曼部落及其首领占据了统治地位。6 世纪时，东罗马皇帝查士丁尼从君士坦丁堡出兵，收复了意大利的一些地区，这些地区的首都是亚得里亚海边的城市拉维纳。这一时期，这里出产了许多东罗马帝国标志性的马赛克图案，它们由各种颜色的小块组成——绿色和蓝色的半宝石、玻璃、闪亮的银、金箔和珍珠母贝，图案展示的是查士丁尼和他的妻子、曾经的舞女狄奥多拉皇后的画像。

以君士坦丁堡为首都的拜占廷帝国是西罗马帝国的继承国，这一强大势力继续存在了几千年，直到 1453 年君士坦丁堡才被穆斯林占领。但罗马帝国的中心——意大利却在 6 世纪被日耳曼人攻占，他们在此创建了新帝国，新的时代随之到来。

第 9 章　以父之名

中世纪时期日耳曼战士和罗马教士掌握了欧洲的权力。臣民必须服从神职人员和贵族，为其无偿工作。

476 年，强大的西罗马帝国消亡了。但消亡代表着什么呢？罗马并不是一艘船，人们还生活在这里，土地、农田、道路、庙宇、引水渠和排水体系也都如常。这时狄奥德里克和日耳曼部落哥特族的领袖共同执掌政权。狄奥德里克常年生活在罗马帝国，受到罗马式的教育。他起初保留了罗马帝国的机构，例如元老院等组织。但他死后，元老们就完全失去了权力，市民集会也再没有举行。此外，也没人维护街道和水渠，渐渐荒废。因为没有了法庭，人们不再像以前一样遵守合约和规则。日耳曼各部落首领在意大利土地上相互争斗。其中有些首领几乎不识字也不会书写，也从来没学习过法律和管理知识。因此，对于管理罗马帝国原有的庞大而复杂的机构，他们有心无力。

罗马帝国的机构无一幸存吗？不是。罗马国教——基督教的代表还在。教士和主教依然掌管着西罗马帝国各城市的教区。由于没有了元老院和审查员等政府工作人员，神职人员接管了他们的部分工作，他们甚至能代表整个城市和城区。一个奇特的转变随之发生——钻研信仰的牧师成了政治领袖。他们不会带兵打仗，却能言善辩，拥有高超的辩论技巧。他们偶尔与日耳曼首领订立条约，例如每年向日耳曼人进贡数车金子，以确保他们的城市不被抢掠。

在西罗马帝国时期，主教——罗马基督教最高级教士就自命为“教皇”

（papa），该词来源于拉丁语中的“父亲”（pater）一词。教皇世系就此诞生，由多个宗教领袖组成的这一独特体制将决定意大利的命运。一方面，日耳曼族的军事领袖从阿尔卑斯山脉另一端逼近，他们拥有军事实力并建立了王国。另一方面，基督教教士、主教和教皇们在当地居民中享有很高声望。

格里高利一世是早期最著名的教皇，他出生于6世纪一个罗马贵族家庭。在罗马帝国时期他或许能成功被任命为元老，但他成了神职人员，成为主教之后又被其他主教选举为教皇。他善于与日耳曼人谈判，并且善用武力让异教徒希登人皈依基督教，这让他脱颖而出。此外，他也为罗马领导人创造了相对简单的生活方式。他制定出明确规定，例如朝拜上帝时应遵守何种规范，如何进行祷告和唱颂。

日耳曼人首领中最引人注目的是克洛德维希一世，来自墨洛温家族的克洛德维希一世是法兰克人的首领。他在6世纪时征服了日耳曼其他几个部落，形成了以巴黎为核心的势力。当时巴黎与罗马相比简直小巫见大巫。法兰克人起初势力微弱，但他们最终将疆域扩展至今法国、德国和意大利。

随后情况有了惊人的发展：好战的日耳曼人恰好和来自罗马的基督徒结成了盟友。基督徒信仰圣父、圣子与爱好和平的耶稣。一边是博爱的为每个人带去安抚的福音的传道者，另一边是粗暴的北方民族，他们的神——奥丁、雷神托尔和战神提尔手持矛、锤和剑，屠杀敌人并将其头颅砍下作为战利品四处炫耀。

不仅如此，日耳曼人首领克洛德维希一世甚至也皈依了基督教。为何？首先他的父亲在罗马帝国时期曾与罗马人合作，因此他本身也比较熟悉罗马文化及基督教。其次，他或许也与几百年前君士坦丁大帝有着同样的想法：基督教对建立新的大型帝国有益。因为基督教对所有人都适宜，而不仅针对某些特殊族群。此外，基督徒相信死后每个灵魂都能入天堂，包括妇女、儿童和死于疾病的人。日耳曼人也希望在战争中牺牲的战士能在天堂获得最优渥的待遇。

基督教教士能对民众产生一定影响，他们懂得如何组建大型教区并凝聚人心。这一切都符合克洛德维希一世同时统治多个部落和民族的愿望。

法兰克人首领和罗马教主结盟，形成了一股新势力——基督教主导的法兰克王国。自此所谓的中世纪时期便开始了，中世纪指的是500—1500年的那1 000年。当人们回顾历史时，这段时期是处于古代和近代“之间”的时期，因此被命名为中世纪。在中世纪的人看来，该时期就是基督教的时代。

充满博爱和严格监管的宗教

中世纪时期，欧洲的权力被教皇和信仰基督教的皇帝和国王把持。最初教会和国王各取所需互利互赢。8世纪时，来自卡洛琳家族的法兰克人丕平篡夺了王位，随后教皇加冕他为国王。为酬谢教会，他将拉文纳及意大利几个城市和地区赏赐给教会。这就是所谓的“丕平献土”，这标志着教会开始拥有自己的领地。这也是教会能独立建立教皇国的重要前提。这个教皇国——梵蒂冈如今仍然存在，但它的领地仅剩下罗马城内的梵蒂冈城。

教皇国的领地曾经更广阔，但远不及日耳曼族首领的疆域。教会渴望获得更多领地，但它无法通过军事或合法途径与强大的日耳曼人对抗。怎么办呢？教会成员不得不另寻他法。最终他们真的找到了锦囊妙计：在君士坦丁大帝的一封书信中，他曾许诺给教皇西罗马帝国统治权。该计策十分奏效，教会获得了更大的权力和领土。但几百年后，君士坦丁大帝的赠地书信被证实是伪造的，他并没撰写过类似书信，该书信是他死后教会成员以他的名义杜撰的。

教会善使伎俩，后来教会甚至公开展示《天书》。据称，在来自天上的这本文书中印有耶稣的印记，这是为了证明他确实曾向民众提出例如财物方面的要求。但在收敛财物的同时，教会也会在困难时期给民众以指导和慰藉。他们对巩固日耳曼族首领的权力十分有益。

对于来自卡洛琳家族的法兰克人查尔斯大帝来说也一样。800 年 12 月 25 日，罗马教皇为他加冕，一个新帝国——德意志罗马帝国就此成立。其疆土横跨大半个欧洲，包括今意大利、法国、德国和东欧部分地区。查尔斯大帝与在东部的异教徒斯拉夫人和萨克森人鏖战数年，其目的是让他们皈依基督教，最终成功将他们征服。

查尔斯大帝推行拉丁语教育。这在当时十分重要，因为这样所有受过教育的欧洲人都能用拉丁语交流，就像如今世界通用英语一样，这能推动文化交流。其实查尔斯大帝本人与当时一些统治者一样几乎不会书写，因为父母用培养战士的方式教育他，但他本人重视教育。他扶持修道院和修道院学校，它们是当时唯一的学习场所。修道院是由基督教衍生出来的，旨在创造一个全新的共同生活的形式。正如前文提到的，基督徒崇尚一个超前的观念——每个灵魂从根本上来讲是价值相等的。在修会或修道院的修道士恰好有机会率先实践这一理念。

著名的第一位创建修道院的人名叫本尼狄克，他来自 6 世纪的努西亚（今意大利中部城市诺尔恰）。第一座修道院位于罗马和那不勒斯之间的卡西诺山上。本尼狄克的拥护者自称为本笃会，被认为是众多其他修会和修道院的典范。

修道士应当放弃财富而追求简单的快乐之法。例如一位来自贵族家庭的青年胡贝图斯选择修行，或被父母送入修道院。这就代表，他从那一刻开始就告别了以前的生活。为了强调这点，他将脱下以前的衣服，换上黑色的修道士服，过上十分规律的修道士生活。每天修道院会按时给他分配相应的工作。胡贝图斯会在蔬果园，或是在修会特有的葡萄园内或酒厂帮忙干活。另一重要日程是在缮写室工作。由于当时还没有打印机，修道士只能徒手抄写教皇格里高利一世等基督教学者的重要文章，也包括亚里士多德等希腊哲学家的文章。胡贝图斯就这样日复一日在微弱的烛光下誊写文稿，他一页一页地在动物皮革制成的纸上抄写。胡贝图斯及其他修道士的这一工作艰苦而乏味，但许多具有文化价值的文章正因此才得以复制并流传数百年。

这种工作是美好而有意义的。但随后与古埃及神庙一样，某些修道院发展成为真正的营利性企业，不仅自给自足，还销售自产的烈酒和葡萄酒。

总体来说，修道院的管制日渐严苛，一些修道士的行为越发引人注目。一些修道士凌晨一点起床，他们得祷告两三个小时。日出后他们开始在果园、木工房、酒厂或缮写室工作。一些修道士每天只吃一餐，大多时候喝粥就蔬菜。修道院纪律十分严格，用餐时，一位修道士诵读《圣经》，其他人在静默中用餐。他们不能交谈，只能用手语交流。想让人传递面包，就用双手的拇指和食指比一个圈。

为何修道院生活如此清苦？因为基督教发生了巨大的变化。不久后基督徒不仅要遵循《圣经》中耶稣的教导以及他所代表的温良和博爱，还要学习其他人规定的教会课程。其中两位最具影响力的人物是使徒圣保罗及主教奥古斯丁，他们的文章在中世纪传播广泛。

使徒表示使节，圣保罗是耶稣的信使，1世纪他创建了基督社区。300年后，奥古斯丁创作了一部描述基督教的著作。在这两个事件中，都出现了原罪的概念，这对数百万人的日常生活产生了巨大的影响。原罪这一概念来自《旧约》，亚当和夏娃在伊甸园中偷食禁果，因此此后所有人生而有罪。圣保罗呼吁人们，尽量洗清自身原罪，避免更大的罪恶。他认为，教徒必须成为“上帝的奴隶”，也就是说，一个虔诚的基督徒必须尽可能恪守准则以赎罪。他们必须在告解时详尽地向神职人员描述，他们近几天犯的错，甚至包括罪恶的念头。这对人们的情感和婚姻生活产生了极大影响。

这最终让教徒认为，恋人间强烈的爱情是不可取的，因为这扰乱了他们纯净真挚的博爱和上帝之爱。因此在中世纪时期，性也普遍受到了压抑。虔诚的基督徒只能在婚姻中拥有性生活，而这在神职人员看来仍是过度的。某些神职人员甚至格外强调，性生活不应过于热烈。不然人们无法专注于博爱，而博爱就是耶稣所要求的众人平等。

按照规定，神职人员本身不能有性生活，他们必须专注于对上帝的爱和对众生的博爱。随后这发展成为独身主义，即天主教教士、神父、主教和教皇不能与女人交往。

很多神职人员认为，男人因为身体的需求而忽视了对上帝的爱，这是女人的错。他们断言，是女人精心打扮自己、衣着暴露和化妆，这才挑起了男人的兴趣。这当然是一派胡言，但这还是让很多神职人员和教徒仇视女性。一些人坚信，人类必须时刻被监督和监察。不仅在宗教方面，而且在生活的方方面面，他们都必须听从神父、主教和教皇的指导。神职人员也会干涉人们的日常行为，甚至决定人们生活得是否心安理得。

作为基督徒，人们应当进行自我拷问，这种观念能让人进步，这当然很好。但原罪的观念却不尽然，它存在弊端。13世纪时，所谓的盖斯勒队伍在各地区游行，这些队伍由赎罪者组成，他们用鞭子抽打自己的背。他们认为这样能洗清自己的和全人类的罪恶。

当14世纪中叶黑死病在欧洲暴发时，人们尤其重视原罪这一观念。致命的细菌主要通过跳蚤从老鼠传播给人类，使人患上黑死病，夺走很多人的生命。在疗养院，甚至是在市场上、在街上到处都躺着黑死病患者，哀鸿遍野。他们全身长满青色的疱疹，疱疹最终恶化溃烂。在人们看来，这就像是被打入地狱的先兆。人们不知所措，无法控制这场瘟疫，甚至完全不知道它的源头，因此很多人以为这是上帝对原罪的惩罚。

成为军事家的少女和下跪的国王

尽管如此，在中世纪时期基督教仍然是很多人希望的源泉。基督教的福音书早已存在，再加上基督教英雄们的传奇和冒险故事，例如神父、使徒、使节和殉道者。他们想要传播信仰，甚至愿意为此牺牲自我。向异教徒传教的基督徒偶尔遭受攻击或被暴力残害。例如圣史蒂芬被人处以石刑，圣塞巴斯蒂安被异教徒罗马人乱箭射死。

人们将传奇故事汇集起来，其中最广为人知的要数《金色传奇》一书。它囊括了一系列冒险故事，就像现在动作片一样受欢迎。其目的在于坚定信仰，并向教徒展示，异教徒最终如何受罚，而基督徒如何获得嘉奖。一些传奇故事展现了昂扬的斗志，例如圣凯瑟琳的故事。

据《金色传奇》讲述，凯瑟琳被罗马皇帝马克森提乌斯抓捕，逼迫她摈弃基督教。但她始终坚定不移，并成功说服皇帝派来的50位学者皈依基督教。她如此聪慧美丽，马克森提乌斯甚至要娶她为妻。但她拒绝了，并强调自己必须保持贞洁，因为她最好的新郎耶稣在天堂等待她。皇帝于是对她施以酷刑，让蝎子蜇她，然后把她四肢钉在四个车轮之上，以磔轮处死。凯瑟琳受尽折磨，即将被四分五裂之时，天使突然降临，他将车轮击碎，木屑和金属碎片在空中炸开，“将4 000名异教徒杀死”。虽然最终凯瑟琳被斩首，但她顺利进入了天堂。

类似的传奇故事影响了人们的思维方式和他们对现实生活的看法。例如修女们以圣凯瑟琳为榜样，自称为“基督的新娘”。她们勤于祷告，追求一种与耶稣精神上的秘密结合。传奇故事的影响不仅体现在15世纪让人难以置信的故事中，它也存在于现实中。这是关于一位名叫贞德的少女的故事，她更为人熟知的名字是“奥尔良少女”。

贞德出生于富农家庭。在今天看来，她仍然是一位拥有独立思想的非常独特的少女。13 岁时，她就见到神迹，在幻想中圣人和殉道者与她对话，有次她甚至见到了传奇人物圣凯瑟琳。贞德生活的年代正值英法百年战争，17 岁时她再也无法坐视不理，她也想参与反抗围攻奥尔良的英国士兵的行动。她再三向战争指挥官请命，在第三次指挥官应允了。

令人诧异的是，她竟然得到了即将接任法国国王的卡尔七世的接见，在她的说服下，卡尔七世同意帮助她打击英国人。王室兵器所特意为她定制了小号装备，她授命带领一支法国军队出战。据说她曾在一次战役中被箭射伤，但她坚持战斗至战争结束。一时法军士气大振，在重要战役中取胜。但随后贞德被与英国人联盟的勃艮第人抓走。由于法国人袖手旁观，贞德被污蔑为巫女并被处以火刑。直到几百年以后她才被追封为民族英雄。

正是在贞德的帮助下，法国人才能在与英国长达百年的战争中取胜。英国人曾占领了法国广袤的内陆地区，最终法国人把他们赶回大不列颠岛。在那居住着随民族大迁徙而来的日耳曼族盎格鲁人和撒克逊人部落首领和国王。在英国各岛屿上还居住着凯尔特人和丹麦人，他们是维京人和诺曼人的后代。1066 年诺曼底公爵从北非穿过英吉利海峡到达英国。他在黑斯廷斯战役中打败了盎格鲁 – 撒克逊人的国王哈拉尔二世，自立为英国国王。

至今在与英国人对话时，我们仍能感受到这带来的影响。威廉一世在占领英国之前是诺曼底公爵，说法语。因此在他掌权之后，与他一起到来的掌管大不列颠群岛的英国上层阶级及贵族都说法语。随着时间推移，法语与民众使用的英语混合。因此，如今的英语里除了“bread”（面包）和“water”（水）等来自日耳曼语的词汇（brot、wasser）之外，还有很多法语词汇，例如“city”（城市）和“administration”（行政管理）。

中世纪时期，英法是除了古老的德意志罗马帝国以外最强大的两个新兴国家，也都同样存在皇帝和教皇两股势力。他们相互扶持，同时也为争夺最高权力而争斗。教皇与皇帝的斗争在 11 世纪以一种奇怪的方式爆发，即所谓的“授职权之争”。这个事件之所以如此有趣，是因为它揭示了教会虽没有皇帝或国王的强兵强将，却拥有极大的象征性权力。

“授职权之争”直接导致亨利四世——强大的国王及未来的德意志罗马帝国皇帝向教皇下跪认错。一天他身着单薄的忏悔服，在寒风中哆嗦着来到雪山中，跪在一座大门紧闭的城堡前。据说他甚至光脚在那儿等待了数天，最终在此做客的格里高利七世才接见他，让他进门。

发生了什么？教皇的军事力量远不及国王，为何国王会向教皇认输？关于授职权的争端是导火线。“授职”一词来自拉丁语中“穿戴”一词。任命主教时，除了主教权杖、主教戒指以外，还会为他披上一件红色衣袍，以彰显其权力。因此至今在西方说某人被授职时还会用“身披”来表示。教皇与皇帝“授职权之争”的主要争端在于德意志罗马帝国主教的任命权。谁能为自己青睐的竞选人抢到主教之位，谁就能获得更大的权力。

格里高利七世为了让亨利四世认输，将他革出教门，这表示教皇正式将对手从教会驱逐。在当时这当然是很严重的处罚，因为帝国上下几乎所有人都是基督徒。但亨利四世以惊人的举动回应。1077 年 12 月，亨利四世来到教皇所在的意大利北部亚平宁山脉中卡诺萨的一座城堡前。他长跪不起，直到格里高利七世让人打开大门。这位强大的将领向格里高利七世下跪，祈求宽恕。最终格里高利七世接受了他的道歉，撤销了禁令。他终于得以进入城堡在壁炉前取暖。格里高利七世和亨利四世最终就授职权相关事宜达成妥协，教皇取得微弱优势。

这一历史事件如此重要，以至如今在西方当某人忏悔罪过时我们都会说“去卡诺萨”。

土地租借和出于上帝使命的战争：封地制度和十字军东征

在中世纪，教会是大众眼中的道德权威，对人们有巨大的影响。但教会的权力也是以实际物质为基础的。所谓的采邑制度便是其一，它是中世纪最具影响力的发明。采邑制度是一套政治及经济体系。它规定，领主能将自己的一块土地或封地租借给属下，封地在拉丁语中叫 feudum，在德语中，采邑制度的另一名称——“feudalismus”（封建制度）就源于这个词。

属下可以耕种土地，作为回报他们必须将自己收获的一部分谷物、鸡蛋和肉类上交给领主，上交的产物即所谓的“什一税”。原则上来说，税收应占农作物收成的10%，这也是“什一税”的出处。但事实上税收比例往往远高于这个值。此外，属下还必须为领主工作，他们几乎没有反抗的可能。当时并没有类似古罗马的市民集会，贵族的权力无可抑制。与古雅典相比，中世纪的欧洲完全不存在民主。对属下来说，领主能起到保护作用，但他们也能在很大程度上决定属下生活，属下结婚前甚至必须获得领主的许可。

占总人口的90%以上的农民和农业工人处于封建社会底层。他们大多居住在拥挤的小茅屋里，在稻草上睡觉。茅草屋屋顶开一个窟窿就是烟囱，而从土砖灶飘出的煤烟无法迅速排出屋外，因此茅屋里到处都弥漫着煤烟。人们从领主那儿获得的土地刚好只能提供一个家庭的口粮，在收获的季节则需要全家出动。大多数人过着穷苦的生活，几乎无法改变自己的命运。因此我们并不奇怪，为何 11 世纪末一项人人都能参与的运动——十字军东征，会如此振奋人心。它是怎样的运动？如何形成的？中世纪基督徒去往耶路撒冷等耶稣生活的地区朝圣，途中他们偶尔会遭遇袭击。基督教掌权者希望通过十字军东征从穆斯林手中夺回巴勒斯坦，即他们口中的撒拉逊。来自德意志罗马帝国以及法国和英国的很多人参与东征，他们希望以此逃离自身悲惨的生活。对他们来说，这是唯一可以探索广阔的未知世界的机会。此外，他们还希望在路上掠夺些金子和宝物。

更重要的是，参与朝拜“圣地”的人能获得教会的奖励——赦免其罪行。因此大多数十字军战士在对抗异教徒时，真的认为自己是以上帝的名义与其作战。

1095 年，乌尔班二世发起了十字军第一次东征。早在 7 世纪，信仰伊斯兰教的阿拉伯人就占领了巴勒斯坦。此后它轮流被多个民族统治，其中包括来自今土耳其的塞尔柱人。

第一次东征时，基督教占领了耶路撒冷，制造了一场可怕的杀戮。占领者屠杀了成千上万名穆斯林和犹太教徒，包括男人、女人和儿童。那时基督徒将犹太人看作敌人，因为他们是“杀死耶稣的凶手”。据《新约》记载，一位犹太人教区代表犹大将耶稣出卖给罗马人，导致耶稣被钉死在十字架上。200 年间不断有人再次发起东征，但最终没人能成功。1187 年，萨拉丁从十字军手中重新夺回耶路撒冷。他是穆斯林的英雄，就像英国国王及十字军骑士“狮心王”理查在欧洲一样著名。据说，理查的战马在战争中被杀，萨拉丁虽是他的敌人却十分尊敬他，于是送给他一匹战马。

中世纪时期，伊斯兰文化在很多方面都领先于欧洲。因此十字军将一些好东西带回了欧洲：华美的布匹、亚麻布和丝绸，异域的香料和象棋。包括我们如今使用的阿拉伯数字也由此传到欧洲，此外欧洲人也收获了新的医药知识。

第 10 章　以真主安拉的名义

7 世纪，穆罕默德创建伊斯兰教，为一个阿拉伯超级王国奠定了基础。穆斯林推动了科学的发展，他们拥有最好的医生和最美的宫殿。

几年前，我询问一位来自印度尼西亚的信仰伊斯兰教的女性朋友，是否相信人死后能上天堂。她回答说，相信。我继续追问，天堂是否会与《古兰经》中所描述的一样。她解释道，是的，那是“我们所见过的最美的花园”，那有一座“用黄金砌成的大房子”，“那里珍馐美馔不断”。也正是因为想进入天堂，所以她一直努力做一位好的伊斯兰教徒。

这位朋友的回答让我有些惊讶，不过也不是完全不可理解。伊斯兰教对天堂的想象比其他宗教的都更清晰、更丰富。伊斯兰教让其教徒都相信，人死后能入天堂，天堂里的生活犹如极乐园。

《古兰经》在全书 114 个章节中多次提到了天堂。内容大致如下，“敬畏者必定要住在安全的地方——住在乐园之中，住在泉源之滨，身着绫罗绸缎，相向而坐。结局是这样的：我将以白皙的、美目的女子，做他们的伴侣”。她们犹如“藏在蚌壳里的珍珠”，还有“长生不老的僮仆”为他们服务，“有他们自己所选择的水果和自己所爱好的鸟肉”。乐园中流淌着乳味不变的奶河、甘甜的酒河和清澈的蜜河。

《古兰经》不仅描述了天堂的样子，而且还有死前生活的一些实用信息。例如税收的多少和时间以及何时进贡。从中人们能获悉，离婚的程序、遗产的分配及保护孤儿财产的方法。《古兰经》之所以囊括如此多日常准则，是因为伊斯兰教先知穆罕默德的出身及其传奇人生。穆罕默德于570年出生于麦加（位于今沙特阿拉伯）。穆罕默德出生在大家族中一个没落的家庭，他是孤儿，在伯父家长大。他在与富孀赫蒂彻结婚前，就为她经营生意。工作之余他也钻研宗教问题。他从《新约》和《旧约》中了解到了犹太人和基督徒的故事。

穆罕默德在40岁时受到神的启示：天使吉卜利勒向他传达了神的启示，让他成为安拉在人间的“使者”。神对穆罕默德的启示也载入了《古兰经》。在传统伊斯兰人的认知中，《古兰经》并不是人造的，而是神谕本身。伊斯兰教的名称来源于阿拉伯语“aslama”，其含义大概是“完全献身于神”。穆罕默德的神叫作“安拉”，即阿拉伯语中的“神”。

与耶稣一样，起初穆罕默德也被很多乡邻仇视。阿拉伯人在几百年间沿用其古老的祭祀礼仪。部落首领不想听人诋毁他们朝拜的方法和对象，穆罕默德身陷危险。622年他甚至不得不离开麦加逃往麦地那，这一年也是伊斯兰教历元年。穆罕默德在麦地那建立了一个联盟，制定了独有的规则和法律，很多规则记载于《古兰经》中。这也是为什么至今在伊斯兰国家中，国家和宗教不像其他地方一样能够清楚地区分开来。随着时间推移，穆罕默德占领了一些其他部落和公爵的领地，最终统治了阿拉伯半岛大部分地区。

《古兰经》是教人如何成为一位好的伊斯兰教徒的指南。其核心是对穆斯林有着指导意义的五功：认、礼、课、斋、朝。其一，穆斯林应在心中认主独一。其二，每日五次礼拜。其三，缴纳课税，即向集体缴税。其四，每年斋戒月中的每天从日出至日落封斋。其五，好的穆斯林，无论居住在哪儿，一生中至少去麦加朝觐一次。

穆罕默德于632年去世，为继任者留下由若干部落组合而成的哈里发王国。在随后的几百年间，哈里发王国占领了中东以及北非部分地区，例如今以色列、叙利亚和伊拉克，甚至包括今西班牙、葡萄牙和法国。穆斯林认为自己认定的神才是真主，这一想法给他们以强大的动力。他们视死如归地战斗，因为他们相信死后能抵达天国的乐园。

唱歌的黄金鸟和好牙医

中世纪时期穆斯林最大的两座城是巴格达（今伊拉克首都）和西班牙最南端的科尔多瓦，它们成了伊斯兰文化的中心。多个民族聚集在这儿，这里的穆斯林、犹太教徒和基督徒相对和平地生活在一起。居民在公共浴室中消遣娱乐，这里也有大型图书馆和医院。这里存在的很多东西在信仰基督教的欧洲仍未出现。

伊斯兰学者继承了古希腊和古罗马的部分知识。在罗马帝国毁灭、丢失了大多数古老知识的情况下，这显得尤为重要。伊斯兰学者本身的研究也值得称赞。他们继续推动了数学的发展。与罗马数字相比，用阿拉伯数字能更快地进行计算，因此它们至今在全世界仍被广泛使用。伊斯兰科学家进行了物理和化学实验，同时也推动了外科以及牙科等医学领域的发展。

例如医学家扎哈拉维，欧洲人称他为阿尔布卡西斯，他出生于 10 世纪的科尔多瓦地区，同时他也在该地区行医。那时蛀牙大多由非专业人员用牙钳拔出，牙齿往往会碎成几块，或者并没拔除牙根，引发十分危险的炎症。阿尔布卡西斯描述了更有效的拔牙方法。他写道：“选取树皮突出的树根、醋和龙蒿草，混合碾碎，在阳光作用下它们变成浓醋，最终形成类似蜂蜜状的物质。将它涂抹在蛀牙根部，每天 2~3 次。每天刮蛀牙的牙周两次，直到牙根松动，并能用手扳动。那时我们就能不受疼痛之苦且安全地拔除蛀牙。”

中世纪人们的牙齿状况普遍糟糕，因为他们并不刷牙，而是靠咀嚼孜然和香菜去除口气。阿尔布卡西斯不只是一位牙医，他还编纂了一本全科医学手册。在书中他罗列了各类疾病，包括头皮疾病、脑部肿瘤、失眠、忧郁、中邪、伤风感冒和热烈的爱情等类别。

我们惊诧于他竟然将中邪和热烈的爱情归类为疾病。但这在中世纪时期很普遍，欧洲人也是这么认为的。很多人认为热烈的爱情代表短暂地陷入了幻想。阿尔布卡西斯列举的疾病展现了他的刻苦用心和对细节的关注。这也是伊斯兰医生、研究人员和学者的共同特点。中世纪时期，在信仰基督教的欧洲，很多古希腊的科学文献被教堂列为禁书。上帝是万能的，而这些文献违背了这一观念，因此它们甚至惨遭销毁。同时这些文献却被伊斯兰学者翻译成阿拉伯语，用于与其他学者探讨。在自然科学领域，阿拉伯语成为学者通用语言。来自不同国家和文化的学者可以用它进行交流，探讨物理、数学和医学等问题。

伊斯兰学者思维活跃且充满创造力。伊本·西那也是其中一员，欧洲人所熟知的是他的另一个名字：阿维森纳。10 世纪，他出生于今乌兹别克斯坦。阿维森纳受过全面的教育，他诵读《古兰经》，同时也研习法律、物理、数学、天文、音乐和医学。这位全方位天才也曾创作诗词，撰写科学文献解释肿瘤手术的方法和时间，研究眼睛的工作原理。

在精神疾病方面，阿维森纳也是先锋。他曾描述一位病人幻想自己是头牛，甚至以为自己将被屠宰。阿维森纳为他做检查时携带了一把大刀。病人发出哞哞的叫声，对捆绑不加反抗。阿维森纳却说道，这头牛太瘦了，得先养肥了再杀，不然就亏大了。病人被松开后，人们拿来食物，他狼吞虎咽地吃完，一个月之后便痊愈了。

用这种方式治疗精神疾病当然不可取，但从中可看到阿维森纳体察病人的心情。他从病人的角度思考，这为帮助他们创造了条件。

伊斯兰医生和学者也进行实践，他们的足迹遍布整个中东和中亚地区。

这些地区的很多酋长国和城市也由巴格达最高统治者统治。来访巴格达的人不得不惊叹于这里的富贵和奢侈。来自世界各地的货物都在巴格达交易，包括来自中国的、印度的、埃塞俄比亚的和土耳其的。哈里发王国的宫殿中矗立着一棵由金银打造的树，树上站着一只装着音乐机关的金鸟，它鸣唱着悠扬的曲调。巴格达还有着灿烂的诗歌和评书文化，最著名的要数《一千零一夜》。

《一千零一夜》是由众多精彩故事组成的集锦，包括冒险故事、童话和诗歌。每个故事都以一个扣人心弦的情节为背景：有一位残暴的国王，发现自己的妻子与厨师出轨。为了不再被人背叛，国王每夜与不同的女子过夜，清晨便将她们处死。宰相的女儿山鲁佐德聪慧且勇敢，她想打破这一魔咒。她想到了一个点子：她嫁给了国王，每夜她都为国王讲述一个扣人心弦的故事，正讲到最动人处，天就亮了。因为国王想知道故事如何发展，因此没像杀死其他女子一样杀死山鲁佐德。

因此在 8 世纪穆斯林就已经发现了营造悬疑的方法，就像如今电视剧一样。在每一集的结尾处，以悬念中止，大家都想知道之后会发生什么，于是还会继续收看下一集。从《一千零一夜》可以看出，扣人心弦且鼓舞人心的故事在阿拉伯文化中曾具有的重要意义。如今其中最著名的故事要数《阿拉丁神灯》与《辛巴达航海历险记》。

以巴格达为中心的哈里发王国的文化中充满了创新，它也是继德意志罗马帝国及东罗马帝国之后的第三个超级大国。在欧洲，伊斯兰文化传播最广的国家是西班牙，尤其是在上文提及的城市科尔多瓦。阿尔罕布拉宫是伊斯兰建筑在欧洲最好的名片，它是格拉纳达埃米尔王国从 13 世纪开始建造的宫殿。其石柱上布满阿拉伯特有的蔓藤花纹，花纹相互交织，分布均匀却也错落有致。

来自北非的阿拉伯人和摩尔人信仰伊斯兰教，8 世纪时他们征服了西班牙部分地区，多次与欧洲的基督徒发生冲突。欧洲人逐渐将阿拉伯人驱逐出欧洲，甚至在其中东本土哈里发王国也受到来自中亚的蒙古人的攻击。好战的骑士军团入侵巴格达和其他伊斯兰城市和地区，伊斯兰文化遭受巨大冲击。

但是在另一边，一个伊斯兰势力又兴起了——占据今土耳其所在地区的奥斯曼帝国。自 1453 年起，该帝国以君士坦丁堡（今伊斯坦布尔）为中心。奥斯曼帝国的统治一直延续至 1922 年。其疆土曾一度延伸至巴尔干半岛和埃及、叙利亚、波斯国，并先后与德意志罗马帝国、法国、英国以及俄国对抗，将多个文化融为一体。但它没能继承古老的伊斯兰群体曾拥有的科学领先地位。

第 11 章　戴着眼镜和手表、拿着银行户头的骑士

什么是欧洲中世纪最重要的社会发明和产物?

骑士这一形象令人印象深刻，大概再没有比这更能代表欧洲中世纪时期的了。骑士们威风地骑在战马上，身披锁甲战衣，头戴面甲头盔，手持利剑长矛。骑士是欧洲中世纪专属的文化形象，前无古人，后无来者。骑士阶层来源于骑兵，即骑着战马战斗的士兵，也因此得名。然而事实上骑士并非只是全副盔甲、受人敬仰的戎马士兵。

随着时间的推移，骑士逐渐演变成为一种荣誉称号，用于表示拥有某种生活方式的贵族人士。在不需要上战场的时候，骑士一族便穿着袖口肥硕宽大、翩翩及踝的长袍。在 12 世纪，这样的新式装束备受诟病，并被指责为不男不女。

这样阴柔妩媚的长袍怎么适合骑士作战呢？骑士阶层代表具有多样性的生活方式。其中一些刚形成于中世纪，一些至今仍影响着我们。在基督教思想中，骑士象征着完美的战士，例如他们像耶稣一样保护穷人及弱者，以及那些没有自卫能力的人，尤其是妇女。若是面对贵族妇人，骑士则应绅士地对待她们甚至展开热烈追求。单膝跪在心爱的女子面前，吟诵美妙的诗句，向她们求爱，这是骑士精神的体现。

在此氛围下，抒情诗，也就是宫廷爱情诗歌，就再适合不过了。在基督教伦理中，骑士之爱应该是“纯洁的”，也就是说不应掺杂肉欲。这正是教会所宣扬的，同时也符合骑士精神。然而一些宫廷抒情诗人还是用密语

隐晦地表达了情爱的欲望。其中最著名的莫过于瓦尔特·冯·福格威德的一首《菩提树下》。诗歌中吟唱道：

在郊野里的
菩提树下，
那是我们俩人的卧床，
你还可以看到，
我们采折了
许多花草铺在那处地方。
在森林边的山谷里，
汤达拉达伊！
夜莺的歌声多么甜蜜。

这里的“采折花草”就委婉地表达了恋人结合在一起。这种宫廷抒情诗里特殊的暗示手法是中世纪一个重要的文学创作，甚至影响了现在的流行乐。

然而现实生活中的骑士却并非如此浪漫。首先许多骑士并不具备真正的骑士精神。在战争中，他们造成了血流成河的残酷场面。抒情吟唱丝毫不妨碍他们在现实中对女性的残酷压迫。别的不说，许多骑士本身的日常生活是粗俗不堪的。他们主要居住在城堡里，四周高墙潮湿。飘窗的缝隙被当作厕所，污秽物沿着墙流下。虽然城堡里的房间比农民的小屋宽敞一些，却也没有良好的供暖设施，往往只有少数房间安装了壁炉，其他人就只能用火炉来取暖。更糟糕的是，用牛羊油脂制成的蜡烛燃烧时会散发出一股难闻的腐败油脂的味道。

与贫苦农家孩子相似，骑士的孩子也生活得不那么轻松。即使他们不必在田间劳作，教育环境却依旧艰苦。7 岁时便与父母分开，背井离乡，作为侍童去其他城堡里接受骑士教育。到了 14 岁侍童升级为侍从，当骑士与人竞技或出征时，侍从必须为他提着盾牌，同时还要为骑士保养及保管武器。刀剑事关生死，而且价值千金，照料好武器是一项重大的任务。另外，侍从还应为骑士穿戴重甲，护其安稳上马。由于铠甲笨重不堪，行动不便，骑士有时甚至要借助一个小型的吊车才能骑上马背。

侍从的生活是异常艰苦的，且偶尔会遭遇危险。总体来讲，骑士的后代和农民的后代一样必须尽快成长自立。男孩早早便投入了危险的战争中。女孩的情况也不容乐观，一些女孩在年仅 12 岁时就被迫嫁给从未谋面的年长男人。

对今天的我们来说，骑士制度在许多方面显得荒诞，并且自相矛盾。但不可否认的是，骑士制度是欧洲中世纪最伟大的发明之一，在一些方面更是突破时代。骑士精神早已深入欧洲的生活和文化，深刻影响着此后欧洲的发展。骑士应当拥有文明教养，那么比如吃饭时用手擤鼻涕、朝地上吐痰这些长久以来人们习以为常的陋习就显得越来越不得体。

时常会有这样的说法，中世纪的人们粗鲁、迷信且缺乏教养。他们生活在极端恶劣的卫生条件下，这就是中世纪常常被称为“黑暗时代”的原因。然而这只是中世纪的一个方面。在前文讲述伊斯兰教的章节中，我们也能看到中世纪科学的繁荣发展。

除了骑士制度和受其影响的生活方式，中世纪的欧洲还有一些其他的发明创造。其中包括前文我们已经有所了解的封建制度和基督教修道制度。此外还有钟表等机械制品，准确来讲应称之为机械表，它明显区别于古老的太阳和沙漏计时。大约 1450 年，约翰内斯·谷登堡发明了铅活字印刷术。这表示，人们再也不用制作整版的印刷底板，而是只需组合金属字母，然后将它们排列成需要印刷的文字。新奇的地方在于，这些字母可以重新组合再使用。同样在中世纪时期，人们还建立了许多重要的公共机构，例如大学和银行。这里我并不能一一详述中世纪的所有发明创造，但是在接下来的篇章中，我会选取其中对于我个人充满吸引力和对后世影响深刻的一些发明，做进一步介绍。

天堂般的空间、信贷交易和城市自由

如果我们漫步中世纪的所有欧洲城市中心，一定会发现一件非常重要的事情：哥特式风格建造的大小教堂。其中最著名的有科隆大教堂和巴黎圣母院。

12 世纪，一批充满智慧且胆大的建筑师首先设计出哥特式大教堂。哥特式教堂尖塔高耸且体型庞大，内部有修长的束柱，外部则密布着飞扶壁，即无数的支柱和拱券，其造型因此不同于砖墙式的古罗马建筑给人的厚重感。为了防御异教徒，古罗马建筑甚至有时会在外围设计中加入防守堡垒。哥特式建筑则与之相反，华丽精致，轻盈优雅。同时，哥特式建筑门窗的设计，最为引人注目，它们不是圆润的，而是有一个尖顶。

同样独一无二的还有哥特式教堂中的光线。墙上开有大窗户，窗玻璃则由不同颜色的小块玻璃镶嵌制成。阳光照进彩色玻璃窗，放射出多彩的光芒，这样的光影魅力让人至今仍然流连忘返。当时欧洲中世纪的人们，大多生活在阴暗狭窄的空间里。房间窗户又少又小，并且大多没有安装玻璃。天冷时，人们必须用稻草堵住窗户。蜡烛当时非常昂贵，人们只能整日在昏暗中度过。这就与教堂形成了鲜明对比，教堂仿佛是《圣经》中描述的伊甸园。整个教堂如同从天而降，发出五彩玻璃光芒，接纳正直的基督徒。

然而在 12 世纪，近视的人大概无法看清哥特式教堂中的彩绘玻璃窗和繁复精致的飞扶壁，因为当时眼镜还没有被发明。13 世纪，基督教和伊斯兰教的研究人员才共同发明出眼镜。眼镜的前身是所谓的“阅读石”，就是打磨过的水晶。眼镜被直接放在羊皮纸文稿上，帮助放大文字。随后带有镜架的眼镜便产生了。但是离眼镜真正打磨和固定完毕，近视的人能戴着它随意走动，还是需要很长时间，更不用说戴着眼镜上战场，所以近视的骑士也没有眼镜可戴。当敌人的长矛刺向自己时，他们也只能模糊地分辨状况。

很长时间，眼镜实际上只对少数人有用，例如那些能长时间在家阅读经文、书或者合同的人，这些人是学者或商人、商贩。商业贸易在中世纪得到极大的发展。首先是货币和借贷经济繁荣兴盛，银行体系也随之建立。虽然硬币自古罗马时期就开始流通，但此外其他的物品也可作为货币，例如粮食、动物的毛皮、鲸或海豚的牙齿、贝壳、大象尾巴上的毛做成的毛刷、可可豆、压制后的茶叶或鱼干。农民不会用钱币向封建领主缴纳什一税，而是用谷物、鸡蛋之类的食物来代替。

然而在中世纪，硬币的应用越来越普遍，因为它比实物更方便、更易保管。不久，一种更加便利的支付方式流行开来，即所谓的汇票，它是一种支票形式。商人在一张羊皮纸上记录下欠别人的款项，凭着这封手写信件，对方便可到商人提供的另一个城市的代表处，或者是一个信赖这个商人的人那里换取钱币。汇票在古罗马时期就有了，但是这一支付形式在中世纪得以蓬勃发展，同时它和如今十分重要的信贷交易有着紧密联系。

英语中的“信贷”一词源于意大利语中的“credere”，意为“相信”“信赖”。放款人贷款给某人，是出于对他的信赖，并且相信他能还款。即使如此，也依然存在风险，再加上这段时间里钱不在放款人手里，因此贷款人必须支付相应的利息。13 世纪，以信贷业务和汇票系统为基础，银行应运而生。银行业者经营汇票、管理账户收支、发放贷款，并从中获取利息及管理费用。英语中的“银行”一词来源于意大利语中的“ banco”，起初它指的是兑换钱币的人办理业务时所使用的桌子或者摊位。

当时欧洲的银行业是由佛罗伦萨的美第奇家族和奥格斯堡的福格尔家族垄断经营。这两大名门望族通过经商，如纺织品贸易积累了大量财富。他们一度拥有私人矿山，再用开采的贵金属铸造钱币。反正他们坐拥金山银山，于是便在信贷行业投入大量资金，借款对象包括各国筹措军饷的君主和诸侯。

信贷业务的高利润让人们萌发一个念头——将银行建立为独立行业，以此达到用钱生钱的目的。如今我们认为这是再正常不过的事情，银行和金融行业以放贷赢利。我们已非常熟悉，以钱生钱的金融行业远比所谓的实业更能挣钱，例如制造业、商品贸易，或是理发、医疗这样的服务业。但对中世纪来说，金融业还是一个崭新且充满未知的领域。

随着信贷业务和商品贸易不断发展，与传统经营农业的贵族骑士和封建领主相比，中世纪商人和银行家的势力与日俱增。他们大多住在大城市里，因为这里开设了各类商品市场，并且拥有有利于商品贸易的交通网。封建制度和农奴制度在这里不再重要。许多人带着对美好生活的向往，搬到城市。“城市的空气使人自由”这个古老的西方中世纪谚语开始流传开来。

但是这离封建制度的没落以及民主主义的觉醒，还有一段非常遥远的距离。即便如此，在与贵族和主教的势力对比中，商人、银行家和富有的手工业者已经显现出优势。至少在欧洲佛罗伦萨、热那亚、吕贝克、布鲁日和伦敦等贸易城市的议会里，非贵族阶层的话语权与日俱增。

拥有时尚感的商人

日益强大的商人促使中世纪另一个发明诞生：时尚。时尚？不是早在中世纪之前就存在了吗？是的，东罗马帝国的狄奥多拉皇后就曾说过：“绝不能没有紫袍加身。”华丽的服饰对她非常重要，因为这能彰显她尊贵的皇室身份。另外，在这章开篇介绍 12 世纪骑士时，我们也了解到骑士所穿的新式长袖长袍。他们也以此强调自己与众不同的生活方式。碰巧在这个时期，出现了一位行为举止不合礼节的王后：阿基坦的埃莉诺。她是欧洲中世纪时期最著名的女人之一。在她先后两次婚姻中，她分别成为法国和英国的王后。她总是浓妆艳抹，穿着奢华美丽的长裙。拥有广泛影响力的修道院院长圣伯尔纳铎对此十分反感。他指责阿基坦的埃莉诺和其他宫廷贵妇繁复的装扮，比如过多使用皮毛和手镯、手环。他还讥讽道："她的及地长裙搞得尘土飞扬"，"金银宝石在她眼里不是用来装饰的，而是用来堆砌的"！

但是圣伯尔纳铎的批判只是针对奢华的生活，他所希望的是更严谨的生活作风和一种基督教教义下朴素苦行的生活方式。抛开宗教诉求来讲，阿基坦的埃莉诺的装扮完全没有超出一位王后该有的尊荣。直到中世纪后期，时尚一词才衍生出更多的含义，也才更贴近我们现在对它的定义：时尚让所有人都能将自身独特的品位、风格和生活志向以令人惊诧的方式表达出来。为什么恰好是在中世纪后期呢？

这是源于出身市民阶级的商人和银行家内心深处的诉求，他们希望成为特别的尊贵的人。正因为他们生来不是贵族，也因此没有很多权利，他们就更渴望展示内心。他们渴望展示，自己能够通过自身实力，以自己的方式干出一番成就，并在财富上超越骑士阶层。时尚便是他们的武器，具体来讲，尤其是华丽独特的服装。为了证明他们独具个性、敢于创新，他们轮番更换时尚定义，展示不同风格。

然而这样的时尚表达是有风险的，因为对于哪些服装能穿，哪些不能有着严格的规定。有一个不会错的法则：社会等级和声望越高，服饰越多彩。一方面，五彩的长袍并不是农民能负担得起的；另一方面，他们也不被允许穿彩色衣服。各个社会阶层的服装是有严格规定的——哪些颜色、什么样的材质和剪裁是哪个阶层能穿的。在 1337 年英国关于服装的一项规定里，甚至有这样的要求：丝绸材质的长袍，也就是上等材质的衣物，是皇家成员专属。一些特定的材料和款式也仅限贵族使用。有时细致到长裙的裙长：对于贵族女性而言，裙长能比从事商业和手工业的女性长几厘米。

然而许多刚刚发迹的商人和手工业阶层常常对这样的繁文缛节视而不见，置若罔闻。女人会穿着过长的裙子，招摇过市。男人们专门定制花哨的外衣，再缝制大量纽扣和皮毛领口。另外也用仅供诸侯使用的材料，他们往往会自行封爵。

这导致一些人惶恐不安，他们认为，要是人们违反服装规定，整个国家不久就会陷入混乱。我们今天对此无法想象，但在中世纪后期，这个现象却被当时的作家塞巴斯蒂安·布兰特写入其著作《愚人船》中。在有关新兴时尚的章节里，他批判时尚流行如走马观灯，以及时髦一族对传统服饰的规定熟视无睹。布兰特写道，这时连农民阶层也作风狂妄："整日在家妄想新的时尚，整个社会的谦逊本质消失殆尽，农民私藏大量金子。"布兰特的炮火也对准其他阶层："就连市民和商人啊，也一心想成为贵族骑士。"

随便一提，布兰特描写的这类人中正好就有中世纪最受爱戴的绿林英雄罗宾汉。对于这位传奇英雄来说，流行时尚不可或缺。在有关罗宾汉的众多故事中，《罗宾汉的故事集》最著名且篇幅最长，他在书中并不仅是我们熟知的劫富济贫的绿林侠盗，也是英国最富有的贸易商人。他其实是一位期望跻身贵族，提高社会地位的布匹商人。他甚至曾向英国国王提供过上等的绿色特制布匹。总之从历史角度看来，罗宾汉绝对属于历史上第一批英雄。一顶尖帽、一袭紧身绿衣，成为他的经典装扮。

第 12 章　图腾、梦径和国家退休金

中世纪时期的非洲、美洲、亚洲和澳大利亚是什么样的？

如果我们今天去到世界任何地方，比如墨西哥、澳大利亚或是几内亚、撒哈拉沙漠、阿拉斯加，都会觉得十分新奇且充满异域风情。然而我们知道，等待我们的是什么。当地人完全不会对我们的相貌和举止感到惊讶；哪怕是地球上最贫穷的国家也熟知汽车、飞机和电脑；伦敦和柏林的现代建筑与北京、雅加达和阿布扎比的建筑相差无几；各地的人们穿着相似，牛仔裤搭配衬衫和 T 恤，即使在一些边远的国家，人们会穿戴披风、头巾，但他们也是了解其他地区的穿衣方式的。当今社会，每个人对世界上其他大陆和国家都有基本的认知，或是亲自去过，或是通过电视和网络看过相关照片和视频。

几千年以前的情况却迥然不同，那时候人们往往对世界上其他地区一无所知，最多只有大概模糊的了解，有时甚至是错误的。一个生活在北美洲、披着轻便的皮毛制品的印第安人不会了解欧洲大陆上有一群人，会穿着笨重的、嘎嘎作响的金属铁片和勒紧身体的锁甲战衣骑上骑下。反过来骑士也无从了解，非洲或者澳大利亚的原住民会几乎一丝不挂去狩猎，并且在身体上画画，甚至穿洞。比起现在，几千年前国家与国家之间、民族与民族之间差别巨大。也就是说，当时世界范围存在千形万态的服饰和艺术风格，在沟通方式、饮食习惯、政治管理形态、宗教以及世界观这些方面都充满多样性。我们去一一窥探几千年前世界上各个地区都发生了什么，

这会是非常令人振奋的。因为探究的时间是在全球化进程之前，那时在全球范围内还不存在频繁的商品贸易和信息交流。

本章自然不能够囊括中世纪时期所有的文化类别，但是我愿意尽我全力，利用各种事例，将百家争鸣的文化现象传达出来。我们可以在手边准备一张世界地图。我建议，按照从北美洲到大洋洲的顺序开启遨游中世纪多样文化的旅程。

鲸的灵魂和母系氏族领袖的权力

地球的最西北端便是今阿拉斯加和加拿大地区。因纽特人自中世纪起便生活在那里。他们既不会阅读也不会写字，与之代替的是捕鱼、狩猎海豹和鲸。因纽特人居住在冰屋，或是一种用鲸肋骨和动物皮质制成的帐篷里。用长矛刺杀一条鲸时，他们会祭祀鲸，祈求其灵魂安息。因纽特人用这样的方式来表达他们对自然猎物的感激，同时也是为了阻止鲸的灵魂向他们复仇。

这样的祭祀仪式源于他们的信仰——万物有灵论。“万物有灵论”一词来源于拉丁语，意指“气息”、“灵魂”或者“生命力”。受万物有灵论影响的人们认为，天地万物，即一切生物乃至各种人工产物中都住着一个灵魂，即一种特别的能量或精神。

在因纽特人生活的地区的南边，即今加拿大和美国境内，居住着同样信仰万物有灵论的印第安原住民。印第安人部落多达 500~1 000 个，相互之间差异巨大。其中一些仍旧保留着数千年前的以狩猎和采集为生的生活形态，居住在梯皮这种帐篷里。另外一群则开始过上农耕生活，搭建黏土房屋，种植玉米，就如同时期大多数欧洲人一样。美国西南部的亚利桑那州和新墨西哥州的贝勃罗人甚至建立起小城市。他们在紧靠绝壁处修建有数百间房屋的连排居民区，这就是当时所谓的公寓——欧洲人对此一无所知。

最大的印第安部落是易洛魁部落。从中世纪后期开始他们建立起自己的“五邦联盟”。易洛魁人在身上和脸上文刺图案，在耳朵和鼻子上穿孔并戴上装饰的套环。他们没有文字，却有贝壳串珠，用作腰带或者项链，上面的珍珠都带有象征意义。易洛魁人会在签订重要条约时呈献贝壳串珠，它象征着达成“和平的约定”，禁止内部互相交战。贝壳串珠被视为神圣之物。从政治上讲，五邦联盟是中世纪范围内一大特色：“大政务会”中的50个首领是由联盟中最重要的年长女人们指派委任的。她们有一定的政治权力。

印第安人实行集体生活，由联合家庭组成，即各个氏族。每个氏族都有各自的象征，比如熊、狼、海狸、龟、鹿、蛇或鹰。为能感受它们的力量，印第安人会根据这些动物形象制作木质雕塑，这就是图腾。来自以熊为图腾的部落的人会像熊一样吼叫，当危险逼近，图腾动物的特性和强项便会觉醒。他们会勇敢百倍，或许图腾动物会传达给他们在危急情况下如何掌控局面。如果是鹰或者蛇，对应的战略会是以雷霆之势猛烈攻击，去战胜敌人。依照龟的性情遇到同样状况却宁可明哲保身。带有甲壳的爬行动物，在遇到危险时为抵挡攻击，它们会把头脚缩进甲壳，再耐心等待直至侵略者放弃。

印第安人的氏族社会大多并不像欧洲和亚洲的那样，分成各个社会等级——贵族、平民和奴隶。他们也没有严格的服装等级规定，所有印第安人都穿着相似的皮质鞋帽，加上珍珠装饰。听起来他们之间非常和谐友爱，但易洛魁人的文化也有其阴暗的一面：俘虏常常会在宗教祭祀仪式上被以残忍的方式折磨至死。

人祭文化和盛产梦想家的大陆

我们看向北美大陆的东侧，跳过我们前文已了解的中世纪的欧洲和中东地区，径直降落在亚洲大陆，也就是所谓的远东地区。中世纪时日本已建立起和欧洲相似的封建制度。日本也有同欧洲骑士类似的剑客，即所谓的武士，侍奉其封建领主。征夷大将军是类似大公的官位，他逐渐在日本掌握大权，甚至一度代替天皇。他掌握政治实权，亲自统治国家。

日本作为坐落在亚洲东北角唯一的国家，抵御虎视眈眈的蒙古族这一游牧民族的侵犯。蒙古族人以其强大的战斗力闻名于世，尤其是在马背上灵活矫健，能反向在全速飞奔的马背上拉弓，向着各个方向矢无虚发。传言，在食物匮乏的时候他们会刺伤自己的马，直接饮用涌出的冒着热气的生血。在其首领成吉思汗的统领下，蒙古铁骑踏遍欧亚大陆，建立了疆域触及今印度、波斯、俄罗斯和东欧的蒙古帝国。

我们听说的关于蒙古族人的故事，哪些是真实的，哪些是臆测的，至今常常很难判断。我们还会继续碰到类似的民族，只要我们现在继续沿着地图往左方移动，在西南方向的大陆开始我们的启程，也就是中南美洲。这里孕育发展了三大世界古文明，分别是印加文明、阿兹特克文明和玛雅文明。这当中玛雅文明是最古老的。早在美洲远古的石器时代，玛雅人便定居今墨西哥、危地马拉、伯利兹、萨尔瓦多、洪都拉斯那一片。献祭神灵在玛雅文化中无处不在，而且有时还有活人献祭的活动。玛雅人笃信，只有频繁的祈求，才会使众神平静。

在狂热祭祀这一点上，阿兹特克人与玛雅人类似，但在残忍程度上有过之而无不及，他们生活在今墨西哥境内。阿兹特克文化发展于14世纪，也就是中世纪时期。阿兹特克人崇尚大约200个神明。同玛雅人一样，阿兹特克人认为，为报答神明赐予的生存机会和生活，必须用血和疼痛献祭给神明。这里的报答是指什么？阿兹特克的祭司割掉自己的耳朵和舌头，以划伤身体的方式，为众神献血，消除他们的渴望。阿兹特克人尤为臭名昭著的祭祀活动便是人祭：将活人献给神明。虽然已不能证实，人祭及数量是否真如后来登陆美洲的欧洲人所记录的那样真实存在，但至少祭司会杀死战俘作为祭品。战俘会被绑在梯级金字塔顶部的祭台上，遭祭司剜心而死。有时候战俘身体的部分还会被分食。阿兹特克人认为，被食用的祭品的能量会转移到自己体内。

阿兹特克人的日常生活被严格管束。禁酒令针对王族以外的所有人。王族被准许饮用龙舌兰酒，一种取自龙舌兰发酵后的醉人汁液。其他人喝酒便会被处死。但是当时对欧洲大陆还是陌生事物的可可饮料是被允许的。可可对于阿兹特克人相当重要，可可豆甚至能被当作货币。然而有时候会出现伪造品：狡猾的骗子加热可可豆，可可豆遇热膨胀就会显得更大，因而更值钱。

从今天的眼光来看，这三个南美最为众人所知的高度文明中，要数印加文明最具革新意义。印加人征服众多民族，占领和统治今哥伦比亚、厄瓜多尔、秘鲁和智利地区，一时统领人数达到百万。他们有自己独创的文字——以各种绳结的组合排列的绳束。同玛雅人和阿兹特克人一样，印加人遵循许多严格的宗教礼俗。为了洗去依附体内的魔怪，每逢太阳节，所有人必须从午夜开始沐浴，直至拂晓。

印加人的最高统治者的尊号为萨帕·印卡，萨帕·印卡如同上帝一样被崇拜敬重。他掌握着这个国家的所有，所有土地都属于他。整个国家被分为三个区域，在这三个区域都有农民在劳作，然而收成的分配方式却不尽相同：第一区域的收成直接上缴皇室；第二区域由祭司和艺术家领取，以购买宗教物品，比如金银浇铸的上帝塑像；只有第三区域的收成归农民自己所有。

世界范围内，印加王国大概是中世纪时期组织最严密的国家。一众官员在整个国家进行巡视，监视人民的日常生活。国王的特使们会对臣民进行监听，并严格监控他们是否私下发表对上帝不敬的言论。就如在基督教主导的欧洲，人们必须定期在神父那里忏悔。有一点是欧洲没有的：谁要是长时间不结婚，就会由政府官员指派结婚对象。每个印加人都被分配了工作。这样严格的制度的一个好处是，政府官员在歉收和洪水泛滥的年份必须开仓。在困难时期他们便是整个民族的公仆。上了年纪，人们便开始期待退休赋闲，因为退休后可由国家赡养。纵观世界，这样的退休保障在当时来讲独一无二。

现在我们离开南美，继续向东移动，最后到达非洲。在这片大陆上或许承载着中世纪时期世界范围内最多样的文化。因为埃及文明这一远古的高度文明当时还处于穆斯林的统治下。7 世纪时，埃及被阿拉伯人占领，与此相对，其邻国埃塞俄比亚则信奉基督教。在其城市拉里贝拉伫立着匠心独具的岩洞教堂，是一组在山岩上敲凿修筑的雄伟壮观的建筑，这就是非洲大陆的大教堂。

除了基督教和伊斯兰教，当时的非洲还存在其他大型宗教王国。中世纪初期，曼得语族在今马里建立了加纳帝国。那里蕴藏着丰富的矿产资源，很大程度上加纳正是以黄金闻名于世。众多商人逐利而来，他们主要来自阿拉伯半岛。他们不畏风险、不辞艰苦，穿越象征着死亡的撒哈拉大沙漠，运来首饰、武器和盐，只为换取黄金和铜。他们还在加纳设立贸易公司的分部，并建起多层石头建筑和清真寺。

曼得语族信仰的宗教也是一种形式的万物有灵论，这在因纽特人和北美印第安人的小节中提到过。与其他遵循万物有灵论的民族不同的是，加纳王国有不同的阶级——奴隶和国王。国王居住在富丽堂皇，用黄金装饰的奢华宫殿里，如同上帝之子般养尊处优。加纳帝国的首都昆比萨利赫有

1.5 万 ~3 万居民。

除此之外，大多数的非洲人民依然过着同千年以前一样的生活，以狩猎和采集为主。在一些小部落里最年长的人享有特殊的权威，即使如此，事情该怎样进行，仍可以通过协商讨论最终达成一致，他们并不需要国王。因为猎人和采集人既不耕作也不畜养动物，他们的日程十分灵活，饿了就外出采摘果实或狩猎羚羊。

一些人靠着捕猎和采集为生，他们现在仍生存在非洲和南美洲一些偏远地区，有着和世界其他地方的人们不同的时间感受。对于这样的时间及生活感受，我们无法想象。

与众不同的时间及生活感受同样适用于接下来与我们会面的这个民族。首先继续回到世界地图，从非洲出发一直向东，着陆第 5 个大陆：大洋洲。今天的大洋洲几乎只生活着自 18 世纪从欧洲移居过来的白种人后代。现在澳大利亚原住民已所剩无几了。中世纪时他们自给自足，属游牧民族，分散在整个澳大利亚，他们相信万物皆有灵魂。他们还有一个极其特殊的特征：梦境在他们的生活里占有举足轻重的地位。

这里的梦境是一种对创世记的记忆和幻象。他们的日常生活也参照远古神话和梦境。有一个澳洲原住民普遍相信的神话：史前的创世记时代，名为库尼亚的巨大的神蛇诞下后代，他们至今依然存在于澳大利亚的某些地区。这些神话解释道，世间万物是如何被创造的，造物主又是如何继续影响着世间万物的。这些故事不是遥远而模糊的，对于原住民来讲，巨蛇诞下的后代依然存在于自然界中。这些梦境对于他们来说是真实的，就如梦中人的梦是真实的，只要他沉睡不醒。

曾经的美妙传说，依然活在原住民的梦境中，这是英语中所说的“梦幻时代”。这是一个奇特的概念，也不容易理解。在这个梦幻时代里，神秘的古代传说与当下交织在一起。原住民能同时看到现在的岩石和过去的巨蛇，巨蛇按照它们的信仰创造出岩石。从这个梦幻时代也衍生出所谓的“梦径”，也就是原住民在梦境中横穿整个澳大利亚的路线。漫游者通过唱起口口相传的古老歌谣来寻找暗藏其中的线索，从而找到创世记的道路。梦径传达的是一种精神力量，能够指引旅途。在这个无形的世界里，各个梦幻故事其实是各部落的生活教科书。原住民的世界里充满了梦幻般的想象，但它们也有实际意义。原住民将图腾视为生活的支柱。图腾可以是动物、星辰或植物，他们相信自己和这些图腾之间存在着某种自然或超自然的联系，而这些联系可以追溯到创世记。图腾的重要性甚至与父母不相上下。这些图腾会给出指示，例如什么样的生活伴侣是合适的，应该和谁、不应该和谁结婚。

这所有的一切，图腾、梦境、梦幻时代可能对我们来说是琐碎且不真实的，对澳大利亚原住民来说却是融入生命的宗教信仰。离我们较近的文化难道就没有怪异独特之处吗？要是澳大利亚原住民知道，犹太教徒、基督徒信奉的神是看不见的，一定会觉得难以理解。一个名叫耶稣的人为救赎人类在十字架上被折磨至死，估计也会令他们咋舌吧。他们生活在没有教皇和皇帝的制度下。在某些特定领域一些人拥有异于常人的知识，比如关于医疗、图腾规律等。他们常常给人以建议，但是并没有特别的指挥权。

去探知和发现中世纪时期的各个大洲的多种多样的文化文明，我认为这是相当迷人的。这些不同文化下的人，有的半身赤裸，展露文身，有的却长袍及地，或是一身铁制装备在城区巡逻。然而他们不仅在外表上各不相同，也有不同的观念——包括如何生活，如何感知时间，什么是现实，什么又是虚幻。这样的多样性提醒着我们，一些在其他文化看来显得疯狂的事物，也许根本并没有那么疯狂，至少并没有比那些我们自认为正常的更疯狂。

第 13 章　第一批流行明星

意大利文艺复兴和人道主义是影响整个欧洲的新兴思想和典范。

艺术家米开朗琪罗的壁画《最后的审判》于 1541 年在罗马完成，然而壁画引发了一起丑闻。此前受罗马教皇的委托，米开朗琪罗在西斯廷礼拜堂的内侧墙壁绘制巨幅壁画，也就是湿壁画。《最后的审判》的传统构图是，耶稣站在云端，俯视芸芸众生，做出裁决："被祝福的善人群，向上攀缘而被导向天国；被判有罪的恶人群，沉沦而下被打入地狱。"也就是说，审判原本是相当残酷无情的。人们惊叹于米开朗琪罗将这一内涵呈现到画作上的技艺手法。米开朗琪罗创造的耶稣与以往壁画上的耶稣均有不同，耶稣没有胡须，天使也不带翅膀。同时人物无论善恶都赤裸着身体。天使和殉道者本应是尊贵的天神，却以凡人的形象出现。

不止如此，圣徒和罪人也不再守着传统固定的位置。米开朗琪罗的壁画整体似乎很混乱，在当时一些评鉴人的眼中，神圣的秩序被破坏了。因为当时对于"最后的审判"这一西方古典绘画中很常见的题材有着严格的规定，比如圣徒应该位于哪个位置，应该是什么形象，又应该穿着什么服饰。这些刻板僵硬的规定统统被米开朗琪罗否定。这导致许多人对他愤懑不满，他因此遭受诽谤、非议，这对于像他这样有崇高名望的艺术家来说是前所未有的。米开朗琪罗的画作在当时毁誉参半，他的创作风格大胆激进，又充满新鲜感和想象力。因为他是如此的天才、如此的独特，并在《最后的审判》这幅壁画中创造了一个独一无二的世界，最终被众人推崇为"上帝之子"。

除了米开朗琪罗，当时不乏享有盛名的艺术家。距此100年之前，一种新的艺术形式就已经在意大利传播开来。最先掀起这股雕刻和绘画领域的新风潮的艺术家就是多纳泰罗和马萨乔。他们的作品展现出从未有过的写实和立体。此前的画作中，人物普遍一字排开，站在纯金色的背景前，显得十分生硬。这些在多纳泰罗和马萨乔的作品中荡然无存，取而代之的是生动自然的人物姿态。在描绘战争的图画中，手持长矛利剑的战士或是冲锋在前，或是暂时退后，搏斗场面远近构图，全幅如此。怎样才能达到这样的效果呢？这就需要借助透视法，才能展现三维效果。远处的人物向后依次缩小，这就是基于视觉上的实际效果，近大远小。两条或多条平行线向远处地平线延伸，直至聚合成一点，即灭点，画面的透视效果便由此产生。

但自15世纪开始，创作出的新画作并不再只是着重写实，新的画风开始酝酿。艺术应淋漓尽致地表达人体的美。在艺术家波提切利、拉斐尔和提香的画作中，裸体的女性体态舒展，肤如凝脂，仿佛才从地中海的波光平面飘落凡间。观察者在她们透明的肌肤下感受到血液流动的节奏，男性的肌肉和女性的乳房在服饰下清晰显现。这样大胆的手法人们从没见过。

上一次人体美在艺术创作中如此被盛赞，还是在古希腊、古罗马时期。因此这场在15—16世纪兴起的人像和艺术风潮以意大利语中的“Rinascimento”命名，意为“重生”，今天普遍使用法语中的“Renaissance”（文艺复兴）。这一名称的由来是，米开朗琪罗和其他艺术家深受古罗马时期的影响。文艺复兴时期的艺术家重新发现古希腊、古罗马的思想和表现形式，并进行再创造，使其“重生”。古希腊时期展现裸体美学的雕塑艺术再次被发掘出来。古典时期哲学家对于上帝和世界、美与爱的见解也重新被探讨。

这股振奋人类的新思潮发源于意大利，并迅速扩大至欧洲各国。身为时代的弄潮儿，艺术家们受万众爱戴。米开朗琪罗、达·芬奇的大名几乎无人不晓，欧洲城际列车的名声还在他们之下。一些文艺复兴时期的艺术家在其生前就在欧洲范围内赢得了声誉。是的，他们就如同人类史上的第一代流行明星。当然他们并没有创作音乐，而是创造鼓舞人心的艺术瑰宝。同样他们登上舞台的方式也犹如巨星，独特而疯狂。

粉丝信件、粉红装扮和对游刃有余的追捧

米开朗琪罗不修边幅地四处漫步时，偶尔会引发众人的惊叹。他敢于否定他的买主，这些买主可是侯爵或教皇。要知道，当时教皇是世界上最位高权重的人，可以将人扔进地牢，甚至绑在柴火堆上活活烧死。然而艺术家享有特殊的自由。世间流传关于米开朗琪罗的许多故事，他的特殊身份是教皇赐予的。还传说，一个主教指责了米开朗琪罗，教皇因此动怒，斥责甚至用自己的权杖打了这位主教。米开朗琪罗也总是收到众多陌生人的来信，这就像如今的粉丝信件。一个匿名的爱慕者这样写道："最亲爱的米开朗琪罗……我是多么希望，你是我的、我也是你的最真挚的朋友。"

达·芬奇也同样可引发人群骚动。他举手投足间仿佛明星。他会身着一袭粉红装扮出席各种宴会。在那个时代，他不仅在艺术上出类拔萃，也同样致力于研究科学。他希望通过自己的观察来理解自然。所以他会细致地观察鸟是怎样飞翔的，然后设计出了一款飞行装备，其构造原理与 500 年后的直升机类似。

达·芬奇试图让人类飞上天，他的研究最初受到当时宗教规则的质疑，毕竟只有拥有翅膀的鸟才能飞向蓝天。科学家们也同样潜心研究，其中包括德国数学家及天文学家尼古拉·哥白尼。哥白尼提出地球是围绕太阳公转的，当时世人无法认同这一观点，相反他们认为太阳围绕地球转。哥白尼改变了全世界人民一直以来的世界观。人们将地球、上帝和他们的统治者看作宇宙的中心，然而哥白尼提出新的世界观——日心说，引起轰动。

尽管如此，为什么像哥白尼这样的科学家并没有成为明星，而像达·芬奇等艺术家就可以呢？因为艺术家总是魅力十足地登场，再加上他们会通过观察完成令人着迷的画作。

为了使画作更加写实，达·芬奇常常会找来动物的尸体作为观察样本。蛇、蜥蜴和猫头鹰摆放在他工作室的各个角落。作画时，他会因为强烈的创作热情而忽略这些动物尸体已渐渐腐烂发臭。这些有关艺术家们特质或怪癖的小故事，会在世间传播，正如今天人们关注有关流行歌手和电影明星的八卦新闻。人们能从文字里了解这些当红明星，以及他们的艺术创作和想法，在此必须感谢文艺复兴初期一项重大的发明：大约1450年，约翰内斯·谷登堡发明了西方的铅活字印刷术，前文对此已有所介绍。

在中世纪的欧洲，艺术家们更被看作手工艺者，然而文艺复兴时期的新兴画家和雕刻家除了拥有令人叹服的专业技艺之外，同时又充满个性和创造力。教皇、帝王和侯爵争相以高薪聘请他们。提香就曾是查理五世的宫廷画师，并被封为伯爵和金马刺教宗的骑士。达·芬奇也享有过这样的名人待遇。法国国王弗朗索瓦一世在这位艺术家年老的时候将他接到了国王的寝宫，让他安度晚年。这位国王还提供给他高额的薪金，只为让他留在法国进行创作。

文艺复兴时期的艺术家，如果他们并非出身贵族，会被晋封为贵族。以声望来讲，他们已经接近侯爵了。富有的以及刚刚发迹的贵族家族，如佛罗伦萨的美第奇家族、米兰的斯福尔扎家族或者是费拉拉的埃斯特家族，会聘请艺术家为他们工作，比如为他们的节日和游行队伍做装饰。侯爵们清楚，这些艺术家及其作品可以为自己的家族及城邦做宣传。

然而这不只是自我营销，也是为了用全新的方式看待这个世界。虽然上帝的教会仍然是最权威的象征，但是普通人也可以决定，什么才是对的。个体开始以个人意志为中心。这个时期的这种思维方式被称作“人文主义”，它来源于拉丁语中的 humanitas 一词，意为“人性”，人文主义的意思是“人性的”“崇高无私的”“美好的”。

人文主义风潮不只包括画作，还涌现出许多著作。比如意大利北部作家巴尔达萨雷·卡斯蒂利奥奈的代表作《侍臣论》，在书中一群男女围坐一起轻松讨论，如果要成为一个有文化涵养、多才多艺、自信勇敢的人，应该或必须注意些什么。卡斯蒂利奥奈强调，保持 sprezzatura（不费劲）是非常重要的，这个词是指潇洒、冷静、从容不迫的状态。人们要看起来轻松悠闲，游刃有余，即使事情并非那么简单。文艺复兴时期，除了诞生了新的艺术形式，另一种新的表达方式也得到认同，就是潇洒自在、冷静自持。

这里的潇洒也包含一种自嘲意味，作家们在他们创作的诗歌和剧作中，调侃自己的长处和短处。主要是一些有名的剧作作家，如克里斯托弗·马洛和威廉·莎士比亚。除此之外，还有一群博学多识的作家，如德西德里乌斯·伊拉斯谟，他以幽默和辛辣的讽刺而闻名。伊拉斯谟在自己创作的《愚人颂》里，便讽刺了人类的狭隘和愚昧。他对世态百相，从修道士到医生的各行各业，极尽讽刺之能事。自夸的教师在他笔下也是“可悲之人”。

随着人文主义思想而来的是，人类的自我价值开始被慢慢探索。在画作中，这一宗旨展露无遗。当我们仔细观察文艺复兴时期画作中人物脸部时，就会发现皱纹、斑点，有时甚至会有痦子、肉瘤。看着这些画，我们不禁会产生疑问，这些画中的男男女女到底处于何种情绪状态，是悲伤、沉思、耽于幻想、兴奋，还是疑虑满腹？直至今日，人们依然在猜测达·芬奇画布上的年轻女子的身份。《蒙娜丽莎》这幅画能跻身世界最著名油画之一，也许甚至没有之一，不是没有道理的。这样的画作引人入胜，叫人神魂颠倒。因为在《蒙娜丽莎》这幅画前，人们仿佛身临其境，似乎对面就坐着这位女子，我们只能猜测，她对我们是不是亲切友好，她是不是在发自内心地微笑，或许只是出于礼貌，或者那根本就是强颜欢笑。

这种绘画风格在整个欧洲获得赞誉。来自纽伦堡的阿尔布雷希特·丢勒在阿尔卑斯山北部将自己打造成了一代艺术名人，他创作了一幅相当著名的自画像，会让人联想到救世主耶稣。将自己塑造成耶稣，这个人首先得相当自信，这正是 sprezzatura——艺术家的潇洒有余的风格。

在文艺复兴时期的艺术帮助传播了一种崭新的人文形象。新的时代开始了，但完全不同于中世纪时期吗？不，并没有。虽然艺术家和名流可以自由表达，但是 16 世纪的人民大众的生活依然与中世纪时期并无差异。大多数人仍必须为封建领主干活；艺术家如拉斐尔和提香画笔下的女性都美丽自信，然而现实生活中的妇女却仍然遭受着压迫，她们必须同其父亲选出的拥有金钱和权力的男人结婚。

在文艺复兴时期，依然存在着中世纪的封建传统——猎巫，甚至有过之而无不及。某些女性会被谴责，被绑在草堆上活活烧死。猎巫的矛头指向的女性，往往只是因为她们拥有较强的自我意识，或者拥有神秘治愈能力的人，即所谓的“与恶魔签订契约”的人。隔壁的女邻居会不会一边搅动着锅里翻滚的汤，一边轻声喃喃自语？也许念着的就是魔咒？这些小误会最终会引发猜疑，导致严重后果。有的时候有些女子只是因为与人不和，就被告发，并被污蔑为女巫。

许多被告发的人遭到拷问折磨。严刑拷打下，许多人只能招认她们并没有干过的事情，只为了免受折磨。同样残酷的还有宗教法庭，他们迫害异教徒。教会法官下令处死了数千位所谓的异教分子。宗教法庭始建于中世纪，直到近代依旧活跃。

离建立起一个真正意义上的人文关怀的社会，还有很长一段路。但是文艺复兴时期的艺术家和人文思想家至少通过他们的作品，以及他们的行为风格给了许多人勇气。他们给大众以鼓舞，让他们跳脱教会或其他各种权威的限制，例如他们必须看什么，必须做什么，又必须想什么。

第 14 章　什么是教皇驴

1517 年开始的宗教改革导致了欧洲分裂成两大敌对的阵营：天主教徒和新教徒。这对世界政治和文化产生巨大影响，欧洲开始陷入不断的冲突和战争中。

在上一章我们了解到，文艺复兴时期的巨匠米开朗琪罗是如何凭借《最后的审判》在 16 世纪的罗马掀起惊涛骇浪的。他的创作手法是全新的，比如裸体的圣徒们和没有翅膀的天使。差不多同一时期，在阿尔卑斯山北面等地区，许多小幅画作却让世人更为振奋。这样的作品大多是印刷出来的木版画和铜版画，以传单的形式发放。其中尤其大胆的是 1525 年，一张传单上赫然印着一个裸体的半人半兽的形象。它拥有女性的身体，全身却布满鳞片，没有双脚，取而代之的是动物的蹄和爪，最引人注目的是它还有一颗驴头。这幅画的标题为“教皇驴”。

什么是教皇驴？这幅名为教皇驴的画将罗马天主教的教皇塑造为一头驴，这绝对是对天主教最高领袖、对耶稣的猛烈抨击。闻所未闻！教皇是当时世界上最有权力且最受人敬畏的人之一，却被那些无名之辈用这样荒诞的漫画嘲笑。拥有威信的教权遭遇挑衅，教皇被塑造成满嘴谎言，甚至像魔鬼一般的蠢驴，总之就是早该被废除的东西。这一切是怎么发生的？这和当时封建制度和教权统治下的社会状况有关。我们在有关中世纪的章节中已知道，底层的贫苦农民往往遭受天主教的贵族阶层剥削。大约在 1500 年，情况更加恶劣。教宗都过着奢靡的生活，例如波吉亚家族的亚历山大六世、得拉·罗维雷家族的儒略二世以及美第奇家族的利奥十世。他们命人建造昂贵华丽的宫殿和教堂，例如位于罗马的圣伯多禄大殿那般，并且大肆欢庆节日。埋单的自然是众多贫苦农民，他们被迫向教会上缴什一税。

许多教宗不再履行本职，抚慰、指引教徒的心灵，更别说关心教徒的身体健康。他们关心的只有自己的财富和权力。教会腐败，向贵族和商人出售高级神职人员的职位。更加令人不齿的是，他们公然贩卖赎罪券，并声称能以此洗清生前的罪孽，免除炼狱之刑。教徒们为了赎罪，则必须购买赎罪券。除此之外，所有基督徒必须进行朝圣，朝圣是指前往某一重要地点的旅程，比如某个圣人埋葬地点，以表明忏悔和虔诚之心。因为朝圣者会带着钱去，结果一夜之间众多教区摇身一变成为圣人们最后安息的地方。能够证明是朝圣地的物品有来自殉道者甚至是耶稣本人的头盖骨、指骨或是一块衣料。这些物品被保存在金色的龛盒中或是透明玻璃后，在今天的一些教堂里还能见到。

《圣经》里没有任何一处有关圣骨凭证和赎罪交易的记载。对于教会的种种腐败和滥用职权，14—15世纪的人们开始奋起反抗。首先在英国和今捷克境内，反抗运动爆发。英国神学家约翰·威克里夫以及波希米亚神学家扬·胡斯率先抨击天主教会的腐败堕落。他们要求，教会回归基督耶稣的理想世界和简朴生活，救助贫苦大众。他们还强调，更好的自我修行只需要虔诚祷告和专注研读《圣经》，而不是对教宗言听计从。这些先驱神学家希望改造教会为正面形象，即进行教会内部改革。事实上，扬·胡斯和其他改革派只是要求教会重新遵循《圣经》的教义。即便如此，教会仍然对他们处以火刑。

16世纪初，同样受到教会迫害的还有一位来自德国东部城市维腾堡的改革家——马丁·路德，与扬·胡斯等神学家相比，他实施了更加冒险的行动。他是德国奥古斯丁教会的僧侣。1517年10月31日这天，马丁·路德震惊了世界：他发表了《九十五条论纲》，列出反对赎罪券的 95 条论点，发起学术辩论。95 条的主要论点是：得神赦免的唯一途径是悔改。除此之外，他还呼吁人们应该将耶稣作为榜样。

据说路德把《九十五条论纲》的布条贴在当地教会的门上，这样所有的教徒就能在去做弥撒的路上读到论纲。他也把《九十五条论纲》寄给了在大学授课的颇具影响力的神学家。此外他还分发印有论纲的传单，理论上来说每个人都能读到他的思想，这是前无古人的事件。路德的论纲被送到了普通民众的手中。他们受此激励，开始质疑教皇的权威和品德。那教会领袖又是如何反应的？他们判给这名反抗的祭司以“绝罚”，这是非常严重的惩罚，因为绝罚意味着开除教籍，被基督教会所隔绝。这还不够，这位僧侣及神学家教授甚至有被处以火刑的危险。

接下来路德是如何应对的？就此躲藏起来？正好相反：路德被教皇传唤，前往沃尔姆斯议会重申其论点。神圣罗马帝国的各路诸侯聚集出席沃尔姆斯议会，共同商议国家事务。路德被要求独自出席这个帝国最高议会，并为自己申辩，此举危险。他最终拒绝前往受审，并坚持不收回自己的主张。据说他发出声明，“这就是我的立场，我无法改变”！

就是这样，他的一切言行都遵从内心，不在乎其后果。接着查理五世向他发出一纸驱逐令，这比绝罚更为严酷，被革出社会代表路德不再受法律保护，任何人都可随意杀掉他而不会为此受罚。

但是路德是幸运的，一些选帝侯将他保护起来。这些选帝侯希望比皇帝拥有更多的权力，减少给教皇的赋税。他们发现，这个甘愿冒险的僧侣能写善辩，拥有鼓舞群众的能力。在路德的帮助下，一道对抗皇帝和教皇的阵线便建立了起来，然而个人如果公然反对教皇，处境依然危险。萨克森选帝侯腓特烈三世（绰号“智者”），为路德提供了保护。这位反叛的神学家匿名藏身在德国瓦特堡里，在小房间里待了近一年，他改名为容克约格，大意为“高尚的人”或者“乔治骑士”。避难隐居时，路德依然潜心写作。

路德在瓦特堡避难期间，在活字印刷术的帮助下，印有《九十五条论纲》的传单和册子传遍大街小巷。新的观念以野火燎原之势传播开来。这是当时的一次媒体革命。就如现代社会的电子邮件、博客和各种社交平台一样，可一键连接百万人，给社会带来了根本的变化。

许多人为路德宗教改革的主张欢欣鼓舞，他们由此感受到一丝自由和希望的气息。这是一种对权力的全新体验：身为平民，手拿反叛的宣传册，向教皇这般身份的权威人士发起挑战。同时路德创作了一本畅销书：他翻译的德文版《圣经》。当时已是福音书被编成的千年之后，他能从《圣经》中发现什么新东西？《圣经》文字当然存在已久，但是大多是以拉丁语出版的，导致当时只有少数会拉丁语的人能读懂《圣经》。德文版《圣经》一度非常晦涩难懂。这时候路德便开始投入精力，完成了德文版《圣经》。不同于旧版《圣经》，新版通俗易懂，即使是教育程度低的教徒也能看懂。他们不必再听从神职人员的布道，后者常常曲解或改变《圣经》内涵，以更好地为自己和教会服务。

路德成功了，他得到一些有影响力的诸侯资助。借助当时的新兴媒介——传单和宣传册，宗教改革的思想蔓延到整个欧洲。除了文字还有许多像开头提到的《教皇驴》这样的讽刺画也帮助了路德。这些有关宗教改革的讽刺画越来越犀利。曾有人制作关于教皇的顶冠，也就是三重冠的讽刺画，四处分发。还有一幅名叫《教权的诞生》的画，画中一个教皇装扮的婴儿直接从魔鬼的屁股出生。

宣传画非常重要。路德甚至有一个在这一方面帮助他的画家：来自上弗兰肯地区克罗纳赫的老卢卡斯·克拉纳赫。这位文艺复兴时期的艺术家绘制油画和讽刺画。他为《圣经》和路德的论战文章创作插图。除此以外，他还为路德画了众多画像，油画、木版画和铜版画，各种类型都有。这些画作很快流传开来，路德在欧洲的知名度随之开始攀升，堪比皇帝、国王和教宗。克拉纳赫还画了许多路德和他的妻子卡塔琳娜·冯·博拉同框的油画。

这件事情本身就是不可思议的，我们回想一下：因为神职人员根本不能结婚。他们应该独身不娶，这样就能将自己全部的爱都奉献给上帝和所有人民。路德和他的妻子卡塔琳娜被奉为新教有名的理想伴侣，显然有别于那些表面上遵守独身规定，背地里却包养情妇的神职人员。

路德反其道而行之，他坦率地表达自己的愿望，他想组建一个家庭。他完全不想和罗马那种私生活扯上关系：那些人一边和妓女玩耍消遣，一边伪装虔诚。关于这位宗教改革者和他妻子的相识，流传着一个动人的故事。卡塔琳娜曾是位修女，因而她也不能结婚。但是在修道院成长的生活中，她一直向往着婚姻。但是又能怎样呢？生活在高墙内，按照当时的教义她被认定是耶稣的新娘，这意味着不能和别人，一个真实存在的世俗之人结婚。24 岁那年，她决定铤而走险，逃出修道院。在 1523 年复活节当晚，定期往修道院送去食材的商人将卡塔琳娜和另外几位修女藏在小推车上装鱼或者面包的木桶之间，偷运出了修道院。自此卡塔琳娜拥有了自由。

帮忙潜逃的人是路德的一个熟人。这位基督教改革者想帮助这些年轻女子获得自由，过上自己的生活，不过他自己没有结婚的打算。但是生活就是这么无法预料：卡塔琳娜没有寻找到合适的结婚对象，然而年轻女性独身未婚在当时并不是光彩的事情。常常女性未婚只有身为修女或妓女两种情况，而妓女是非常受歧视和欺辱的。挑选结婚对象在当时大多并非同今天一样是出于情感的需要，而是关乎生存。它决定着，今后的生活是相对富裕，还是贫困潦倒。

这也是路德最后和卡塔琳娜在一起的原因之一。两人结婚并育有六个子女。他们和仆人一起承担家务，这对夫妇也会雇用一些贫苦的人。因为在500年前，路德就决定，摒弃独身不娶妻的教条，所以与基督教不同的是，现在新教牧师是能结婚或有恋人的。

德语中的“evangelisch”（新教）一词来源于路德的主张，他认为人们应该重新翻阅、回顾福音书（evangelien）。另外一个同样能表明新教教旨的词是“反抗者”，它承载着改革者反抗教会权威的信念。

路德的言论和行动激励人们创建起自己的宗教群体，因此当时在整个欧洲，各种不同的新教流派应运而生。比如在瑞士日内瓦的法学家、神学家约翰·加尔文提出了非常严格的新教主张，即以他命名的加尔文主义。加尔文强调，教徒应坚持克己劳动，杜绝主教和教皇那般的骄奢淫逸和道德败坏的风气，这样上帝就会赐予他们成功。加尔文派和其他一些改革者的道德约束过分严苛，他们禁止一切娱乐活动，比如跳舞，甚至包括教堂的管风琴乐。

遗憾的是，新教徒和天主教徒的争论并不是借助文字或图像进行的，也没有人就教徒的宗教选择给出建议。双方激烈的宗教冲突往往导致暴乱，最终甚至升级为宗教战争。

血色婚礼：宗教对立、屠杀、反目

宗教改革的主张之所以深入人心，是因为太多人不堪懒惰腐败的教会的压迫和剥削，以及随后实行的采邑制。采邑制限制了农民的行动自由，使他们生活拮据。按照规定，农民必须将部分收成上缴给封建领主。但路德和其他宗教改革者已经证明，人民大众是可以对权威发起质问和反抗的。那是一种全新的感受。

不仅如此，支持宗教改革的神学家如托马斯·闵采尔明确呼吁农民，不要接受命运的安排或逆来顺受。他强调，耶稣本身也是穷人，是同贫苦人民同一战线的。他讲道，真正的公平和话语权是依靠农民反抗封建诸侯斗争得来的。他希望牧师能够选择自己的教区，并在此开展种植活动，在树林里人们可以根据自己所需进行捕猎和收集柴火。1525 年，对神圣罗马帝国的统治激愤不满的民众聚集起来，发动起义，农民战争爆发。揭竿而起的一些民众扛起粪耙就开始与诸侯的军队对战。

由于起义军缺乏军事装备，又并未受过军事训练，起义失败。起义领导人遭到酷刑拷问，甚至被处决。这时路德干了什么呢？他转而投靠封建诸侯，一起镇压起义。

在随后的几十年间，宗教冲突导致分别支持新教和天主教的诸侯之间爆发战争。新教徒结成联盟，并于 1540 年对卡尔大帝领导的天主教军队发起战争。1555 年，双方签订《奥格斯堡和约》，才正式达成了全面的停战协定。和约规定，各个诸侯在其所辖的地区可以按照意愿自由选择宗教。

但和平没有持续太久。整个欧洲局势依然紧张，各路冲突接连爆发。最激烈的一次发生在 1572 年的法国，天主教徒和法国的新教徒——胡格诺教徒互相斗争。不知何时起不断出现的谋杀让好斗的双方都开始感到厌烦。人们开始希望停止纷争，达成宗教和解。然而在那样一个错综复杂的社会背景下，人们不禁质疑能否达成一个真正奏效的、令人信服的和约。

这两个敌对教派有什么和解方法？通婚。信奉胡格诺教的侯爵、后来继任法国国王的亨利四世就迎娶了信奉天主教的女侯爵玛格丽特·瓦卢瓦。这是一场华丽盛大的庆典，宾客满堂，载歌载舞。双方希望通过这样的联姻表明教派之战已经结束，双方握手言和。然而和平就在婚礼几天后便因为一场大屠杀宣告破产。数千名胡格诺派新教徒在巴黎街头被杀害。由于玛格丽特和亨利的婚礼被看作这场屠杀的导火线，所以这场婚礼被称为

“巴黎血色婚礼”，载入史册。

成为国王后，亨利四世改信天主教，因为法国人民大多信奉天主教。即便如此他仍然保证了新教的宗教自由权。也就是说，胡格诺派新教徒们再也不会因为宗教信仰而被迫害了。

亨利四世并不是唯一一个在宗教纷争时期改变自己的宗教信仰的国王。英国都铎王朝的国王亨利八世也是如此，而且其过程令世人震惊，其后果也影响深远。他原本是天主教徒，其出生于西班牙王室的妻子——阿拉贡的凯瑟琳也信奉天主教。但她没有生下儿子。在当时生下继承者是极其重要的事情。作为王后往往承受着巨大的压力，她得为国家带来孩子，而且是男孩，因为当时人们普遍认为只有男性才能当国王。如果一个王后没有子嗣或是只生下女儿，就会常常遭受指责，甚至被辱骂没有能力。

国王亨利八世便想另娶他人。他大概先后有 6 次婚姻，其中有两个妻子被其下令斩首。对于他的第一位妻子凯瑟琳，他只是想和她离婚。这在当时受到了极大阻力，毕竟离婚是不被允许的。一种情况下例外——教皇和高阶教会人员可以废除已存在婚姻，但需要提供无可辩驳的原因，比如其中一方并非出于自己意愿结的婚。

理论上来说，亨利和凯瑟琳是有可能废除婚姻关系的，然而凯瑟琳是罗马神圣帝国皇帝查理五世的亲戚，查理五世想让这段婚姻维系下去。为什么？因为当时一个离婚女人处境可能会艰难，最主要的是会让整个家族蒙羞。总之查理五世将教皇叫去，严令教皇拒绝解除这段婚姻。

亨利八世并没有就此顺从，他无论如何都想结束这段婚姻。他甚至软禁自己的妻子，这简直闻所未闻。为此他受到教皇绝罚，就是马丁·路德曾受的惩罚。和路德一样，这位英国国王完全不为所动，甚至宣布脱离罗马教廷，声称自己不需要上帝的福泽。最后他干脆建立了自己的教会，即英国国教。

亨利八世与罗马教皇分道扬镳，宗教改革得以在英国长期推行。亨利八世的女儿伊丽莎白则是真正的新教徒，但她也不得不与姐姐——苏格兰女王玛丽·斯图亚特展开权力的斗争。玛丽同样想统治英国，加冕称王。

在王室和贵族家庭中，不断的纷争始终围绕着同一个问题：谁才是合法的财产和王位继承人。欧洲的贵族阶级互相通婚育子，因此常常都弄不清楚谁在哪个王国享有哪些继承权。到底应该是长子还是最有能力的儿子继承王位？应该选择第一位妻子的女儿，还是第二位或者第三位妻子的女儿？如此一来，凡是王室亲属都觊觎王位，不断挑战统治者的权威。伊丽莎白和姐姐玛丽的斗争就以惨烈结局收尾：伊丽莎白一世最终关押并处死了自己的对手。

在欧洲这个宗教纷争不断的时期里，这样的情况永远不会停止。西班牙国王腓力二世是位坚定的天主教徒。他企图重新夺回天主教失去影响力的地区，让天主教会势力无处不在。在玛丽·斯图亚特死后一年，腓力二世便决定入侵英国。

1588 年夏天，一支庞大的西班牙海军舰队向英国海域进发，即著名的西班牙无敌舰队。无敌舰队拥有超百艘战舰，这让西班牙人觉得胜券在握，毕竟该舰队不仅规模庞大，而且装备精良。甲板上装有堡垒般坚固的炮塔，装载有最大火力的大炮。但是可惜的是，舰队刚出港口就受到大西洋风暴的猛袭，许多战舰沉没。当舰队最终到达英吉利海峡时，西班牙人又不得不承认，自己的战舰比英国战舰更笨重。英国战舰只搭载了小型炮弹，更小巧灵敏。最终英国赢得这场海上战役。

战胜西班牙为英国成为新的海上强权奠定基础，并开启了女王伊丽莎白一世的盛世。自此，在国王亨利八世宣布脱离天主教 50 年后，英国真正成为新教统治下的帝国。

杀死一半居民

越来越多的诸侯皈依新教，甚至英国等国家也脱离天主教，这引发教皇忧虑。天主教担心自己的影响力不再。为改变局势，天主教专门举办多次会议，即特伦托会议，集聚各个主教和神学者商讨方案，以阻止天主教日渐加剧的权力流失。这场意义非凡的集会在意大利特伦托举行，也因此得名。特伦托会议前后跨越1545—1563年这18年，其间多次暂停。为重新赢得天主教徒的信任，与会者构想出大量规则和方案。教会开始实施一系列措施，以真正提高形象，其目的是抵抗新教的影响。后来这一自我改革运动被称为“反宗教改革运动”。

反宗教改革运动涉及众多方面。其中一方面是，教会应进行内部改革，巩固自身，这样才能对外展现一个令人信服的形象。例如应该从教皇、主教到神父，由上至下整饬放荡奢淫的生活。在这一点上，新成立的耶稣会卓有成效，依纳爵·罗耀拉是耶稣会创始人兼总会长。耶稣会明确规定，其成员耶稣会士应该重新以耶稣为模范，严格律己，回归清贫生活。但是与耶稣不同的是，耶稣会士积极参与政治事务，不畏惧暴力和强权。同时他们也兴办学校，普及文字，对民众教育起到积极作用。

甚至连艺术都是实现反宗教改革运动目标的手段之一。天主教会命人修建精美的教堂、创作壮观的油画。画中展现了圣徒的各类神迹，富于动态和戏剧张力。比如丁托列托的《圣马可的奇迹》：为救助陷于危险的教徒，圣马可像超人一般突然出现，从空中俯冲下来。

两大宗教阵营冲突加剧。天主教徒致力于用画作传播自己的宗教信仰，一些严苛的新教团体却公然从本质上反对艺术创作，因为这些艺术作品偏离了纯正的《圣经》的教导。一些新教徒开始大肆破坏，他们毁坏教堂里的各种艺术作品，甚至包括耶稣受难像。

天主教徒和新教徒之间针锋相对，战火不断。最终在 17 世纪，冲突导致世界历史上最惨烈的战争之一——三十年战争爆发。据估计 1618—1648 年，战区内多达 40% 的居民因战身亡。

三十年战争将如今德国所在地区夷为平地。战争初期，新教诸侯与天主教诸侯对战。随后其他国家也纷纷参战，例如信奉新教的丹麦和瑞典。起初战争的主题是宗教分歧，但不久后欧洲各国便开始争夺霸权和领土。瑞典国王古斯塔夫二世·阿道夫曾一度得到法国的支持，尽管法国是天主教国家。战争期间，各国根据利益所向不断更换盟友，结盟后又拆散重组。

其间更是各种倒行逆施。雇佣兵在行军途中烧杀抢掠，无恶不作，包括洗劫手无寸铁的百姓，并发明各种酷刑，比如所谓瑞典酗酒：受害者嘴里塞着漏斗，被强灌粪水。难以想象有多恶心难受，很多人甚至被折磨至死。

不知从什么时候开始，各个参战国分辨不清谁是盟友谁是敌人，而又是为了什么在打仗。数十年战乱之后，所有人都迫切地想结束这一场混战，逃离长期恐慌的阴影。1648 年，欧洲这场大规模的混战终于结束。经过长时间的谈判，各国最终在明斯特和奥斯纳布吕克签订《威斯特伐利亚和约》。和约重新划分了部分国家的领土。因此德意志第一帝国——如今被称为神圣罗马帝国——割让了部分领土给法国和瑞典。

新教和天主教的宗教对立是这场混战的导火线，战后宗教局势会怎样发展？《威斯特伐利亚和约》规定，自此在诸侯国定期举行的会议中，新教徒拥有与天主教徒同等的话语权。在经历了这场持续几十年之久的极端残忍的战争后，在经历了如此多的苦难和死亡后，才终于实现了我们今天理所当然享有的宗教平等。

第 15 章 热带之美：棕榈树下的谋杀

1492 年欧洲人发现美洲大陆，并开始在全世界建立殖民地。他们掠夺原住民，并大肆进行奴隶交易。对此一些神职人员和学者勇敢反抗。与此同时，两大亚洲帝国分崩离析。

16 世纪初，一位名叫亚美利哥·韦斯普奇的矮个子意大利人令世人震惊。从 1499 年开始，他多次带着舰队远航，驶入大西洋另一端，探索神秘的广袤大陆。那里的大陆不久前刚被发现，那里的人们相当奇特：他们身着羽毛装饰，生活习惯与欧洲人完全不同。韦斯普奇一次次航行是为他工作的美第奇贸易公司调查，能和那个遥远大陆的怪异的人们做什么生意，并用书信将自己的发现报告给上司——洛伦佐·迪·皮尔弗朗切斯科·德·美第奇。除此之外，他还发表了相关著作《新大陆》，书中记载了他在那片异域土地上的见闻经历，该书被翻译成多种语言。

在书中，韦斯普奇描写了新大陆上的原住民及他们的风俗习惯。“所有人，不论男女，都赤裸全身。”韦斯普奇还写道，“男人们身材高大，比例匀称，有强健的体魄”；目光转向女人们，他说道，“没有一个女人的胸部下垂”，在他的描述中，她们都非常漂亮。原住民没有婚姻的概念，也没有宗教，他们以追求乐趣为主，但是也有食人现象。然而抛开这些，韦斯普奇认为最为重要的是，“那里的人们能活到 150 岁”。天气几乎永远晴朗，空气清新，大自然缤纷多彩。但是所有发现中最棒的是：内陆地区埋藏着大量黄金。由于原住民并不认为它有价值，耀眼夺目的黄金被随意弃置。

韦斯普奇的描述让人对新大陆心驰神往，他的著作鼓舞了欧洲大陆的读者，其中包括日耳曼的地图家马丁·瓦尔德泽米勒。1507年，他完成了新的世界地图，并苦恼于该如何命名刚发现的新大陆，最终他做出了影响巨大的决定：将地图上与新大陆轮廓大致对应的部分命名为“亚美利加”（America）。为什么是亚美利加？这是因为它是韦斯普奇的名字——亚美利哥（Amerigo）的变形，在拉丁语中它表示非洲、亚洲和欧洲。他想以此表达对韦斯普奇的尊敬，因为他对新大陆的描绘令人欣然向往。这一名称也让韦斯普奇举世闻名。

结果便是这块完整的大陆以亚美利哥·韦斯普奇命名，而并不是它实际的发现者克里斯托弗·哥伦布。哥伦布于1492年起航，其目的是探索出一条前往印度的航线。原定路线是驶向非洲西海岸的加纳利群岛，再由此继续向西到达最终目的地——印度。当时的印度还包括亚洲大陆的其他一些部分，在今天已不属于印度疆域。哥伦布支持地圆说，他一路向西，希望绕地球一圈后总有一天能到达亚洲的东海岸，也就是他所认定的印度。按我们今天的认知，他的构想从理论上讲是没错的，然而哥伦布完全低估了航行的距离。他无法想象，在欧洲、非洲和亚洲大陆，也就是他所认为的印度之间还横亘着一块巨大的大陆板块。经两个月的航行之后，舰队驶入了加勒比海，最后他登上了巴哈马群岛、古巴以及今海地和多米尼加共和国所处的海地岛。哥伦布相信自己到达的大陆就是印度，因此将美洲大陆上的原住民命名为印第安人。

然而新大陆安详的居民和温暖的气候并未持续太久。随着美洲大陆被发现，16世纪各国殖民化进程加快，殖民造成了世界性的影响，堪比前两章详述的文艺复兴和宗教改革。德语中的“kolonisierung”（殖民化）来自“kolonie”（殖民）一词。这个词汇我们在关于古希腊的章节中已经知道，它的词根是colere，意为“建造国家”。古希腊人民希望在远离故乡的地方开垦新土地，但这远远比不上16世纪欧洲人在美洲以及世界各地殖民的范围之广。后者的殖民统治带来了严重的灾难。

一切罪孽始于欧洲人对世界霸权、美洲大陆金银财富的欲望。韦斯普奇和哥伦布对美洲大陆财富的描述激起欧洲人的无限遐想。越来越多的欧洲国家和国民竞相远航探险，西班牙和葡萄牙是其中的先驱，接着是英国和荷兰。西班牙被称为“征服者”，而其中不乏极端残忍暴力的殖民者。

灭绝人性的殖民行为

其中一位行径极其恶劣的征服者是埃尔南·科尔特斯。他来到美洲，碰上阿兹特克人，我们前文已经对这一印第安民族有所了解。科尔特斯和他的军队装备了包括在欧洲刚研发出的武器——滑膛手枪和大炮。另外他还从欧洲带来了马匹。这些征服者穿戴上坚硬耀眼的头盔、铠甲，跨骏马，手持手枪的形象对于印第安人有着强大的威慑力。科尔特斯和其他征服者征服了阿兹特克帝国并摧毁其文明，建立起西班牙殖民统治。

这些殖民者大肆侵犯、掠夺中美洲和南美洲，造成数百万原住民死亡，其中一些人直接被征服者残忍杀害，另一些染病身亡。漂洋而来的欧洲人携带了天花等各类传染病，而原住民对这些传染病完全没有免疫力，因此大量原住民死亡。

和这些入侵者一起登陆美洲的还有传教士，他们的职责在于传播天主教，教化原住民。在这些所谓的传教士眼中印第安人就是生活在罪孽中的不信者、异教徒。许多传教士贬低、蔑视印第安人，只是因为他们无法理解原住民的宗教文化。这些传教士对待原住民如动物，他们企图采取殴打鞭笞、暴力刑罚的方式强制印第安人改信天主教。但是也有传教士愿意用布道和歌曲说服人们相信上帝，其中一位名叫巴托洛梅·德拉斯·卡萨斯。

他在西班牙城市塞维利亚长大。他的父亲很早就到过新大陆，甚至在那里拥有土地。巴托洛梅自愿成为一名多明尼哥会的传教士，远航来到美洲大陆。在那里，他目睹了征服者的令人发指的残暴行径。他日渐不忍看到印第安人遭受苦难。虽然他是少数为印第安人发声的传教士之一，但不是唯一一个。巴托洛梅主要受到了安东尼奥·蒙特西诺斯和弗朗西斯科·维多利亚等人的著作的影响。作为提出国际法和人权法的先行者写道：每个人都带着天赋的权利降临于世，每个人都是上帝的创造物，即使是并没有皈依受洗的人类。天赋人权在今天来讲是常识，在当时却并非如此。

巴托洛梅想要阻止自己的同胞继续奴役印第安人。他依然秉持教化印第安人的目标，并不采取强制措施。但是如何才能以上帝的名义阻止征服者们灭绝人性的行为？他是这样做的：当他的庄园范围内的信众为倾听他的传道聚集在教堂时，他大声斥责并警告信众，谁要是继续轻视、殴打、折磨甚至杀害印第安人，谁的忏悔就不再被接受，并从此不再会被宽恕，死后身陷炼狱。

这对于虔诚的天主教徒来说可是真正的威胁。除此之外，巴托洛梅还采取了更多行动。他甚至写信给西班牙国王卡洛斯一世陈述在西班牙殖民地发生的一切，大胆揭露弗朗西斯科·皮萨罗等霸道征服者的可耻罪行。卡洛斯一世之后成为神圣罗马帝国皇帝，史称查理五世。

皮萨罗将统治南美大片土地的印加国国王阿塔瓦尔帕囚禁了起来，向印加人索要巨额赎金，据说他要求用黄金、白银填满多间屋子。然而在阿塔瓦尔帕满足了他的要求后，皮萨罗不仅没有释放他，反而下令将其杀害。皮萨罗和其他征服者效仿科尔特斯对阿兹特克犯下的罪行，联手摧毁了印加帝国。在这般大肆破坏后，皮萨罗开始对秘鲁和其他地区实行殖民统治。

成为征服者就是招揽声望、获取暴利的捷径。巴托洛梅孜孜不倦地向卡洛斯一世及其政府官员报告，西班牙人是如何猖獗地在新大陆为非作歹的。他讲述道：“一个西班牙人企图强奸一位印第安女性，遭到反抗后，他便将她拖到一间茅草屋里，点燃茅草屋活活烧死她。”

巴托洛梅的行动终于起到了作用。1542 年 11 月，卡洛斯一世颁布了关于美洲殖民地的新法规，其中规定禁止奴役印第安人。然而事实上这些法规在遥远的美洲当地并没有得到真正实施。这也代表，巴托洛梅为印第安人争取权利的斗争仍将继续。

之后他发表了著作《西印度毁灭述略》。同亚美利哥·韦斯普奇在《新大陆》中提到的一样，巴托洛梅也首先描写了印第安人的所有美好特征。他写道：“他们都秉性温顺平和，有耐力，喜欢安静，从来不争不吵。”他还赞美印第安人“绝非贪婪的民族，而且非常好学，乐于接受外来的优秀事物，因此完全有能力理解我们的宗教信仰”。接下来这位传教士自然还详细描述了，征服者们是如何残忍对待印第安人的。他这样总结西班牙人的暴行：“过去的 40 年来，并且直至今日，除了如禽兽般地折磨、压迫、蹂躏印第安人，对其施以酷刑，他们再没干过其他事情。”

巴托洛梅书中揭露的真相最终引起一些人的反思，然而是其他现实的因素让印第安人的生存状况渐渐有了些许改善。印第安人被奴役的情况确实变少了，因为他们被强制送到工作环境极其恶劣的种植园或金矿，很多人死于非人的工作强度和疾病。为保护劳力，殖民者不再随心所欲地残暴对待他们。

虽然针对印第安人的血腥暴行有所减少，另一种形式的剥削出现了：奴隶贸易。殖民者在非洲购买黑人，将他们送到美洲，强迫他们在极端恶劣的环境下像牲口一般工作。

因此所谓的“三角贸易”便诞生了，即在欧洲、非洲和美洲三大洲之间呈三角形的贸易航线：殖民者在西非海岸从当地或欧洲黑奴贩子手里购买大批黑人，或者自己干拐卖勾当，然后非洲人被运往美洲，被强迫在金矿和甘蔗、烟草、咖啡或可可豆种植园工作，奴隶贸易换取的原料和黄金被运回欧洲出售。

长此以往，各大洲通过贸易互相交换了其他货物。欧洲的马、牛和橙子到达美洲，反过来西红柿、马铃薯和玉米被送往欧洲，世界市场被打开。越来越多的欧洲海上强国在全世界各地进行殖民：中美洲和南美洲被西班牙和葡萄牙占领，法国、荷兰和英国在北非建立殖民地。殖民国家之间的领地争端因此无法避免，这预示着随后战争的爆发，但最初冲突和袭击还仅限于较小规模。

殖民国家间的相互袭击也会发生在海上，并且是有组织的，即所谓的“海盗行为”，海盗行为是经国家允许并受其支持的。臭名昭著的海盗之一是英国私掠船长弗朗西斯·德雷克，他出身农民家庭，后被英国女王伊丽莎白一世封为海军中将，深得后者信任。有了女王的许可，他便可以劫掠其他殖民国家船只，事后得将一部分战利品上交国家。

被殖民的和锁国的

殖民活动一般由某位冒险家、国家或企业发起。1600 年，一群商人在英国建立不列颠东印度公司。每个手里有闲钱的人都可以购买该公司的股份，募集来的钱用以购置船舰，招募海员。东印度公司还设计了专属的旗帜和徽章，俨然一个独立的国家。随后舰队便扬帆起航，到各地开拓殖民地，大肆掠夺。东印度公司根据地在印度，这里说的自然是真正位于亚洲的印度。

在印度，欧洲殖民者往往和当地的贵族联合。举例来讲，一些贵族拥有自己的茶园，由于劳动力廉价，茶叶得以以低廉的价格供应给东印度公司，再经由东印度公司高价转卖到欧洲和美洲，利润自然非常可观。从某些方面来讲，东印度公司就是今天跨国公司和股份公司的原型。

这样的贸易活动经常伴随着暴力冲突。殖民者以佣兵部队威慑印度当地贵族，一旦他们不肯乖乖听话，就会被攻击，这引发了众多武装冲突。

英国人在印度的殖民行动，并不像征服者在美洲那般残忍可怕，他们不会逼迫印度人归顺天主教，但是本质上大多数印度人仍然处于压迫统治中。他们必须为英国人当牛做马，学习英语，根据欧洲殖民者的要求安排自己的生活。当地人民的暴动反抗往往遭到东印度公司的佣兵部队或是英国军队镇压。比如 1857 年在印度土兵兵变这一时期，英国作为世界殖民霸主出面干涉印度的事务。为了强调自己的霸主地位，英国女王维多利亚在不久之后被冠上“印度女皇”的头衔。

除了英国和西班牙，在亚洲还有葡萄牙、荷兰和法国的殖民势力：印度尼西亚和菲律宾完全被殖民者占领。菲律宾甚至得名于殖民者：一个征服者以王子菲利普之名命名这个亚洲群岛。亚洲大半的土地渐渐沦为殖民地，只有两个大国——中国和日本例外，它们以自己的方式抵抗。

欧洲人一直与日本有着贸易往来，其中以荷兰人为主。但是在 17 世纪，日本开始实施闭关锁国政策，共持续约 250 年之久。日本人不许出境，外国人也不可以进来，只有少部分的荷兰和中国商人例外。这一决定来自征夷大将军，即德川家康家族的首领。他们希望限制外国人及天主教势力在日本本土的影响力。此外，也是为了遏制其他日本家族通过对外贸易积累财富。

中国同样将自己与世界隔离。中国人绝不愿像印度人一样任由英国人压榨，而且中国人也没有根本理由让欧洲人进入自己的国家。中国人这样问自己，有什么理由应该和这些粗俗无礼的洋人打交道？中国曾是世界上最大的国家，数百年来在文化和科技上领先欧洲。中国人的发明创造让欧洲人相形见绌，比如活字印刷术、造纸术、纸币、指南针和火药。中国人不需要外国货物，他们完全能自给自足。反倒是欧洲人要从中国人手里购买丝绸和瓷器等，这些是当时西方还无法制造的奢侈品。

在许多中国人眼中，欧洲人是粗鲁且无教养的。18 世纪乾隆在写给当时的英国国王的信中表示，我并不需要你们的货物，我们疆域辽阔，物产丰饶，自给自足，因此我们并没有和外来夷蛮开展贸易的需求，但是你们欧洲人视为必需品的中国茶叶、丝绸和瓷器，我们会允许继续在广东限量交易。

中国人和日本人在欧洲人面前展现着优越感，抱着怀疑的态度冷眼旁观。与美洲大陆上的原住民和印度人不同，直到 19 世纪，中日都拒绝与欧洲蛮夷往来。

第 16 章　太阳王的阴影

法国专制统治的辉煌景象是虚幻的，因为其伴随着不计其数的战争以及人民的痛苦。1688 年，英国爆发革命，为的是争取更多自由和公民权利。除此之外，科技方面也大有进步。

在巴黎西边 20 千米处坐落着一座宫殿，其规模和奢华程度让欧洲其他宫殿望尘莫及。由门廊组成的赭色立面延伸开来总共约 500 米。进入宫殿内部，映入眼帘的是众多高达 10 米的圆柱以及长 70 米的回廊。数百间房间的墙壁和天花板上都绘有各类画作，有时还会装饰上几米宽的镜子和金色的图案花纹。走廊里摆放着形态优美的女性雕塑，她们高举着多头烛台。整个宫殿以巴洛克风格建造，也就是说，建筑立面呈左右对称排列，从中心到左右两边的建筑距离完全一致。一侧设有一个独立歌剧院，另一侧则是为居住者设计的小教堂。

宫殿整体自成体系。围绕着中心建筑的公园里种有被修剪成几何形状的绿植，其间伫立着艺术造型的树篱、大理石雕塑和不计其数的喷泉。公园和宫殿共同组成一个与世隔离的幻想世界。300 年前在这个世界里住着法国国王路易十四和他的侍从。路易十四也被称为“太阳王”，他极尽奢华的生活方式，在欧洲统治者中前无古人后无来者。

这位国王有一些怪异的习惯。其中一个怪癖是他将整套起床流程当作一场仪式，在众目睽睽下举行。如此场面在法语里被称作“lever”，意为“起床”或“晨起仪式”，“lever du soleil”即是指“日出”。国王的起床仪式又被分为大晨起仪式和小晨起仪式。早上 8 点，小晨起仪式开始，出席的有贵族廷臣、贴身仆人、随行医生、皇室成员们，或许还有国王最受宠的一个情妇。

他们会一起观看仆人们如何服侍路易十四刮胡子。贴身仆人最后会用兑了醋的水小心地擦拭国王的脸和手。总的来讲，这位国王在盥洗这方面非常节省，很久才会洗一次全身浴。这一做法在当时是很普遍的，大多数人认为，洗澡是一件没有必要的事，甚至被看作是不健康的，因为洗澡会让皮肤变得更易被细菌入侵。可想而知，当时的人们比现在难闻很多。体臭甚至被很多人认为是有魅力的，因为可以给人留下强烈的印象。国王尤其臭烘烘，口臭也十分严重，因为他长着一口坏牙。

另外路易十四的宫殿从许多方面来讲都符合一句俗语：金玉其外，败絮其中。在小晨起仪式后紧接着的是 8 点半开始的大晨起仪式，数百廷臣先后进入。在路易十四享用早餐、品尝肉汤、整理仪容时，他们就站在一旁。整个过程可比一场好戏。仪式中谁能在什么时间向国王发言和阿谀讨好，都是有严格规定的。同样精准计划好的还有，贵族侍候时应怎样将国王的睡衣脱下，再递给他干净的、事先焐热的衣服，然后帮助他快速穿衣。在晨起仪式上还需要给国王戴上浓密的假发。

这位统治者是如此强大，他的时间又是如此宝贵，以致他有时候在与臣民会面时解决生理问题。他就坐在坐便椅上，法语称之为“chaise de commodité”，即方便之椅。外观就是一个有扶手靠背的椅子，椅面中间留有一个洞，洞的正下方摆着一个桶。路易十四一边和廷臣交谈，一边坐在上面拉屎撒尿。

我们不得不说，17 世纪的人们在个人卫生方面普遍不太敏感。冲水马桶还没有被发明出来，穷人就在房屋后、灌木丛里或直接在大街上方便。有钱人的状况也不会好太多。因为贵族女性往往穿着多层长裙和紧身胸衣，因此用夜壶和坐厕对她们来说都很困难。为方便如厕，她们不穿内裤，想上厕所时，只需要把长裙聚拢抱起，然后直接就地解决，随从再来擦地收拾。这样一来，不只是大街上，连室内都臭气熏天。甚至在凡尔赛宫，人们有时也直接偷偷在长廊里或躲在一座镀金雕像后小便。

即便如此，国王路易十四过着种种奢华的生活，却做出这般公开展示生理需求的行为，这对我们来讲仍是荒诞可笑的。让众人观看他如何上厕所、穿衣、刮胡子，这到底有什么意义？这不过是彰显他就是一个专制国王，就是说，他控制一切，拥有绝对且不受限制的权力。也就是说，任何事都得以服务他为目的。他必须永远处于中心，无所不在，拥有绝对权威，闪耀于众人之上，所以他自称“太阳王”。已然清楚，即使是晨起仪式和公开如厕这样本身庸俗至极的日常生活，但只要是来自这位太阳王，就应该获得臣民的关注甚至是赞美。

为路易十四的个人表演打造的舞台，就是前文提及的凡尔赛宫。这座代表性的建筑在路易十四时期拥有上千住户，主要是贵族和他们的仆人、侍女、医生和贴身侍卫，贵族都是国王从全法国号令召集起来的伯爵和男爵。

但路易十四的行为并不是出于兴致。他将这些贵族召集到自己身边，为的是能更好地控制他们。他想要以此来阻碍他们在巴黎或自己的领地密谋造反。为了使贵族无心政治，他举办盛大的庆典，准备酒筵、烟火，组织戏剧表演、音乐活动。这些狂欢应该教会人们，一切需求都可得到满足，国王总是无处不在，决定和影响一切。

17世纪时路易十四实施绝对统治，蛮横自大，但人们起初并没有反对。因为在17世纪最后几十年里，新教徒和天主教徒间的残杀和战争造成了巨大的破坏。在这种情况下，国王的绝对控制至少保障了安全和平静。“朕即国家”就出自路易十四之口。这一名言不对，却符合那个时代。臣民必须相信，国王掌握一切并代表着完美的社会。

1642—1715 年，这位“太阳王”掌权，在位时间长达 72 年之久，比任何一位大国统治者的时间都长。他 5 岁登基为王时还是孩子，由首相儒勒·马扎然掌管国家事务。财政大臣让-巴普蒂斯特·柯尔贝尔重建了法国的经济结构。衣服、家具、挂毯或马车等产品不再仅限在手工业者的小作坊制作，也能在所谓的手工业工厂里生产。手工业工厂的特点在于，在整个生产过程中，每个工人分工合作。比如一个人打磨建造马车需要的木材，另一些工人负责刷漆，然后再由其他人组装钉牢，如此重复循环。

手工业因此加快了生产速度，提高了生产效率。手工业工厂是机器工厂的前身。路易十四的顾问和官员不仅升级了生产过程，还将商品输出到国外，这十分新颖。同时他们还降低对出口货物的税收，提高进口货物的关税，这样流入国内的钱就比流出的多。整个体系被称为重商主义体系。从中赚取的收入被用来负担国王穷奢极欲的宫廷生活，维持庞大的公职体系，建设国家基础设施：路易十四下令修路、开凿运河。这时法国还拥有常备陆军，就是说，士兵不再只是在危急时被征集，而是住在兵营里，随时准备听令调遣，征战沙场。

常备陆军对于经常开战的路易十四来讲是必须的。出征不需要特别理由，只为占领土地和扩大权力。除此之外，他认为战争是令人振奋的，这正是他攻打西班牙和荷兰的原因。有时候路易十四会在战争进行中顺带旅行，带着一大帮随行人员，包括仆人、画家、诗人。为娱乐自己，他在军营里让大家朗诵诗歌。与此同时，他的士兵们在不远的战场上折磨和屠杀对方的平民。他并不关心战争本身，即使他自己根本不上战场，却让战争以画作、挂毯和硬币的形式被永存下来。其实连他昂贵的高跟鞋也应被记录为小型画作，以此来展现他的军事“成就”：因为他喜欢舞蹈，便下令以芭蕾舞演绎战争。

维持战争和奢侈生活自然少不了花钱，所以路易十四提高了各项税收。

如果说他的统治在一开始带来了社会的稳定和富足，那么渐渐好景不再，人民大众苦不堪言。宫廷生活却越发考究，这甚至体现在用语上：当宫廷妇女想喝杯水时，会说，“我愿意现在享受一次内心的沐浴”。

即便如此，在很长一段时间里，路易十四仍被视作杰出的君主，欧洲的众多诸侯和国王以他为榜样。你可能惊讶于此，但这是有原因的。一方面，他制定了规范，并带给人民安全感；另一方面，他的奢侈作风让许多人印象深刻。包括凡尔赛宫在内，这位“太阳王”的宫廷建筑风格在欧洲引领潮流，语言也一样。直到 19 世纪，不管是慕尼黑还是圣彼得堡的王室仍在使用法语或是在本地语中穿插着各种法语用词，这些人想以此塑造尊贵、富有涵养且引领时代的形象。

王冠下的长袜子皮皮

在 17 世纪的欧洲，一些王室崇拜路易十四的专制统治，然而真正具有进步意义的发展却出现在另一些王室，而且拥有完全有别于太阳王式的威严高贵。

尤其与众不同的是瑞典的克里斯蒂娜女王。这位女性拥有坐落在斯堪的纳维亚半岛强国的王位继承权，与路易十四生活在同时期。虽远没有他的巨大影响力，但她以自己的方式留给人们独特的印象：她就是君王身份掩盖下的长袜子皮皮。

克里斯蒂娜有着非常低沉粗犷的嗓音，行为举止豪放不羁。她会穿男式鞋、男式外套，从来不梳头发。做一位精致漂亮的女士并不是她的理想。她这样描述自己：“我反感一切在女性卧室进行的、谈论的事情。我也无法忍受她们那些紧身烦琐的长裙。我不关心我的肤色、身材或是我看起来如何。除了高尚的品行和得当的举止，我蔑视一切所谓的属于我性别的特征。

我觉得长裙不堪忍受，我只愿穿着短裙。”

克里斯蒂娜不喜欢奢侈生活。她不想结婚，不想生下王位继承人，梦想过单身汉般的自在生活。她被加冕成为瑞典女王，后来却选择退位，她在欧洲许多城市居住过，所到之处她都用自己作为皇室成员拥有的财产推动文化活动。罗马第一个公共剧院就是她资助修建的。

克里斯蒂娜游历欧洲时，正是欧洲动荡不安的时期。1648年，她20岁时，三十年战争刚刚结束。除了三十年战争，在这一年结束的还有八十年战争，这是信仰新教的荷兰人民发起的战争，他们的目的是从西班牙统治下重新夺回自主权。战争的重要原因之一是他们不愿再缴纳沉重的赋税。

在漫长的解放战争中，荷兰人民坚持到最后，赶走了西班牙人。战后他们获得了佛兰德（今比利时）的统治权。荷兰人成立了尼德兰联省共和国，这个共和国由商人建立并执掌大权。商人组建地方和城市议会，在会上争论和商讨事务，就像在小型的国家议会上一样。

17世纪，荷兰也建立了一个与不列颠东印度公司类似的早期股份公司，这个公司和来自全世界的生产商进行贸易。荷兰人最重要的产品是艺术。富有的城市邀请伦勃朗和弗兰斯·哈尔斯等艺术家作画，再在这些画上印上该城市议会的标志。画作的内容经常是团体像，这表示，所有议会成员原则上拥有平等权利。静物画也开始流行，如昂贵的餐具上摆着丰盛的食物——水果、奶酪、火腿和海鲜，再配以盛在晶莹透亮的酒杯中的红酒。富裕的商人借着这样的油画表明自己的生意运转红火。

这一商品交易和艺术领域都繁荣发展的时期被称为“荷兰黄金时代”，经济得以繁荣发展，但是繁忙兴旺的贸易偶尔也会出现问题。1637年，一种本身无害且美丽动人的花卉——郁金香——引发了一场巨大的骚乱。

郁金香原本产自东方，荷兰富人圈开始流行拥有这种异国花卉，郁金香爱好者协会应运而生。它浓烈饱满的花瓣色彩在当时的欧洲独一无二。人人都想拥有郁金香，特别是那些带有精致花纹的品种。郁金香的价格一涨再涨，一些商人在种子和球根上投入大量资金。

在当时，某些郁金香球根价值等同于一整车粮食、几头公牛、上千升啤酒和高级衣物。更不知什么时候开始，一株名贵的郁金香身价已堪比一个手工业者一年的收入。越来越多的投机分子进入市场，高价收购郁金香，然后获得注明郁金香球根数量的票据。由于郁金香的需求量非常大，人们可以在拿到货品前甚至在球根还没栽培前，以更高的价格转卖票据。这样的票据就相当于我们今天的股票，也同样在固定的交易所进行交易。今天全世界的股票通过金融中心的计算机系统就可以任意流通，当时人们则拿着票据到酒店进行交易。

1637 年 2 月，价格突然暴跌。发生了什么？太多人抱着能够赚得一笔的希望购买郁金香票据，直到到达一个临界点，没有人再对此感兴趣。许多人恍然大悟，这到底是多么疯狂，竟然在花上投入这么多钱。花固然美丽，却很快凋谢，实质上并没有实用性和真正的价值。许多人开始甩卖票据，以挽回损失。这就造成市场上郁金香球根供大于求，找不到买家，价格跌入谷底。

一个很严重的问题在于，不少荷兰人投资在郁金香上的钱是借贷来的，他们必须支付利息。有些人为了拿到贷款抵押了自己的房子，就如今天许多人一样，是负债投资。要是不能还清贷款，就会失去房子。许多郁金香投机分子因此破产，甚至失去房子。

我们现在定义发生在 17 世纪的这起事件为经济泡沫，资产价值就如泡沫一样破裂，迅速下跌，最终导致破产。郁金香危机是世界历史上最早出现的大型经济泡沫事件。因为许多人都将自己与郁金香的收益绑定，完全不顾隐藏的风险，这一事件也被称为“郁金香狂热”。这次危机带来的教训和警示意义重大。因为这是违背市场基本原则的，如同后来的楼市和金融危机，大量民众在其中失去财富。

除了像“郁金香狂热”这样的倒退，荷兰的经济总体发展良好。一些经济创新，如贸易繁荣和股份公司的建立都是其他国家的榜样。

17 世纪不只在经济方面，在政治方面同样有对后世意义重大的进步。其中最重要的就是 1688 年在英国发生的光荣革命。其过程曲折，跌宕起伏。

17 世纪上半叶，英国先后由詹姆士一世和他的儿子查理一世统治。他们不像法国的“太阳王”一样实行专制统治。即使如此，他们同样自大嚣张，招致臣民不满和愤怒。自 14 世纪在伦敦就有了议会，除了贵族人士，出身市民阶层的商人也能加入——早在 1215 年，贵族就曾抗议过此事。相关文献规定，国王只能在贵族同意的前提下提高赋税。英国国王的权力以前是受到限制的，然而在 17 世纪查理一世却打破了这一传统。他下令议会不能再参与决议。他还娶了一位法国天主教徒，法国以前可是英国的敌对国家。他就这样将自己置于信仰新教的广大英国人民的对立面。

1642 年，不满的议会成员招募士兵，并打响了与国王的军队对抗的英国内战。议会军的领袖是奥利弗·克伦威尔，一位极其虔诚的新教徒，也就是所谓的禁欲者。他带领议会赢得了内战，并做出了闻所未闻的决定：于 1649 年 1 月 30 日公开处决英国国王查理一世。这是西方历史上头一次，人民处决自己的君王。这是相当令人震惊的事，因为在当时朝臣、民众可是将他们的君王视为上帝一般的存在。

国王查理一世被斩首后，英国成为共和制国家，整个体制就类似于皇帝奥古斯都统治下的古罗马帝国。虽然表面上英国是共和制国家，但是根本上是克伦威尔独掌大权，因为他手握最强大的军队。他建立了一种军事独裁制度。可笑的是，在他死后，斯图亚特家族复辟，其男人们又重新掌握大权。首先是查理二世，接着是詹姆斯二世。在克伦威尔的铁血政策的对比之下，他们的统治对于民众而言显得就没那么糟糕。

然而在 1688 年，议会内仍然再次爆发了反对君主政体的运动。为了彻底废除国王，这次国会人员设想了一些特别的行动。因为他们不希望再出现像克伦威尔一样专制的革命领袖，便邀请荷兰执政奥兰治的威廉三世入主英国。威廉虽在荷兰长大，但他的母亲是一位英国公主。在荷兰他早已熟悉共和自由政体。收到邀请后他率领军队渡海抵达英国。接下来因为彼时的英国国王詹姆斯二世并不想落得和他的前任查理一世一样被送上断头台的结局，决定投降弃城。就这样荷兰君王威廉加冕成为新任英国国王。然而他必须做到尊重议会，与之合作执政。他几乎可以算是英国人民聘用的国王。

英国议会的权力得到扩大，并以法案的形式确定下来，即《权利法案》，这在当时是非同寻常的。《权利法案》明确声明，议会有权驳回国王的法律提案；如需调查议员，必须先在议会内得到投票同意。《权利法案》保障了司法独立。虽然英国仍保留君主制，但是议会在国家事务上拥有话语权。通过《权利法案》，国王和王后的权力受到约束限制。最终英国宪法确立英国国家政体为君主立宪制。

这一政体形式是历史上的一个重大突破，是经由光荣革命争取而来的。这一革命并没有经历流血，因而不同于后来的法国大革命（这一革命会在后面的篇章中提到）。但是在之后持续很长一段时间内只有不到 5% 的民众拥有选举权，也就是仅限于最富有的英国人，议会里也只有贵族和富人的身影。但是在一个欧洲大部分国家都还处于专制君王统治下的时代里，这绝对是民主方面的重大进步。

除了在政治方面，17 世纪在科技方面也取得了相当成就。我们已经看到，一个世纪以前像达·芬奇和哥白尼在有关自然、行星和人类的领域产生了许多新的认知。他们摆脱老旧的宗教束缚，代之选择相信自己的观察，在实验中验证真知。相信科学的趋势继续发展，同时也加入了一些新气象：科学家们用更精准的仪器、测量工具、天平以及配有先进精准镜片的望远镜。以此他们总是考量各种细节，进行实验，做出准确的估计。这样科学家就可以最终证实，前人仅凭观察得出的猜测是否正确。这样做的科学家有伽利略、莱布尼茨和牛顿。他们做的甚至更进一步：以各项测量和猜测为基础提炼出自然规律。其中一个最著名的自然规律，就是牛顿提出的万有引力定律。

然而新的认知和自然规律往往引起对世界、对生命的讨论。如果存在不可动摇的自然定律，那是不是连上帝本身也服从于此，还是说万能的上帝凌驾于一切规则之上？科学家和哲学家越来越频繁地提出这样的问题。数学家、哲学家莱布尼茨甚至提出这样的疑问：如果上帝能控制万物，为什么他不将人世的罪恶与不幸都消除？比如战争、犯罪、事故和地震这样的自然灾害。莱布尼茨自己的回答是，这个世界是所有可能的世界中最好的世界。这应该如何理解？就是说，莱布尼茨认为，在极端困难的状况下，上帝也束手无策。

基于这样的情况，当时的人们开始怀疑上帝并非万能的，但没人认为上帝不存在。宗教被视为人们感受幸福和维护所有美好品德的基础原则，这一信念在 18 世纪有一点改变。

第 17 章　身着男装的女人

启蒙运动时期带来了 18 世纪嚣张的行为、社会网络和崭新的自由思想。

1766 年 12 月，法国航船“恒星号”驶向南太平洋，全体船员都对一位名叫让·巴雷的同行者感到惊讶。他和植物学家菲利贝尔·肯默生一同登上航船，开始长达数月的环球之旅。让·巴雷是肯默生的助手，辅助他在南美的原始森林、马达加斯加和南太平洋的岛屿上研究各种热带动植物。他们还收集岩石标本，比对、研究再进行分类。让·巴雷擅长整理归类，肯默生对助手的能力十分满意。只是令人惊讶的是，这位助手有着相当清亮的嗓音，他的皮肤也比一般男性的光滑。这也难怪，因为她本来就是一个女人。让原名让娜，她把自己的名字男性化，穿着衬衣、裤子和夹克，而不是裙子。

为什么让娜要女扮男装呢？为什么宁愿违反当时女性不能穿裤子的规定也要将裙子换成裤子呢？原因说来也简单：让娜本是肯默生的女管家，她希望能陪同肯默生旅行，无奈当时禁止女性登上探险航船。为了实现自己的愿望，她假扮成男人登上航船。让娜·巴雷是世界上第一位环球旅行的女性，在斐迪南·麦哲伦的航海队伍完成环球探险的 250 年后。

让娜·巴雷并不是唯一一位曾女扮男装的女性，相似的故事曾多次上演。凯特琳娜·林克就同样乔装成男人，在众多德国侯爵领地当兵领薪水。美国的黛博拉·桑普森甚至为了能上战场，披上戎装。其中最负盛名的要属安妮·伯尼和玛丽·里德这组拍档。她们想同让娜·巴雷一样航海旅行，不同的是她们登上的是海盗船。

其实女性假扮男性，和船员长期朝夕相处，迟早会被拆穿，即使她们束胸、剪短头发，或是把头发藏在帽子下。要是被发现了，可能就会招致残酷的惩罚或是男人们的非礼。如果她们肯辛苦工作，有时候男人们也会接纳她们。这些女人不愿平白无故受惠于人，她们只是渴望像男人们一样，做植物学家、数学家、裁缝、士兵或海盗，但这些职业都是被官方禁止女性从事的。

那为何女性偏偏在18世纪开始着男装？这就与当时最新的发展思潮——启蒙运动有关。启蒙运动从根本上表达，不能只因千百年来都是如此，就一味服从传统和权威，不应再盲从，人们应该更独立地思考，相信理性和自身的判断能力，从而找到全新的道路。这种信念放在现在或许司空见惯，在当时却并不容易。因此当时最著名的德国哲学家伊曼努尔·康德必须细致到毫分缕析的地步去解释，何谓启蒙。他写道："启蒙就是突破人类自我导致的不成熟。"不成熟是一种无能，使人无法在无人领导的情况下自发行动。不成熟并非是因为缺少理解力，而是缺少决心和勇气进行自主行动。所以"鼓起勇气吧！按照自己的理解行动"，正是启蒙运动的箴言。

这是一个理想化的观点。然而问题在于，许多人不会学着去拥有自由意志和理解力，至于他们勇敢与否，也并没有意义。当时大部分民众都是无人身自由的农民和用人。很早开始他们就被一直灌输"应一切听命于贵族和教权，对其不加质疑"的观念。他们也根本没有机会，接触像伊曼努尔·康德所著的有关启蒙哲学的书籍。民众手里没有书籍，反正他们也不识字。

那么按照启蒙思想支持者的观点，每个人都享有受教育的权利，不论是农民还是伯爵、男人还是女人。如何实现？第一个尝试就是所谓的沙龙。

这些沙龙大多由富裕的女性在自己的行宫内举办，人们聚在一起，利用享受咖啡或红酒的时间。人们坐在设计精美的沙发上，倾听一段简短的朗读吟诵，或是一场四重奏表演。这之后便可以畅所欲言。有些沙龙就像是非正式的私立大学，在那里当时不被允许进入大学的女性可以掌握知识，交流讨论。

但是穷人、农民和用人并没有这些沙龙的入场券。他们还有另外一个小机会，在沙龙以外的场所接触新兴思想和社会突破。在启蒙运动时期，众多报社相继成立。第一批报纸流通于 17 世纪，并在接下来的百年间不断发展成我们今天所称的公共媒体。这表明，理论上大众能获取有关政治、科学和文化领域的相当信息量。

身为作家和启蒙思想家的德尼 · 狄德罗为人们提供了一种相当有趣的读物。自 1751 年起，他陆续发表了 28 卷《科学、美术与工艺百科全书》（下称“《百科全书》”）。百科全书就是一种对单个词目和主题有着更为全面释义的辞典。狄德罗的《百科全书》提供包括哲学、政治、科学和手工业领域的知识。除了本身知识渊博的读者以外，他竭力让受教育程度较低的读者也能理解他对事物的描述。

在某种意义上，《百科全书》就如同今天的维基百科，因为这套书是狄德罗和其他大约 200 名作者合作而成的。有些条目并未完成，狄德罗对此毫不讳言，但他认为，这总比完全空白强。另外读者能受鼓励一起来思考。《百科全书》收集了 71 818 篇释义，数量上自然远不及维基百科，但两者之间还存在着更为重要的区别：维基百科对于全世界的人们都是可快速获取的，而且多半是免费的。但是《百科全书》可得花钱，而且价格不菲，相当于一位手工业者一年的收入。尽管如此，《百科全书》的确是为传播知识和信息迈出的第一步。17 世纪末，算上非法秘密复制的盗版，大约有 25 000 册被传阅于世。

《百科全书》还有一个特点，作者直抒个人观点。例如“日工”这一词条是这样写的：“日工是指每日领工资的劳动人民。这类人组成了一个国家最广泛的基础，一个好的政府应当深切关注他们的命运。日工不幸，国家也是不幸的。”由此可以看出，《百科全书》并非只是像一般辞典一样给出定义，而是批判性地表明意见，按日拿工资的这类工人的存在对个体以及社会的意义是什么。读者就会对此进行思考：这么多人只能当日工，每日毫无保障地为赚取微薄收入如牛马一样地做苦工。这是否公平？这是否有利于整个国家？

《百科全书》呼吁废除奴隶制和摒弃殖民主义。这一切都是与统治阶层，即国王和贵族的利益背道而驰的。当时启蒙思想家的文章在发表前都必须经过一个机关的审核，某些文章根本无法面世。而《百科全书》是一种较好的折中办法：有时会被审核机关禁止出售，过阵子又解禁。有时候即使是被官方禁止，审核机关也同意出版发售。为什么？因为审核机关的主管也受启蒙运动思想的影响。

总的来说，人们对《百科全书》的内容非常感兴趣，他们确实想要学些新的东西。当时走街串巷兜售历史丛书和宗教圣像的小贩，时常会在篮子底下藏几本违禁书籍。一些在当时社会被看作是无耻的、亵渎神明的文章可能会给作家带来牢狱之灾，甚至是杀身之祸。曾负责处决犯人的刽子手也遵循机关的命令，在市政府广场上公开撕毁或是焚烧禁书。从中可以看出，比起今天，当时书籍更被看重。一些文字被视为对公众纪律的毒害，如同赃物。

启蒙运动中最著名，也最积极与审查斗争的一位作家便是弗朗索瓦－玛利·阿鲁埃。他自称“伏尔泰”，抨击譬如奴隶制度以及残忍迫害异教徒的宗教法庭。伏尔泰的战斗口号是“消灭败类”，他所说的“败类”指的是天主教会、罗马教皇以及压迫和判决众多人民的神职人员，或者就是利用手里的教条和威权逼迫人民进行所谓的赎罪行为的丧失良知的人。

伏尔泰并不只是提出批评，他也赞美，比如对英国。那里的人们经历 1688 年光荣革命，获得了比法国更大的自由。如伏尔泰所言，在英国，穷人们不需要缴纳高额的税款。“农民的脚不是穿着木鞋劳动而伤痕斑斑，他们吃的是白面包。”在当时白面包远远贵于黑面包，被看作美食。

伏尔泰极力为那些蒙受冤屈的人民发声。他描述法官如何威逼证人做假证，只是为了让判决符合自身或皇室的利益。伏尔泰从根本上质疑，国家统治者及高官们真的如一直所宣扬的那样有利于社会。他写道：“统治者，千百年来你方唱罢我登场，却通常都是穷凶极恶之辈。”这位启蒙思想家把赞美献给了科学家和医生，因为他们才是真正帮助人们的英雄。

由此在启蒙运动时期，一种新的英雄形式得以出场。伏尔泰自身就是许多人的英雄：用锋利的笔尖对抗不公的文字斗士。为了帮助那些最无助弱小的人民获得权利，伏尔泰全力以赴。那就是，帮助拯救那些被当权者、法官、主教、警察野蛮对待的人。虽然伏尔泰的外表并不像传统意义上的英雄，他苍白瘦小，但是他的文章使他广受尊重和敬畏。

不一样的统治者：开明专制

伏尔泰年轻时曾因讽刺宫廷入狱一年。他的父亲阿鲁埃和母亲均是贵族，因此在狱中，伏尔泰也得到了优待，当时社会地位较高的犯人普遍受到优待。他拥有自己的单间，可携带书籍和接待访客。后来他因为小说和剧作享有盛誉，这也为他在狱中的生活带来便利。警方也想避免在报纸上出现他们恶劣对待这位著名作家的消息。

伏尔泰有最好的通信网络。当时富人写信就如我们现在发送邮件、短信或是微信一般方便：信差会一天多次将信件送到收信人手中。伏尔泰在他的一生中大约寄出了两万封书信，而且并不包括给无名之辈的信件。他持续与最有影响力的人通信，其中包括蓬皮杜夫人——著名的法国国王路易十五的情妇。普鲁士国王腓特烈二世甚至特意去信邀请伏尔泰到他位于柏林附近的无忧宫做客。伏尔泰曾在那里住过一段时间。

一位反叛的启蒙思想家为什么可以下榻于普鲁士国王的宫殿？普鲁士东部的领主们十分看重纪律和严格的规则，然而正好是腓特烈二世，之后被称为腓特烈大帝的国王，想要塑造一个不一样的角色，一个臣民们所期望的普鲁士最高统治者的角色。他写诗，吹奏横笛。在还是王子时，他就不断尝试摆脱他父亲腓特烈·威廉一世对他严厉得近乎残酷的教育。腓特烈·威廉一世对他的儿子从小严格要求。3 岁的腓特烈被枪声吓到后，就被父亲强迫用真枪练习射击。当腓特烈 5 岁时，就必须像军官一样指挥一支由 500 多位男孩组成的军队，他本身对此极为厌恶。他必须像对待军人一般让这些男孩来回行军，多次呵斥他们。18 岁的腓特烈最终同一名朋友计划逃跑，逃往传闻里更温和自由的国家——法国，然而计划遭泄露。腓特烈的父亲不是白白被称为“士兵国王”的：他下令处决腓特烈的朋友，并强迫腓特烈在现场观看行刑。

这对腓特烈来说无疑是一次打击。在他继位后，他展现出与其父亲完全对立的治理模式。一方面他废除刑讯逼供，保障宗教自由，放松审查规定；另一方面他仍是一名专制主义君主，他的军事思想具有其家族和时代的特征。面对这样奇怪的对立，人们提出“开明专制”这一概念。这两者自然无法相互配合，当一个统治者实行专制统治，手握一切权力，终究不符合启蒙运动的精神。正如“开明专制”这一表达，那个时代就是这般矛盾。

虽然腓特烈二世怀有启蒙的理想，但仍毫无缘由地率部队进攻其他国家，比如奥地利。1756 年，在可能是历史上的第一次世界性的大型战争中，他起到了推动作用，那就是七年战争。众多国家均参与了这场战争，战火甚至遍布几大洲。在这场战争中，普鲁士与其同盟国英国，以及德意志邦国——汉诺威和黑森－卡塞尔伯国对抗奥地利、法国、俄罗斯帝国、瑞典、西班牙、萨克森及其他德意志邦国。由于其中一些参战国为殖民强国，战火从欧洲蔓延至美洲、非洲和印度。最终参战国签订一纸和约，大部分国家的领土如战前一样，只有英国取代其对手法国，获得在印度和美洲的绝对优势。

连开明专制的君主也为领土争斗不休，所以侵略战争如常进行。同样正常的事情就是，某个大家族统治整个国家和王国。前面提到的腓特烈二世就来自霍亨索伦王朝。他们在罗马神圣帝国这片疆域上最主要的竞争者是哈布斯堡王朝，该王朝也统治奥地利。在哈布斯堡王朝里，腓特烈二世的对手玛丽亚·特利莎出类拔萃。她同时是奥地利女大公和匈牙利女王，并与弗朗茨一世——神圣罗马帝国的皇帝结了婚。

就官方上来说是弗朗茨一世掌权。作为 16 个孩子的母亲，玛丽亚·特利莎本来就有足够多的事情要忙，可是她依然参与处理政务。她在婚姻中掌握着话语权。为加强教育，她兴办学校。1781 年她的儿子约瑟夫二世废除农奴制，解放了农奴。

18 世纪，欧洲众多国家都取得了一些小的发展，即使是俄国等落后的国家。叶卡捷琳娜大帝是推动俄国发展的力量。她的改革之路称得上是所有实施开明专制政策的欧洲君主中最冒险的。叶卡捷琳娜并不是在俄国出生的，她来自一个名叫安哈尔特－采尔布斯特的德意志王室。她原名叫索菲亚，14 岁时被父母送到了俄国，与 17 岁的王子卡尔·彼得完婚。自中世纪以来，这样的政治联姻非常普遍，为建立两国之间的联盟或增强原本的关系，执政家族互相结姻。这导致婚姻双方并不相爱，他们往往关系疏远甚至紧张。这位来自安哈尔特－采尔布斯特的年轻公主就遭遇了这样的事情。然而她咬紧牙关，学习俄语，改名为叶卡捷琳娜，其俄语发音与“索菲亚”相同。她和不满卡尔外交政策的俄国贵族一同密谋反对自己的丈夫。1762 年夏天，叶卡捷琳娜发动政变，囚禁了彼得。在彼得被不明不白暗杀之后，叶卡捷琳娜继承皇位，独掌政权。

叶卡捷琳娜实施了一些改革，极力推动教育和国家卫生方面的发展。她还请来英国医生托马斯·迪姆斯代尔，引进了预防天花的疫苗。

这有什么特别之处呢？因为这种疫苗当时还处于试验阶段，许多人都害怕接种疫苗。接种过程对于人们显得怪异而可怕。首先医生会轻轻划开接种人的皮肤，然后把传染病人携带的少量病原体涂抹到伤口上，这种少量感染可以帮助接种人慢慢建立起自身的免疫能力。之后爱德华·詹纳医生继续研发疫苗，一种从动物身上提取的天花病原体得到运用。这种形式的天花就是牛痘，对于人类没有危险，且同样能使人体对天花产生免疫。叶卡捷琳娜为鼓励人民，第一个接种疫苗。她为人类医学史上的这一重要发明做出了巨大贡献。

这位女沙皇在一些方面是开明进步的。她跟随其仰慕的彼得大帝的步伐，继续改革。彼得大帝早在 18 世纪初便致力于使俄国现代化。为发展经济，他积极兴办工厂，就如当时的法国一样。他打压教会的影响力。但是这位沙皇行事也相当残酷。他仓促下令迁都圣彼得堡，导致大量百姓死于意外、疾病或劳累。

彼得大帝想实现日常生活的现代化，于是他制定了一些古怪的规定，如留着传统大胡子的俄国男人应当交税。他想借着胡子赋税督促民众刮胡子，并在外表上与现代的西欧男人靠近，即使不蓄须在俄国男人看来是没有男子汉气概的。西欧在众多方面都是彼得大帝的效仿对象。他甚至亲自去了荷兰，只为在当地的造船厂学习现代的造船技术。据说他隐瞒自己的身份，假扮成普通的造船工人，这样能省去许多麻烦，他也才能专注积累实践经验。

叶卡捷琳娜同样以西欧社会为指导。她一直在资助上文提到的启蒙思想家狄德罗。说来也有趣，除了《百科全书》外，狄德罗还出版过如《八卦珠宝》这类的书，女性在书里谈论她们的忧虑和性取向。叶卡捷琳娜甚至把这位反叛的法国思想家邀请到自己的宫殿。她允许狄德罗每日穿着同样的黑色外套去拜见她，甚至不戴假发。他曾提出让俄国效仿英国实施君主立宪制的建议，这当然被女沙皇拒绝了。叶卡捷琳娜的开放态度仅限于医疗、教育和文化方面。贵族阶层若要逃避观看戏剧，就必须缴纳罚金。叶卡捷琳娜的开放还体现在她拥有情人。这在当时是前所未有的丑事，毕竟当时只有皇室的男性成员允许包养情妇。但是叶卡捷琳娜为自己争取与男性贵族同等的权利。也许正是因此，她喜欢穿男装。至少在化装舞会上她会穿上水手服，扮成水手。

从教育开始

在启蒙运动时期，越来越多的传统被挑战，人们要求更多的思想自由。启蒙思想家们希望人们能更加开放和诚实地展现自我的感受、隐藏的愿望、恐惧，甚至包括自己的弱点，这样人们就能学习如何互相理解。在长篇小说、诗歌和戏剧中都明确表达了这样的期望。启蒙运动中的著名作家包括莱辛、席勒和歌德。席勒和歌德的作品深受启蒙新思想影响。对自由表达的愿望同样体现在如海顿、莫扎特以及贝多芬等作曲家的音乐、歌剧、交响乐和奏鸣曲中。对此下文将有更多介绍。

如果我们了解，在当时，严格的行为规范和等级制度还处于主导地位，就能明白，这些新兴的自由思想是多么具有革命意义。一切变革从教育开始。当时父母常常像对待士兵那样对待孩子，孩子只需服从命令，父母与孩子间普遍不存在亲密的关系。许多城市居民把婴儿交给住在偏远乡下的奶妈，她们负责给孩子哺乳，并长期照料他们。一些奶妈会同时照顾多个婴儿，因此她们不可能很好地照顾每个婴儿，因此有些孩子营养不良，生病和夭折也是常事。

有钱人家的孩子由仆人、兼任保育员和家庭教师的保姆照顾。有些孩子会在 7 岁时被送到寄宿学校，寄宿学校大多由修女和修道士创办，他们践行着最严厉的教育标准和纪律。当学生影响课堂纪律或无法理解所学知识时，老师会痛打或嘲讽他们。然而这类学校体制在 18 世纪遭遇了越来越多的批评声音，其中包括卢梭和裴斯泰洛齐等教育家。

慈善家是新式教育的推动者，该词来源于希腊语，意即“人民的朋友”。他们创办的学校，不再要求孩子一味死记硬背。孩子们进行科学实验，在游戏中学习。作家、教育家卡尔·菲利普·莫里茨著有作品《新版字母入门》。书里以图片帮助人们学习字母，如同短篇漫画。介绍字母“e”的德文是“essig”（醋），配图是一个闭着嘴的小孩，台词是：“醋让嘴巴收缩紧闭。”对应字母“u”和“v”的德文分别是“uhr”（钟表）和“verstand”（智慧），注释为：“钟表虽然能正确指示时间，却是由人类的智慧创造的。”莫里茨想以此强调，孩子不应该像钟表一样机械地学习，而是应该利用智慧自由地思考，通过不同方式学习知识。

于是教育领域一点点取得进展。然而女性依旧几乎没有可能学习她们真正感兴趣的东西。她们不能进入大学，只有少数女性有在书中发表自己想法的机会。其中一位就是英国人玛丽·沃斯通克拉夫特。她从小就得靠自己，她的父母虽然经济上相对富裕，却只支持她的哥哥完成了学业。玛丽找到了另一条出路——她一位朋友的父母非常开明且十分友好，于是她常去他们家借书，这样她便能自学。

后来玛丽开设了一所女子学校，《女教论》这本书让她获得关注。这本书出版于 1792 年，是第一本呼吁女性自由和权利，倡导女性解放的书籍。此外玛丽还批评人们总教女孩玩洋娃娃，这导致女孩在打扮和行为上也模仿洋娃娃。玛丽同样反对，当男性探讨科技和政治问题时，女性只能在一旁耐心倾听，而不能发言。

在启蒙运动的影响下，作家们通过自己的著作为社会进步而斗争。在某种意义上，他们与前文提到的为了航海、科学考察而假扮男性的女性拥有相同目标。

第 18 章　难民、局外人和冒险家组成的世界强国

> 1776 年来自英国的移民成立了美利坚合众国，这是延续至今的世界上第一个现代民主国家。

1773 年 12 月 16 日，日落后，几个黑影趁着夜色偷偷潜入停靠在英属北美殖民地东海岸的波士顿港的一艘货船。他们设法进入了船内仓库，拖出 342 箱从英国运来的上好茶叶，然后将它们倒入海中。销毁货物的这群人戴着羽毛装饰，乔装成印第安人，但他们事实上并不是印第安人。

这是为什么？一个玩笑吗？一个提前的狂欢节活动？不是的。这起损毁货物的事件是当地白人们发起的一次象征性行动。从身份上来说他们是英国人，但其家族已经在英属北美殖民地生活了好几代，他们已经部分认为自己是新大陆的人了。

但伦敦政府仍然要求他们缴纳进口茶叶的进口税，这激怒了殖民地白人。他们认为，远在伦敦的议员完全无法代表他们的利益，在那里没有他们的议员代表。反英联合主义者的口号是：无代表，不纳税。如果不能将他们选举的代表送入议会，他们就不交税。英属北美殖民地与英国之间的关系从一开始就非常紧张。第一批移民早在 17 世纪就渡过大西洋，到达千里之外的新大陆定居。他们之中的一些人是宗教的少数派教徒，在英国曾因此遭受迫害和处罚。为了到达新大陆，他们不辞艰辛、不惧危险，战胜了风暴、疾病和饥饿。许多人曾是清教徒，即教规尤为严格的新教徒。第一批移民于 1620 年搭乘“五月花号”抵达英属北美殖民地。他们被称作朝圣先辈，因为他们寻找的是一片福泽之地。与朝圣者不同的是，他们想在

此定居，并按照他们严格的宗教思想和教条去生活。

但是在移民队伍中还有大量其他的群体。有些是单纯的冒险家，为在新大陆寻找幸福。还有贫苦人民，希冀新生活而踏上甲板。为了横穿大洋，他们还必须筹措经费，然后轻装上阵，开启旅程。所借款项只能在英属北美殖民地像奴隶一般做工偿还。有些移民是犯罪后潜逃，另外还有一些是想在美洲投资的人。新大陆的土地廉价，甚至唾手可得，为何不能像西班牙征服者在中南美洲那样，开垦发展种植园？

大多数的新移民从印第安人手里抢夺土地，这一行为持续近两个世纪。最残忍的一幕发生在 1890 年。12 月 29 日，美国一支军队在伤膝河附近对印第安人苏族的拉科塔人的一处定居点发起袭击，并屠杀了约 300 名手无寸铁的拉科塔人（包括妇女和儿童）。几千年来这片土地一直都属于原住民，然而殖民者不断对他们发动战争，最后北美的印第安人几乎被灭绝。

然而白人之间的争斗也同样从未消停。他们拥有不同的文化背景，最重要的是财富上存在差距。一些殖民者住着宽敞的庄园，拥有许多仆人。另一些却蜗居在茅舍或帐篷中，衣衫褴褛。贫富阶层的矛盾不断升级，最终导致巷战，造成伤亡。大部分愤怒和不满的情绪被转嫁到英国人身上。所以就发生了上文提到的波士顿海港事件，即如今人们熟知的波士顿倾茶事件。

自由斗士和奴隶主

波士顿倾茶事件有着非常深远的影响。这次事件引发了英属北美殖民地和英国之间的 8 年北美独立战争。13 个北美殖民地与印第安人结盟，联合从各地发起反抗。法国人作为英国的老对手也加入混战。1776 年 7 月 4 日，13 个北美殖民地在费城发表《独立宣言》，正式宣告独立，即美利坚合众国诞生，《独立宣言》的重要性自不待说。原殖民地居民不再是英国国王乔治三世的臣民。北美各地区和自治联邦缔结成为邦联，其中包括新罕布什尔、纽约、宾夕法尼亚和弗吉尼亚。各地宣布独立，邦联州数量后来逐步扩展到今天的 50 个。《独立宣言》中关于人权自由的阐述鼓舞了人们，宣言里这样写道："我们认为下面这些真理是不言而喻的：人人生而平等，造物者赋予他们若干不可剥夺的权利，其中包括生命权、自由权和追求幸福的权利。为了保障这些权利，人们才在他们之间建立政府，而政府之正当权力，是经被治理者的同意才产生的。当任何形式的政府对这些目标具破坏作用时，人民就有权力改变或废除它，以建立一个新的政府。"

这样的宣告在当时是全新的、前所未有的。《独立宣言》由各殖民地的代表共同签署。起草撰稿则是由多人共同完成，包括法学家、国家理论家、政治家托马斯·杰斐逊，科学家、出版商、作家本杰明·富兰克林，军事家乔治·华盛顿以及其他美利坚合众国的开国元勋。华盛顿是美国独立战争时最重要的殖民军总司令，1789 年他成为美国第一任总统。杰斐逊言谈充满魅力，在谈判时巧言善辩。富兰克林因发明避雷针而闻名。部分开国元勋从父母那里继承了大型种植园，也就是说，签署为人类人权和自由呐喊的《独立宣言》的人本身也是奴隶主。

这便是《独立宣言》无法摆脱的众多矛盾之一。《独立宣言》对美国的作用类似于 1688 年的英国光荣革命以英国哲学家约翰·洛克的理论为基础。他曾写道：人是自由的，人拥有反抗的权利，国家应设立分权制度。什么是分权？这是至今依然十分重要的国家基本法则，意即国家权力应该一分为三。政府行使执行权，为执行机构。"执行"一词来源于拉丁语，这里特指行使政府职能。与此同时执行权当然要遵守国会议员通过的法律，国会也被称为立法机构，行使立法权。最后就是司法权，日常生活中在法庭上履行法律，就是司法机构的职责。这一命名同样来自拉丁语。这三个机构——司法机构、立法机构、执行机构——互相监督，从而达到互相制约的目的。

然而现实生活中的美国同欧洲一样，从一开始就是富人掌控着整个国家。黑人奴隶不被看作人，对印第安人的态度也如出一辙，在《独立宣言》里，他们被描述为在战争中屠杀妇孺的“无慈悲心的野蛮人”。

最终北美殖民者战胜英国，赢得了独立战争，1789 年美国宪法正式生效。这一历史事件被称为美国革命，因为美利坚合众国是世界第一个迄今依旧存在的现代民主国家。然而黑人、印第安人、女性甚至大部分的白人男性还不能参加选举，这是因为正如英国国内是否拥有选举权取决于收入状况，只有富裕的少数白人男性拥有选举权。这就是选举权的“财产资格限制”，而这绝非美国唯一的不公正规定。

特别是在美国南部，种植园园主种植棉花和烟草，因此南部经济依赖奴隶。截至 19 世纪，总计数百万黑人被拖上贩奴船运到美国，并被迫在极端恶劣的环境下如牛马一样做苦工。由于船员像对待牲畜般对待黑奴，把他们塞进最低半米高的空间，黑奴们只能蜷膝坐着，更别说站着，仅在航运过程中就出现了大量死亡。

随之爆发了反对残暴的奴隶制度的武装起义。令人惊讶的是，起义并不是首先发生在发表《独立宣言》的美国，而是在英国。在英国有越来越多的人投身于奴隶制的废除运动中，也就是废奴主义盛行。多方力量参与了抵制奴隶贸易的运动。战线最前沿的是贵格会的成员，贵格会是英国的一个基督教教派，又名教友派。该派反对任何形式的暴力和严格的社会等级划分。贵格会的教徒可以在教堂礼拜时自由地站起表达自己的意见，使得弥撒仪式有从未有过的轻松和自由。

英国国会下议院议员威廉·威尔伯福斯是杰出的废奴主义者，他提出了针对废奴运动的具体政治措施。他不断地提交反对奴隶贸易的法案。此外还有乔赛亚·韦奇伍德，这位富裕的陶瓷工厂主资助废奴主义者的公开运动。他设计了一款勋章，上面雕刻着跪在地上戴着锁铐的黑奴，地下刻有标语："难道我不是人？不是兄弟？"把这张图以任何形式保存并携带在身上，在当时一些圈子里盛行。男人们把这振聋发聩的口号雕刻在鼻烟盒的金色表面，而在女人们的手镯和发夹上，这张图也鲜艳夺目。

直至 1833 年，奴隶制才在整个英国被废除。建立世界上首个现代民主国家的美国人呢？在这之后 30 年才在全美废除了奴隶制。一场内战导致了传统奴隶制的终结，美国北方在其领袖林肯的带领下战胜了一度想要脱离联邦的南方诸州。

1861—1865 年，美国内战期间有 60 万人丧生，导火线是各种冲突和争议。比如美国联邦的权力应如何分配给南北方。此外还有经济问题，是应该支持南方的种植园还是应该以北方的工业发展为先。北方诸州反对奴隶制，而南方的棉花种植园园主自然想继续保留奴隶制。在北方赢得内战后，奴隶制于 1965 年被废止。

奴隶制在世界范围维持了很长时间。在奴隶制推行最广泛的巴西，先后总计数百万的非洲奴隶被贩卖。1822 年，巴西宣告完全脱离葡萄牙独立，在 1888 年才得以废除奴隶制。位于北非的毛里塔尼亚甚至在这之后近百年才实现，并且在 1981 年和 2007 年分两步完成。

第 19 章　将死暴君

1789 年法国大革命是当时最为血腥的人民推翻统治者的武装暴动，霎时间社会生活的方方面面均有巨大改变。

1776 年革命在美国风起云涌，民主和自由思潮在欧洲也传播开来。然而法国国王却继续住在富丽堂皇的凡尔赛宫。“太阳王”的继承者们依旧固守着专制统治，繁文缛节依旧得到严格执行。但如果在 18 世纪 80 年代，侍臣漫步穿过凡尔赛宫里一条条华丽的布满镜子和天花吊顶的回廊，就会迎面碰见一位穿着不合时宜的女人。不同于当时普遍流行的多层丝绸长裙，以及用挂钩固定的紧身胸衣，她穿的是用薄薄的白色棉布做成的轻盈朴素的衣服，有时候也会戴一顶草帽。在凡尔赛宫的贵族们看来，这就是不合规矩的乡村少女打扮。这位年轻女子无拘无束的装扮在众人看来就是挑衅。更何况她并非无名之辈，而是玛丽·安托瓦内特——法国王后。

这位年轻的王后因离经叛道的穿着招来众多不满。她来自哈布斯堡王朝，年仅 14 岁就从维也纳出发，被送到凡尔赛宫，准备和法国王储路易十六结婚。这对新人结婚之前并没有见过面。路易十六对她几乎不闻不问，玛丽·安托瓦内特形单影只，无以自遣，便开始寻求其他慰藉，或是某种认同。于是她一次又一次用上文提到的服饰，外加高耸入云的发髻和插上天鹅羽毛的帽子让众人错愕。有时她穿上用最精美的衣料制成的夸张的新奇服饰，戴上最昂贵的首饰，然后又穿回让众人侧目的朴素长裙和最简单的草帽。

有一次一个朝臣抱怨道，玛丽·安托瓦内特策划了一场“时尚的革命”，许多人认为这位年轻的王后反复无常，违背严格的宫廷礼仪。然而这还不是全部。在贫苦民众那里，她追求荒诞多变的时髦、奢华无度的形象深入人心。针对王后的讽刺画传遍大街小巷，比如她被塑造成了一只为了美丽不惜插上各类羽毛的母鸡。

这纵然没错，这位王后作风高调，沉迷奢华，然而这并不是普通大众对玛丽·安托瓦内特愤怒的原因，毕竟贵族阶层一向奢靡成风。只是她的出场方式总是最为引人注目，也就成为整个皇室的代罪羊。除此之外，她身为外国人，被贬低称作“那个奥地利女人”。总之为避免直接攻击皇室招来灾祸，这位王后正好是众怒的宣泄口。

而人民的怨恨与不满的真正原因自然不是怪异的裙子和帽子，以及王后出格的举止，而是自己困苦不堪的生活状况。法国财政危机爆发，政以贿成，报纸上会刊登出售法官和警察等职位的广告，谁交足钱，谁就能谋得一官半职。管理国家的人不是真正做出业绩的人，而是手握权钱之辈。但是最糟糕的是巨大的贫富差距。主教收入是普通牧师收入的至少百倍之多，而普通牧师的境况已经是农民无法企及的。歉收和饥荒折磨着贫苦大众，然而这些问题没有引起当权者的一丝兴趣。

贫民必须向国王上缴人头税，同时向封建领主交纳什一税。除此之外，国家还变本加厉对特定饮料以及食盐征税。不合理的是，偏偏最富裕的群体，如高阶神职人员和贵族却被免征一些税种。

所有的一切招致了反抗暴动。绝望的农民们提起粪耙攻击贵族、大地主和征税人员。当社会矛盾白热化之际，路易十六在1789年5月召开三级会议。三级指组成社会的三个社会等级，自中世纪就存在了：第一等级是教会贵族，第二等级是普通贵族，第三等级是城市平民、农民和手工业者。一直以来国王从未征询过这三个等级的代表的意见，如今他们却被高赋税推上风口浪尖，成为国王转移社会矛盾的挡箭牌。与会代表聚集在国家室内网球场，这是当时贵族打网球的场地。

事情并未按照国王预期进行。在所有与会者集合后，第三等级的代表发表声明，拒绝对税收改革进行投票。他们还要求，以后他们的投票应该更有分量，毕竟他们代表的是占全体人口 95% 的民众。最后在天文学家、作家让·西尔万·巴伊的领导下，第三等级的代表们自行成立了国民议会。

第三等级的代表们受启蒙开明的思想所鼓舞，其中就有名叫孟德斯鸠的哲学家及国家理论家。与上一章提到的约翰·洛克一样，孟德斯鸠同样主张国家分权说，独立的法院应对政府进行监管。在法国也存在各种类似的观点，但是更加激进。哲学家、教育家让－雅克·卢梭提出“公共意志”这一概念，认为它是人们作为一个集体时的意志，所有人都应该服从于它，包括君王。

这一思想在当时前所未有，路易十六拒绝履行这一要求也就并不意外。他甚至下令，集结军队，一旦必要将以武力控制第三等级。1789 年 6 月 14 日，民众的怒火最终爆发。他们攻占了位于巴黎的巴士底狱，释放囚犯，将狱卒斩首。巴士底狱管理者的头颅被穿在长矛上，如战利品在城市巡回展示。

巴士底狱自身本不是一座重要的建筑，但它是法国旧的专制统治的象征。以武装人民群众为后盾，国民议会更有底气，决定废除封建制度和富人阶层的税收特权。数周之后，《人权宣言》颁布，它类似于 1776 年美利坚合众国的《独立宣言》。其确保法国从此成为和英国一样的君主立宪国家，君王同议会和议员共同掌握国家权力。

十年混乱：君主制、民主制和恐怖统治

1789 年 6 月人民攻占巴士底狱后，起初一切都显得十分顺利。法国制定了宪法，法国大革命期间的口号被写进宪法中：自由、平等、博爱。所有法国人应该互相称兄道弟。农民和用人不需再称呼贵族为“男爵先生”“伯爵女士”。鞠躬礼被取消，谄媚奉承也得以终止。事实上就在巴士底狱被攻占一年后，社会各界，包括将军、伯爵、手工业者以及临时工，手提铁锹和锄头重新聚集在战神广场，该广场坐落于巴黎边缘的一个大公园内。他们为庆祝革命成功一周年一起搭建看台。人类历史上从未有这样抛开社会等级、如兄弟一般一起工作的先例。

然而接下来法国大革命发生转变。国王路易十六企图带全家逃离法国，在出逃之前他给其他国家的君王去信，主要是奥地利和普鲁士，他们想联合起来阻止革命传播到整个欧洲。法国形势突变。1792 年 4 月开始，局势紧绷，战事一触即发。在接下来的几年里，法国革命政府持续攻打奥地利和普鲁士，后来也向英国、西班牙和其他反对革命的国家开战。

由于国王路易十六不与革命政府联合，国内暴动不断。一群愤怒的巴黎人甚至攻入当时国王的住所杜伊勒里宫，许多人因此丧生。最终革命军宣布成立共和国。国王与奥地利、英国等敌国联络的大量秘密信件被起获，最终路易十六于 1793 年 1 月 21 日以叛国罪被处死，王后玛丽·安托瓦内特被斩首。这一处决是极端暴力的，因为他们在政治上其实并没有话语权。

接下来的时间里各党派开始角逐权力，其中最有力的是吉伦特派和激进的雅各宾派——他们在巴黎雅各宾修道院聚会而得名。雅各宾派占主导地位的成员有作为律师的乔治·丹敦、让–保尔·马拉河和马克西米连·罗伯斯，他们常常发表热情激昂的演讲，宣传自由、平等和博爱。

事实上他们最后在权力斗争中胜出，掌握了最高权力，却没有带来和平。反之，人民为此遭受巨大灾难。什一税之前已经被废除，但是现在人民突然得向新的地主交纳租金，这些地主都是富裕的商人。其中一些富商甚至希望复辟君主专制。暴动再次席卷法国。雅各宾派在巴黎实施专政，想要通过强硬手段渡过国家危机。这一时期的政府名叫“公共安全委员会”，但是这个名字事实上具有欺骗性，这一机构完全执行着政府的专制和恐怖政策。

革命法庭总计将 2 万~4 万人判处死刑，罪名多是“密谋反对革命”。执行斩首的方法是断头台，这是医生兼议员约瑟夫－伊尼亚斯·吉约丹提出的死刑方法。在这之前死刑犯都是由刽子手用斧头砍头，用断头台代替斧头对于被行刑者更人道一些。但是任何有嫌疑的人都可能被送上断头台，很多时候人们只是告发了自己不喜欢的人。雅各宾派专政时期的最高领导人罗伯斯庇尔监控着每一个可能的背叛者，他甚至处决了革命同胞丹东。

罗伯斯庇尔是一个极端分子，他坚定地希望革命的最高目标和启蒙思想在国家的每个方面都能实现和传播，而不只满足于政治方面。这期间诞生了大批颂扬革命的圣歌，最著名的就是法国现在的国歌《马赛曲》。欧洲联军派兵镇压大革命，法国南部城市马赛的志愿军前赴巴黎支援时高唱此歌，它也因此得名。其歌词粗野直率，比如：“让革命敌人的血液灌溉我们的壕沟！”还包含威胁：“战栗吧，暴君！”

如今革命政府想要重建整个国家，废除君主专制是远远不够的，去基督教化也必须进行，这让很多从小就被灌输神权威严的民众震惊不已。他们安于在教堂里祈祷美好的人生。在世界上所有地方，去除宗教的做法都如出一辙。

如果一切按照雅各宾派的规划发展，法国人应该不会再崇拜信奉上帝，而是崇尚理智和一切美好德行。革命者将哥特式主教堂巴黎圣母院改名为

“理性崇拜”的庙宇。巴黎街道上的游行，引领者不再是身穿红袍的主教，而变成了女性舞者，站立在游行车上，体现着“美德”与“自由”。她们穿上格外宽松朴素的平民的长袍——不带花边和紧身胸衣的白色长裙和披肩。这样的装扮让她们看起来有些像古罗马或古希腊的女性，因为当时就是一个自称理性与民主的社会。信奉天主教教义一夜之间变得危险。

从一开始，革命政府就想要将社会思想和人民生活连同政治彻底改变。新的历法被采用，8 月更名为花月，该词源于拉丁语；工作日从 7 天增加至 10 天，最终和十进制相符；同样十进制也适用于重量和长度测量。虽然这样的改变符合启蒙思想，但让大众恼怒。因为这样人们不再是每 7 天，而是每 10 天才能拥有一个休息日。

就连那些能让人联想起过往的地名也被换掉了。皇后堡突然被改名为平等堡。新的革命思想应该随时随地被运用，连游戏时也不例外。棋手在棋盘上，向对方的王发出警告时，不能说“将”或者“将军”，而要说“将死暴君”。

剧作家以一种古怪的方式与君主专制划清界限。比如西尔万 · 马歇尔的剧作《国王最后的审判》在全国各地的集市广场上演，超过 10 万的人民能观看其表演。传统意义上来讲，这一主题展示的是耶稣审判的场景，好人得以进入天堂，而罪人坠入地狱。然而在这部革命戏剧中，革命者代替耶稣和上帝对有罪之人进行审判，犯罪之人就是欧洲各国国王——帝国皇帝和罗马教皇。他们被铐在一起，发配到一个偏远的岛屿。在那里，这群昔日的统治者干出各种可笑荒唐的事。他们为鸡毛蒜皮的事情争论不休，为争抢最后剩余的面包毫无体面地互相扭打。这部戏剧里的某些场景实在是非常奇幻。（是事实还是在剧里？）最后欧洲其他君主不禁害怕自己某天会被这样凶恶的革命火山吞噬。当最后这座火山爆发，炙热的岩浆喷涌而出时，这群胆怯的昨日君王为获得宽恕，开始对革命歌功颂德。西班牙国王嘶喊着求救："如果能得救，我甘愿就此成为无套裤汉。"

一个国王想要成为无套裤汉，这在当时实在是个笑话，因为无套裤汉就是最激进的革命者。他们是平民，或是与贫苦大众同甘共苦的人。此外，他们的穿着也表达了自己的革命立场。时尚的革命者不穿精致的长裤袜，长裤袜是资产阶级的象征。小手工业者、农民和临时工都穿着粗糙的长裤。

大革命时期人们可以通过外在装扮表明自己的政治立场，然而暴力的阴影无处不在。罗伯斯庇尔像独裁者一样残暴，不知什么时候他将许多自己阵营的人——他所认为的叛徒——判处了死刑。雅各宾派的成员因此人人自危，他们开始密谋将罗伯斯庇尔送上断头台。1795 年后，一个新的政府成立了：督政府。首任成员有 5 位，由五百人院和元老院联合任命。政府成员采用任命制，但是只有富裕阶层的人拥有选举权，而且也只有非常有钱的人能参与选举。

在督政府时期，富裕阶层掌握着国家权力，这实际与大革命的理念不符，仍有影响力较小的革命思潮继续在为平民争取更多权利而奋战。身为政治活动者和记者的格拉克斯 · 贝巴夫就要求所有公民都有选举权以及全民经济平等，即分配财产和土地给广大劳动人民。他被看作人类历史上首位社会主义革命者。这位早期社会主义者曾尝试策划一起反对督政府的起义活动。然而起义失败，贝巴夫最终遭到处决。

为什么像贝巴夫的革命者无法得到群众的支持呢？那是因为各路起义不断引发暴力和混乱，大众已经受够了。督政府起码能够维持秩序，这是军队带来的保障。一位为督政府工作的辅官、一位野心勃勃的年轻军官，掌握了法国未来 15 年的命运且牵动了整个欧洲。他就是拿破仑 · 波拿巴。

拿破仑生于科西嘉岛，在大革命时期立下了战功伟业。在对抗反法同盟的战役中，他证明了自己作为卓越的军事战略家的价值。于是他被任命为准将，年纪轻轻便崭露头角。1799 年，在大革命爆发 10 年后，拿破仑看到了登上顶峰的机会。

他是如何做到的？拿破仑不仅是战场上的谋略家，在政治上也卓有建树。他行事风格与大约 2 000 年前古罗马时代的恺撒和奥古斯都有些相似。他曾宣称，为带领国家度过动荡的时期，他只是暂时接管政府，他自称为“第一执政官”。这一宣言打动并说服了民众。然而实际上很快他就大权独揽，仿佛国王般进行专制统治。有军队相随，他便粗暴宣布，革命的目标已经实现了。不过在他的统治下，至少法制和秩序得到了保障。与以前相比，国民可以更好地安排个人生活，比如平民得到更多升迁机会，只要他们办事有效。在法国大革命爆发 15 年后，匪夷所思的事发生了：1804 年 12 月 2 日，拿破仑在巴黎圣母院自行加冕为帝王。

当人们回顾法国大革命时期，真的会为之惊讶。它的初衷原本是为人民大众争取更多权利，最终结局却是一个专制帝国的建立。这听起来未免疯狂，却并不难以理解。整个大革命时期都被混乱、暴力所充斥，在此背景下，人们越发感觉不安与失望。有时候某个人突然间就被送上了断头台，仅仅因为被人抹黑。和现在不一样，当时的人们从未经历过民主制度下平静的生活。正因为拿破仑维护了表面上的社会秩序，人们便已经准备好接受他作为独裁者统治国家。

虽然法国大革命一开始就失败了，却影响深远。全新的政治和宗教理念得以付诸实践，有胆量的先锋人士从根本上质疑并挑战国王和教会的权威，时至今日法国大革命仍是社会巨变和进步的模范。而另一方面它也警示着，所有的一切又会很快被杀戮和专政所倾覆。令人扼腕的是，在法国大革命中获胜的往往是冷酷残暴之人。

与更早发生的英国光荣革命和美国革命相比，法国大革命自身创造出许多新东西。

其中一个不同之处就在于，革命以迅雷不及之势渗透到了人们的日常生活。一夜之间人们就认同了“公民”这一身份，人们谈论的不再是“国王”，而是“暴君”。对宗教被废除，人们也坦然接受。除此之外，日常生活中也发生了一些引领时代的改变。

时尚革命和世界上首次青年文化

我们已经了解到，服饰选择在大革命时期有着怎样的意义。劳动人民穿上简单的长裤，以此表明自己是大革命的拥护者。时尚革命是大革命的一部分，两者时间也大致重合。说来也奇怪，偏偏是王后玛丽·安托瓦内特——法国旧制度的代表人——因其先锋独特的装束被认为是时尚革命者，而被指责批评。然而王后的时尚并不是为了展现社会变革，只是为打破枯燥乏味的宫廷生活。但是随着大革命的深入，人类历史上第一次出现这样的情况，即来自不同社会阶层的人可以通过穿着特定服装表达个人的政治立场。

然而这一切有时又引发了一些非常可笑的说法。在五人执政期间，富裕家庭的女儿们自称“极美之人”。她们的长裙既像革命时期一样轻薄柔软，同时又装饰以精美镶边——与凡尔赛宫里当年的情况相似。她们不合常规的混搭风格让许多遵循明确服装规范的人感到不知所措。又因为连衣裙的高腰线和头上巨大的发饰，朴素的革命时尚的支持者同样也被搞糊涂了。

对应“极美之人”的男性群体被叫作“不可思议之人”。他们虽然穿着贵族男士的及膝裤子，但是其剪裁就如同劳动人民穿的长裤一样十分宽松。他们还往往围着过大的围巾，一缕一缕的卷发遮挡着脸部。

“极美之人”和“不可思议之人”用他们令人摸不着头脑的服装时尚取

笑旧有的服饰规定。他们的观点独树一帜，既不是严格的革命者，也并非传统的追随者，他们想要创造一个与众不同的认同感。这是他们个人的小型革命，属于自己的叛乱。

年轻人闲坐在时髦的咖啡馆里，当我们如今回看这段历史，这些人就像是后来时尚运动和青年文化的先行者，仿佛就是之后一系列的亚文化族群的鼻祖，如花花公子、嬉皮士、泰迪男孩、摩斯族、光头党、朋克、绅士风雅派、哥特和滑板族。

第 20 章　献给拿破仑的流行曲

来自科西嘉岛的军官成为法国皇帝，并通过战争、现代法典和严格管控扭转了欧洲格局。

200 年前，莫扎特或贝多芬等德国作曲家演奏的交响乐就像今天的摇滚或重金属乐队演奏会一样前卫。某些大乐团演奏的长篇交响乐气势磅礴，十分震慑人心，或者说是让人大跌眼镜。在当代人听起来它们有些奇特或者不太正常，其实莫扎特和贝多芬也曾是流行明星。贝多芬的乐迷仰慕这位大师拥有的情感共鸣：没有人能像他一样，通过强有力的声音和音乐旋律将现实生活中的主题和情感表达出来，例如离别之痛或乡村氛围。最好的例子是他于 1804 年创作的《第三交响曲》，如今大家熟知的名字是《英雄交响曲》。聆听这首曲子时，人们就能明白其名字的由来。这首曲子气势磅礴，跌宕起伏，曲调的升降象征着英雄遭遇的艰难险阻和路途中的高峰和低谷。

创作《第三交响曲》时，贝多芬尤其重视表达英雄气概，因为他想将这首曲子献给历史上最强大的统治者——拿破仑。他将拿破仑看作英雄，并与很多同时代的作曲家一样受到拿破仑的极大影响。上一章我们看到，最初作为法军将军的拿破仑是如何为革命理想和启蒙运动战斗的，但他随后却在 1804 年称帝。这让很多人惊讶，并对他十分失望。他们认为拿破仑背叛了革命自由、平等、博爱的理念，与其他独裁者毫无差别。贝多芬也如此。当他听到拿破仑卫冕称帝时，勃然大怒。据说他拿起交响曲乐谱，将其中拿破仑的姓氏“波拿巴”刮掉，用力之大甚至把乐谱刮破了。贝多芬生性冲动，所以这完全可能发生，事实上他也确实收回了该曲中对拿破仑的赞颂。

贝多芬对拿破仑的失望之情不难理解。在拿破仑担任执政官初期，甚至是称帝后，他都为传播启蒙思想做出了伟大贡献。他颁布了《民法典》，也被称作《拿破仑法典》。这是一部十分现代的法典，能保障所有公民在法庭上都能受到公平对待。拿破仑废除了对贵族和神职人员的优待。除教会以外，婚姻登记处也能为新人证婚。拿破仑削弱了教会的权力，并撤回了国家对教会的支持。他甚至还将教会大部分财产归为国家财产，如修道院和地产，这也被称作“教产还俗”。

随着拿破仑的军队占领半个欧洲，一些做法被传播到国外，教产还俗也是其中之一。法军战胜普鲁士之后，拿破仑在普鲁士领地上推行改革，以此结束了中世纪以来实行的农奴制。

某些被拿破仑占领的国家沿用了《民法典》，它也推动了现有的德国和法国法典的形成。此外，拿破仑对德国的建立也发挥了重要作用。拿破仑势力的扩张瓦解了持续千年的古老帝国——德意志罗马帝国，终结了王权、神权相争的两极格局。

在拿破仑的影响下，巴伐利亚王国和符腾堡王国成立，它们与法国人来往密切。同时期莱茵联盟政府成立，它是位于莱茵河和法国附近的几个德意志公国的联合体，因此拿破仑也想控制它。随时间推移，他接连占领了意大利部分地区和西班牙。拿破仑在那不勒斯和荷兰成立了几个附属王国，命自己的兄弟为统治者。这其实违反了他所制定的选贤任能的原则。

拿破仑统治下的法兰西帝国达到极盛，甚至超越路易十四时期。拿破仑比路易十四更加肆无忌惮地发动侵略战争。虽然当时人们认为，以军事力量维护国家的政治及经济利益是十分平常的事情，但在那个年代拿破仑依然是侵略性极强的人物。在他发动的战争中，数万人，甚至最终多达数十万人丧生。他侵略的足迹一直到达埃及。拿破仑想煽动埃及的法国人，攻占埃及这一地处亚非的商贸重地及交通枢纽。他一直声称，他发动侵略的原因是要将启蒙思想、法律和秩序传播到法国以外的各个地方。

一些颇具影响力的思想家也对拿破仑敬仰有加。措辞独特的德国哲学家黑格尔甚至称他为“世界灵魂”。拿破仑仿佛所向披靡，但 1812 年当他想征服俄国时，却铩羽而归。他带兵 60 万出征，这是当时战争的普遍规模，然而他误判了自己的实力。那次战争中，武器、材料和军粮的运输十分困难，很多士兵的装备无法抵御俄国冬季的严寒。拿破仑紫金军团的绝大多数士兵死于战争、疾病或饥饿。

在法国与俄国一战失败后，其他欧洲国家终于有信心联合起来对抗拿破仑。奥地利、普鲁士、俄国和瑞典结成同盟，1813 年在莱比锡战役中战胜拿破仑。拿破仑被流放至地中海的小岛厄尔巴岛。这位被罢黜的皇帝在岛上仍有两处宅邸：他在首都费拉约港有一栋较为朴素的别墅，此外在内陆内区还有一处夏季住所，那里更像是一处精心装饰的农舍。拿破仑并不会轻易放弃，他接手管理岛上采矿、农业和基础设施建设等事务。

随后让人意想不到的事情发生了：经过 10 个月的岛上皇帝般的生活后，拿破仑乘船逃回了法国。即使曾让数十万士兵命丧俄国，但他仍然成功召集起众多效忠于他的法国士兵。他重新组建军队，并率领他们与老对手——普鲁士和英国对战。

1815 年 6 月 18 日，在今比利时的滑铁卢发生了一场关键战役。拿破仑一败涂地，这也终结了他的政治生涯。胜利者再次将这位欧洲曾经最强的男人流放。保险起见，这次他被流放至圣赫勒拿岛，这个小岛位于非洲和拉丁美洲之间的茫茫大西洋中。6 年后拿破仑在岛上去世，享年 51 岁。他最后一场战役是十分具有毁灭性的，甚至如今当人们谈及某件失败的事情，都会说“遭遇滑铁卢”。

用采样对抗独裁者

如前文所述，贝多芬因为对拿破仑失望，抹掉了《英雄交响曲》中对拿破仑的赞颂。近十年后，1813 年当多国联盟对抗拿破仑时，他又做了一支新曲献给另一位英雄，这位英雄是拿破仑的最大敌手。这首曲子名为《威灵顿的胜利》。贝多芬以此向威灵顿公爵阿瑟·韦尔斯利致敬。威灵顿公爵是英国陆军元帅，后任首相。该曲是为庆祝威灵顿公爵在西班牙北部城市维多利亚打败拿破仑而做。

新曲的制作并没有《英雄交响曲》那么精美，但其独到之处是，它融合了现代元素。贝多芬的这首曲子最初是为潘哈莫尼康琴而做，这是一种新式机械乐器，那时约翰·马尔泽尔刚发明了这种琴，它能借助风箱和笛声模拟军乐。随后贝多芬又对该曲进行了改编，由真正的交响乐团演奏。聆听该曲，感觉仿佛置身战场，能听到炮火与枪声。一部分声音来自交响乐团的打击乐器，例如定音鼓、鼓和钹，另一些则来自真实的射击。

《威灵顿的胜利》是历史上声音采样的先驱。声音采样也广泛用于我们如今熟悉的流行乐，尤其是嘻哈乐。其中部分声音来自另一音乐或现实生活，例如警笛声或枪声。当然，在贝多芬的作品中没有严格意义上的采样，因为他使用的声音并不是录音，而是现场制造的。但除了使用传统乐器以外，他还用真正的武器创造声音。

而在政治理想方面，贝多芬不久后再次遭遇打击。因为英国及其盟友在打败独裁者拿破仑以后，带来的并不是真正的自由或民主。相反，早在滑铁卢战役之前的 1814 年 9 月，同盟国便开始就拿破仑下台后欧洲的政治地图进行商议。为此他们甚至特别在维也纳举行了代表大会，直到 1815 年 6 月，会议持续了近一年之久。在维也纳会议上，来自欧洲各国的君主、公爵和外交官及其亲属仆人欢聚一堂。大小会议定期召开，其间他们还会组织到维也纳郊区狩猎，或举办气氛热烈的招待会和舞会。与会者在布满镜子的大厅中，在燃烧着成千上万支蜡烛的巨型吊灯发出的光芒中，跳着华尔兹。

为何一个政治会议竟如此奢华？主办者想在进行外交洽谈的同时，展现古老的君主制是多么的富丽堂皇。这是为了彰显，与简单的革命文化的光芒以及拿破仑的所谓帝国风格相比，君主制是多么优越。帝国风格在家具和时尚方面不那么富丽堂皇且十分刻板，这是拿破仑曾经推崇的风格，而且成了他个人的标志。

奥地利、俄罗斯和普鲁士组成的这一独特的联盟再次加强了教会和旧时统治者的权力，因此人们将维也纳会议之后的时期称作复辟时期。法国必须归还拿破仑从其他国家掠夺的土地，而法国本国又迎来了一位拥有绝对极权的国王。

当人们经历了动乱和战争又回归旧制时，会回想起某些历史事件，之后便常常会觉得以前的一切都更好。此外，维也纳会议也展示了国家首领和外交官在会议桌上是如何重新定义所有国家的国界的。在 1815 年的会议中，强国和中等发达国家像分蛋糕一样瓜分了欧洲境内所有地区，北至斯堪的纳维亚半岛：普鲁士分得了萨克森的部分地区；波兰最大一部分领土分给了俄国，这是几十年内波兰领土第四次被分割。

维也纳会议后，欧洲拥有了很长一段时间的和平，会议中的活动家们为此奠定了基础，但所有人又沦为新统治者的臣民。很多人对此不满，依然有很多人渴望获得更大的政治自由和社会平等。因此在随后的 19 世纪中又产生了更多冲突。

第 21 章　机器人来啦

在工业革命时期，欧洲出现了很多发明、工厂和现代交流工具，人们的日常生活发生了翻天覆地的变化。这一时期的外交政策受帝国主义影响。

1862 年 1 月，英国权威医学杂志《柳叶刀》发表了一系列文章，其内容是乘坐火车可能对人体健康造成的伤害。乘客坐在颠簸的火车车厢里，看着窗外的风景疾驰而过，学者和医生企图解释这些会对人的身体和精神带来哪些影响，因为在那时乘坐火车还是完全新奇和极端的体验。在文章中，专业人士提出了乘坐火车可能发生的几种危险，包括脊椎损伤和脑损伤。

乘坐火车会造成脑损伤？如今我们知道这种担忧是毫无根据的，但那时有些人却对新式蒸汽技术心存怀疑。在我们眼中，舒适的火车喷出蒸汽，鸣笛慢悠悠地穿过田野，在他们看来却是飞驰而过。这种速度和视觉体验对他们来说是生疏的，一些人对此感到恐惧。

乘坐火车等新奇的体验得归功于工业革命。工业革命开始于 18 世纪，在 19 世纪全速发展。在前几章中我们已经看到，18 世纪时民众就曾参与过一些变革运动。法国和美国革命动摇了政治体系，改变了人们的思考方式，启蒙思想得以广泛传播。但即便如此，大部分民众的生活仍然停留在中世纪。与 1 000 年前一样，农民住在小茅草房里，以木犁耕田。他们的工作节奏由天气、季节以及动物需要喂食和挤奶的时间决定。但是随着工业革命爆发，越来越多的人放弃了这种工作方式。

工业革命给人们的日常生活带来了极大转变，甚至可以与公元前1万年的新石器时代变革相提并论。我们还记得，1万年前人类开始定居。在第一章我们讲道，人们在12 000年前的生活是如何发生巨变的：他们停止了狩猎和采集生活，在某地定居，搭建房屋，耕种农田，饲养牲畜。

这一章中我想讲述的工业革命发源于英国，继而在欧洲大陆传播开来。从此很多人不再在田里工作，而是在工厂劳动。革命是如何发生的呢？科技发明是革命的助推剂。18世纪，詹姆斯·瓦特发明了蒸汽机。它所产生的巨大能量，可用于驱动船舶和火车，或从矿井中抽出地下水。科技加速了开采煤矿的效率，煤炭又是机器的动力来源，因此这对很多行业产生了影响。机器不再依靠人力、畜力或水力，煤炭为工厂里的蒸汽机提供动力，机器的生产速度比从前厂房里的工人更快。

1764年，来自英国北部的詹姆斯·哈格里夫斯发明了纺纱机。这大大加快了将棉纤维纺织成纱线的速度，而纱线是制造布料的原料。几乎同时，机械织布机得以广泛传播。织布机自动工作，工人们再不用脚踏或手摇。越来越多的曾经依靠人力的工作由机器完成。布厂对织布工人的需求骤降，数千人被解雇，沦为穷人。在迷茫中，他们发起抗议。失业的织布工人和其他手工业者闯入工厂，砸坏抢走他们工作的机器。事情愈演愈烈，英国甚至在1812年引入死刑，处罚破坏机器的行为。

但就算是保住了工作的工人，也很可怜。他们得操作机器，并且配合机器的速度和工作时间。机器一直不停运转，因此工人每天就跟机器一样工作，直至筋疲力尽。工作时间甚至长达16个小时，每周7天，没有周末。

下班后工人也没有好心情。他们蜗居在狭小阴暗的房间里，某些有6个孩子的家庭住在很小的房屋里。数千人涌进城市寻找工作，导致多地居民数量暴增。英国早期工业城市曼彻斯特在1770—1850年居住人口从约2万增长至30万，是先前的近15倍。于是住房变得很拥挤，工作条件很糟糕。但为何还有这么多人进城呢？这与 18 世纪另一项变革有关——土地革命。

18 世纪初，因为新式犁具和化学肥料的使用，农场的产量提高了。农场主将沼泽地的水放干，同时伐木造田，以获得更多土地来种植粮食和蔬菜。又因为这些需要耗费很多人力和财力，因此大地主往往比小农户更有优势。他们有更多资金，因此也能获得越来越多的收成。此外，他们所需的农业工人数量骤减。因此农业工人不得不搬去城市，到工厂找工作。

但城市在新兴职业领域还有一个变动：儿童如果要帮助父母干活，他们不必像在中世纪一样辛苦犁田，他们往往要做的是更糟糕的工作。要完成工厂的工作不需要特殊的培训，儿童也能胜任。他们将零部件推入机器，便能将它们铆接或缝合，或者每隔一段相同距离将杠杆推下，每个人都能办到。但他们的压力在于，不断往返于他们所负责的机器之间，而机器轰鸣声不绝于耳。此外，甚至在矿井里也有童工。因为身形娇小，他们得爬入最狭窄、最深、最危险的井巷中。

大多数童工是烟囱清扫工。城市中新建的大量出租房以烧煤取暖，房间里设有壁炉和排烟管，排烟管从建筑内部穿过几层楼将烟导入房顶的烟囱。要从内部清理烟道十分困难，令人惊讶的是当时也没有清理设备，因此必须让年仅 5 岁的孩童沿烟道爬行以清洁烟道。在此过程中，他们用一把刷子清理烟道内壁，像毛毛虫一样在狭长弯曲的烟道里移动，烟道的直径往往只有 45 厘米。很多孩童因此体态不良或因吸入烟尘而患病。有时孩童甚至被困在里面，烟道四壁掉下的污垢让他们窒息。

很多小烟囱清洁工是孤儿或是穷人家的孩子。父母没有其他选择，只能让孩子工作，以求生存。在工业革命中贫富差距扩大，两大群体影响了社会发展：一方是数百万工人，另一方是企业家。

企业家拥有财富，他们也能从银行借款，以购置大型设备或雇用工人。

与从前手工业者效率低下的生产方式相比，在机器和工人的帮助下，企业家能获得更多利润。他们强迫工人每天为微薄的收入工作 16 个小时。而工人们不得不接受这种苦差，提出更高要求也是徒劳，因为当时失业率极高，即使是收入极少的苦活也总有人愿意做。

企业家投入的资金叫作资本，因此人们也称其为资本家。该经济体系的特点是企业试图尽可能高效和节约成本地进行生产，以获得最高利润，因此它被称作资本主义体系。但为何企业家都很残暴？他们本性很邪恶吗？有些企业家毫无忌惮，另一些则心中有愧，承受着巨大压力。因为他们在机器上投入大量借贷来的资金，必须付给银行利息，因此必须得有收益。同时，来自其他企业家的竞争压力也很大。

竞争是如何加剧的？ 18 世纪的主导思想是，所有人完全自由地进行市场活动，以求尽量快速完成大批量生产。那时完全不存在市场准则或规范，在激烈竞争中，能提供最廉价的产品的企业获胜。与现在大多数发达国家不同的是，当时国家并没有规定最低薪酬，也不存在工时限制，也没有工会维护工人利益，使其不受企业家剥削。当时的市场遵循的是自由主义经济模式，它依靠的是完全自由的、不受干预的供求关系。

工业化发展也为人们的日常生活带来了深刻的变革。生产节奏和人们的生活节奏加速，超越此前任何时代。清晨工厂鸣笛声响彻上空，提醒人们开始工作。即便有午休，时间也很短暂且被严格控制。农夫和工人从前虽然在田里干苦活，但他们的时间可以自由分配。若烈日灼灼，他们就能在树下休息两个小时，静静地享用面包，小睡一会儿，聆听鸟鸣声。如今这些都不可能了。

工业革命的快节奏不仅体现在工作上，对通信也产生了影响。几千年来将一封信寄往国外往往需要数周时间，若是跨洋则需要数月，但 19 世纪电报的发明让人们可以通过电码发送消息。从前马车和船舶需要数周才能送达的信息，如今只需几秒就能到达电线的另一端，这是历史性的飞跃。1866 年第一条能持续工作的跨大西洋电报线路架成，它在海底跨越数千千米，将爱尔兰与北美相连。

工业革命也影响了人们对时间的感知，改变了人们的视觉感知。煤气灯和电灯泡的发明对此有贡献。有了它们，工厂厂房、商店和街道有史以来第一次可以整夜灯火通明，犹如白昼。

图像世界也因为工业革命发生了翻天覆地的变化。1839 年左右，照相机的前身——银版照相法问世。不久，更多普通人负担得起照相的费用，他们得以把自己的照片挂在房间里。从前只有富人能享受这种待遇，他们有钱请人给自己画像，也有充足的时间为画像做模特。

工业化潜移默化地影响了生活的方方面面，甚至包括运动等娱乐活动。中世纪时期，人们就有类似现代足球的运动项目。但参赛双方往往人数不少，例如两个村的村民。参与者为了将球踢入对方的球门，要争夺半天之久，两球门间的距离可达数千米。那时没有真正的比赛规则，有的球员因此身受重伤，有的甚至送命，于是政府下令禁止足球。但 19 世纪越来越多的人有组织、有规则地参加运动。1857 年英国球迷组建起谢菲尔德足球俱乐部，它是世界上成立最早的现代足球俱乐部。随后各运动联盟也统一了比赛规则，并规定了比赛时长。

足球、手球、排球和篮球一跃成为大众娱乐项目。白天人们穿梭于轰鸣的机器之间，到了傍晚或周末，业余足球员还能以运动为乐。体操社团也相继成立，最初只有男子参加，随后女子也参与进来，以此塑造苗条优美的身姿。

但最初仅有少数勇敢的女性参与运动，其中较为著名的是茜茜公主。她真名叫伊丽莎白，1854 年成为奥匈帝国王妃。有些人可能是通过电影《茜茜公主》认识了她，演员罗密·施奈德饰演年轻时的王妃。茜茜公主性格独特，她让人在她肩上文了一个船锚图案的文身，同时她也十分关注自己的外形。她护发的过程要持续数小时，并精心管理自己几近完美的身材。为维持体重和纤细的腰围，即所谓的蜂腰，茜茜公主严格禁食。此外她每天早上都在她的专属健身房中锻炼，还在野外快走长达数小时，这类似于如今的慢跑运动。

如今普遍流行的健身和瘦身风潮并不是茜茜公主的原创，但她或许是最早开始健身和瘦身的女性名人，她的生活严格遵循相应规则。总的来说，节食和这类“极限”运动在当时是很独特的。因为在日常生活中，农民、工人和仆人等大多数人已经干了足够的体力活，他们并不需要节食，相反如果能填饱肚子，他们就很高兴了。

但运动还是能给很多人带来他们缺失的一种集体感。自己不想参与，当个观众也能放松身心。工业革命时期，专业运动成为有组织的大众业余活动。但有个实际问题亟待解决——贫穷和不幸依然困扰着数百万工人。

在欧洲徘徊的幽灵：共产主义

19 世纪中叶，为帮助工人逃离困境和苦难，工业革命中最重要的思想诞生了，它就是社会主义。这一名称来源于拉丁词中的“友爱”，意味着人与人之间相互扶持。在法国大革命中就曾出现过社会主义者，但直到工业革命，社会主义才发展成为大型社会运动。

最著名的社会主义者是卡尔·马克思。1848 年，他与弗里德里希·恩格斯共同出版了《共产党宣言》。“共产主义”一词源于拉丁语中的“共同的”一词。共产主义实际上是社会主义的高级阶段。

社会主义者以从根本上帮助工人阶级摆脱困苦、改善生活状况为主旨，这是历史上第一次有人如此深切且有组织地关注穷人的命运。为了强调这一新思想的开创性意义，马克思和恩格斯以一句意味深长的话为《共产党宣言》开篇——“一个幽灵，一个共产主义的幽灵在欧洲徘徊”。书中阐释了他们二人眼中工业革命的根本原则和最大难题——世界被阶级斗争笼罩。何为阶级斗争？意指存在两个相互斗争的阶级，一个是富有公民，即资产阶级，另一个是贫穷的工人，也被称作无产阶级。“无产阶级”一词源于拉丁语中的“后代”一词，其背后的含义是无产阶级没有资本，有的仅是他们自己的后代。他们遭遇困境时，只能让孩子去工作。

马克思和恩格斯认为，资本家给无产阶级微薄的薪酬、剥削后者，以牟取巨大利益。他们预言，情况将会继续恶化，除非走投无路的、迷茫的无产阶级发起革命。他们将赶走资本家，最终资本主义和阶级将全部消失，而共产主义将取而代之。他们认为，之后私有资产将不复存在，因为所有东西都由所有人共享，以满足所有人的需要。

这一理念听起来十分美好，很多人为此振奋，但工业化进程却与马克思和恩格斯所设想的有所差异。日常问题严重困扰着无产阶级，他们白天工作16个小时，解决自己与家人的安身立命问题，因此完全没有时间、精力发起革命。此外《共产党宣言》和相关文章也被禁止，社会主义者常遭警察迫害。加上无产阶级的工作和生活条件逐渐改善，革命对很多人来说不再急迫。19世纪80年代，奥托·俾斯麦为德意志帝国引入首个社会保险机制。因此工人和企业雇员生病后都能获得一笔资金，年老之后也能收到一笔退休金作为生活保障。

但无产阶级也没有就此停止其政治活动。为缩短工作时长、争取更高的薪酬，他们组建起工会。此时总有一些特别勇敢的人站出来，虽然他们自己生活坎坷，但仍然愿意为他人贡献自己的力量，例如玛丽·哈里丝·琼斯，她原本做过教师、裁缝，但她的丈夫和孩子相继因黄热病身亡，不久她的车间也被烧毁了。她深受命运的打击，失去了一切，随后她以水上救援工作为生。在逾六旬时，她重拾勇气，开始参与工会活动，随即因行为独特而名声大噪。

她一头白发却总身穿黑色衣服。一次，她组织贫困童工游行，抗议工厂恶劣的工作条件。游行队伍走了200千米，从美国费城开始，最终抵达华盛顿白宫。某些童工在工作时被机器轧断了手指。游行队伍穿越乡村和城市，高举告示牌，上面写着“财富，我们的份额在哪儿”和“我们想要玩耍的时间”等句子。这一活动引发了起义，起义队伍获得了民众的支持：农民让他们在谷仓中过夜，火车司机让他们免费乘车，警察将自己的一部分薪酬赠予他们。琼斯在马路边、广场上、马戏团的帐篷里发表演说，演说全文被刊登在报纸上。她谴责美国联邦政府，宁可颁布新法保护鸣鸟，也不顾童工安全。

琼斯最终成功让国会通过了多部法律，限制童工工作时长。这位“工人和工会之母”不久便闻名全美，并被人亲切地称呼为“琼斯母亲”。随后一本颇具影响力的杂志也以她的名字命名。

在琼斯母亲的时代，无产阶级不仅有工会为他们争取权益，而且还有一个专为他们而成立的政党——工人党。例如英国的工党、德国的社会民主党派社民党，它们至今仍然存在。最初它们都是共产主义政党，无产阶级革命曾是它们的政治目标，但随后它们希望温和地逐步改善工人和穷人的生活条件，而不是通过政变，因此它们逐渐改变了政纲。在长达几十年的时间中，共产主义政党和工会为每日8小时工作制而奋斗。1918年以来，在德国人们基本上不必再每天工作8个小时以上。

随着时间推移，虽然并没有爆发革命，但人们的生活条件逐渐得到改善。1917年，人们才发起了一场共产主义革命，却不是在英国，而是在俄国。后文中我将对此进行阐述。马克思和恩格斯在世时，他们仅发起了几次小型革命，但往往不是由真正的无产阶级发起，而是由形形色色的希望拥有更多自由和民主的公民发起。1848年，在法国、奥地利和巴伐利亚爆发的起义将统治者赶下台。德国甚至组建起了国民议会，与60年前法国大革命时期的国民公会有些许相似。但与法国不同的是，德国革命家身后并没有武装力量，他们并没有下决心发动大型武装政变。最后革命于1848年被普鲁士和奥地利军队镇压。不久在法国一位新国王掌权，即拿破仑一世的侄子——拿破仑三世。

19世纪共产主义革命失败的原因之一是科技和医学改善了人们的生活。工业化初期，卫生条件很差。在人满为患的城市中，污水被直接排入河流，而人们从河里汲取饮用水，病菌因此广泛传播。数千人染上伤寒和霍乱，因此身亡。但开凿运河逐渐改善了这一情况，饮用水过滤装置也慢慢普及。

在医学方面，医生和学者也有重大发现。1895年，物理学家威廉·康拉德·伦琴发现了伦琴射线，它能为骨骼造影，更有助于治疗。最大的医学成就之一是全身麻醉。虽然中世纪时就有医生用海绵蘸取鸦片和其他麻醉剂贴在病人脸上，以达到麻醉的效果，但这种方式并不安全。患者往往在手术中仍能感觉到疼痛，或清醒过来，或者甚至再也醒不来。但1846年10月16日，全麻成了可能。在美国波士顿，在多名观众的见证下，人们首次公开实施了所谓的乙醚麻醉。数千年来人们在手术时不得不承受疼痛所带来的痛苦，如今医生能在术前用乙醚让病人陷入深睡眠，人类战胜了可怕的疼痛。

科技的进步和帝国主义的罪行

乙醚的应用可以说是人类历史上的最大成就之一。工业化带来的科技发展为欧美国家带来了一些好处，然而对世界上其他国家来说并没有。相反，正因为他们发明及生产出的货物和武器，欧洲人越来越狂妄自大，因为他们领先于未经工业化的亚洲和非洲国家。欧洲人对这些国家虎视眈眈，他们需要这些国家的资源来进行生产，例如铁矿石、棉花或橡胶。他们也想将欧洲生产的货物销往这些国家，欧洲人尤其看重亚洲国家，认为后者需要欧洲的机器、农业器具和武器。

中国人和日本人最先感受到欧洲势力入侵。像前文中我们看到的一样，数百年来他们一直与欧洲人保持着距离。但在19世纪，西方国家向他们施压，企图增加与他们的贸易往来。1853年，美国超现代的蒸汽驱动战舰出现在日本海岸。美国人直接威胁日本人，如果他们不开放贸易港口，就用大炮轰炸他们的城市，日本人不得不屈服。但日本人有长期抵御欧美贸易条款的方法，这得归功于日本天皇的一个高明策略。

明治天皇用日本制造的武器对抗欧洲人。1868年起，他致力于夯实工业，引入现代化的管理体制。不仅如此，日本还从国外引进英国专家，以制造现代战舰。有了战舰，1905年，日本人才能在韩国海岸边的对马海战中战胜俄国人。在日俄战争中，双方是为争夺对韩国和中国东北的控制权而战。日本到那时也成了殖民大国。

日本不久就成功击退了高度工业化的西方强国，虽然后者的经济科技及军事实力十分强大。但古老的大国——中国的遭遇却大不相同。19世纪时，内战动摇了中国的根基，近2 000万人在战争中身亡。其导火线是太平天国起义。起义领导者洪秀全自称耶稣胞弟，他将宗教思想和均贫富理念相结合，想要以此推翻清朝。

由太平天国运动引发的社会动荡导致百姓伤亡惨重。欧洲人做了什么？他们落井下石。英国人将他们在印度种植的鸦片引入中国，很快数百万中国人染上鸦片瘾。随后中国皇帝下令禁止鸦片进口。

英国人做何反应？1839年，英国军队向中国开火，强迫中国进行鸦片交易，以牟暴利。在长达近20年的时间中，英国向中国发起两次所谓的鸦片战争。但如何为这一场旨在贩卖毒品的战争正言？英国人直接声称，贸易自由让众人受益，发起战争是为保障贸易自由。最终英法联军洗劫圆明园，烧毁众多建筑。

这是一段疯狂的历史。它展现了欧洲人信口雌黄的行事风格，无所不用其极。他们声称要与对方进行自由贸易，以对其他国家有利为借口发起战争。虽然中国并没有沦为殖民地，但中国人不得不把香港租借给英国，并且满足欧洲人的所有要求。

比亚洲的情况更残忍的一幕发生在非洲。几百年间非洲是欧洲人的奴隶的主要来源，欧洲人让非洲人在美国做苦活。19世纪时，欧洲人甚至还占领了非洲本土，在这最后一块净土上开展殖民活动。法国、比利时、葡萄牙、意大利、德国和英国在非洲各地割据。它们甚至相互开战，毫无顾忌地任意分割非洲土地和部落。当地人若反抗，欧洲士兵将用最现代的武器对非洲人进行屠杀。这么做，是因为欧洲人想获得黄金、钻石、橡胶和象牙等资源，并运回欧洲本土进行加工。

我们知道早在16世纪时就存在一些殖民地，但19世纪时，欧洲国家又有组织地占领了更多国家，并把它们作为一个整体进行剥削。这被称作帝国主义。这一概念来自“帝国”和拉丁语中的“统治”一词，它让我们想到2 000年前攻占和剥削了众多国家的罗马帝国。但除此之外，19世纪的欧洲帝国主义者还以自身的文化和宗教侵蚀殖民地。最强大的殖民国是大英帝国，工业革命就发生在其本土的中心——英格兰和苏格兰。

帝国主义犯下了可怕的罪行，他们还让种族主义发展到无可救药的地步。让人匪夷所思的是，科学在这一时期也有重大进步，也就是说，人们本应该更能看清事实。英国自然科学家查尔斯·达尔文于1859年出版著作《物种起源》。书中他描述了我们第一章中提到的进化，揭示了人和猿类拥有共同祖先的事实。这本书造成了轰动，很多读者不愿相信，人和动物有众多相似之处。不久有报纸刊登了达尔文长着猴头的漫画。

一方面，达尔文澄清了所有人是同根同源的事实；另一方面，他也直接导致了种族主义。因为据他描述，在进化中强者才能生存下来。其实他不是指个体，而是指在数千年、数百万年的进化中最能适应环境的人种。达尔文将人类划分为“较开化”和“未开化”的人种，在他看来他们有着高度进化和落后的区别。很多人曾误解了他的用意。他们认为达尔文所说的“适者生存”指的就是，哪个群体最富有，或哪个国家军事力量最强大。

其中就包括一位名叫塞西尔·罗得斯的英国人，他是一位神父的儿子。1870 年，为了开采钻石，17 岁的罗得斯移民南非。他成功出人头地，最终掌控全世界的钻石交易。罗得斯认为非洲是世界上“被最低劣的人种占据”的地区之一。他将黑人看作“孩童”，必须用戒尺教育和“开化”。黑人必须把英国人当作模范，而他自己所属的人种是世界上“最优等、最人性化的、最值得尊敬的”人种。他写道：“我们占领的土地越多，对人类的贡献就越大。”

在罗得斯成为世界首富之后，他甚至在非洲建立了一个以他命名的国家，直到 20 世纪这里都被叫作“罗德西亚”（今津巴布韦）。英国政府对此的态度怎样？维多利亚女王对他表示支持。罗得斯死后，也有数千人参加他的葬礼。

在当时很多人对这样的种族主义思想习以为常。自 1885 年起，比利时的利奥波德二世在非洲西部的刚果强取豪夺，即使在当时这也是违法的。利奥波德二世私占该地区，并派去雇佣军驻扎。他们强迫当地黑人为利奥波德二世收割橡胶，用来制造汽车轮胎，从而谋取巨额利益。数百万刚果人沦为雇佣军的奴隶，饱受虐待和折磨。此外，雇佣军还要求他们上交大量的橡胶。若刚果人在一定期限内没能完成任务，他们的妻儿将被杀害。

雇佣军拷打、强奸和谋杀当地人，正如此前在南美的侵略者们一样。在近 20 年间，比利时人在刚果杀害了约 1 000 万黑人。

欧洲人声称，他们为“未开化”的人类带去美好的基督教、火车、学校和医疗保障，企图以此为帝国主义和种族主义正言。甚至有香皂广告宣称英国香皂可以“通过文明的进步照亮地球上昏暗的角落”。事实上，殖民地的人民享用的科技成果甚少，他们只是被剥削，被虐待，被杀害。

19 世纪，在帝国主义扩张的同时，民族主义也开始膨胀。民族主义是指，人们从根本上认为自己的国家优越于其他国家。于是，在普鲁士，一种极具侵略性的民族主义诞生了。在普鲁士与法国的一场战争中，北德意志联邦军队大胜，民族主义开始显露。德法战争之后，国王威廉一世和宰相俾斯麦随即在 1871 年合力建立起德意志帝国。这一切都令人印象深刻地发生在其敌国法国的中心——凡尔赛宫。

这对很多法国人来说都是巨大的打击，他们开始憎恨德国人。他们的愤怒是导致 1914 年德法再次交战的原因之一。战争中，工业化可怕的后果展现出来，正是它推动一战爆发。

第22章　20世纪的原始性灾难

在一战中，数千万士兵伤亡。为妖魔化敌国、挑拨各国人民间的关系，各国大肆鼓吹自己，新的宣传技巧应运而生。

1915年4月22日，在比利时小城伊普尔刮起了大风，当时小城西南方被大雾笼罩。在下风处的西北方，数千名法国士兵正在战壕中防御德军袭击。法国人觉得这次大雾与平常的雾有些不同，它呈烟雾状，但也不像烟一样向上飘散，并且气味十分刺鼻。但等士兵吸入雾气就为时已晚，短时间内只能听到一声咳嗽或尖叫，士兵扼住自己的喉咙，吐出一口鲜血。他们或失明，或窒息，或因内出血身亡，死前痛苦不堪。

发生了什么？大雾其实是氯气，几千米以外的德军士兵将若干圆柱形气缸打开，将氯气释放出来，大风又将氯气带至敌方领地。当氯气与法国士兵身体里的水相遇，便发生了化学反应，产生的酸会腐蚀人体器官。

这一天，数千名法国士兵因德军阴险的毒气袭击身亡。这是人类历史上首次用毒气作为战争武器，它残忍地展示了致命的杀伤力。毒气是一战中使用的新型武器之一。

战争肆虐欧洲、非洲和亚洲大陆。1914—1918年的一战中，两大阵营针锋相对。其一是德国、奥匈帝国、奥斯曼帝国和保加利亚组成的同盟国。它们也被称为“中部势力”，因为它们位于东西方敌国之间。其对手是另一军事联盟，被称为协约国，包括法国、英国、俄国、塞尔维亚、希腊、罗马尼亚以及之后加入的比利时、意大利和葡萄牙。随后欧洲以外的国家也纷纷参战，包括美国、加拿大、古巴、南非、澳大利亚、新西兰、日本和中国。

一战伤亡超越了截至当时的所有战争。每天有数千人受伤或身亡，有时甚至多达数万人。4 年中，共计约 1 100 万士兵和数百万平民身亡。战争中有多种新式武器投入使用，除上文提及的毒气以外，还包括新发明的坦克，它能推倒铁丝网和堡垒；还有大型机枪和机炮，它们能靠巨大的爆发力将炮弹发射到数百公里外。接连发射的炮弹在空中发出巨响，将人撕裂，并可持续发射数小时、数天、数周不间断。

士兵们在战壕中蜷伏数周或数月，害怕面对袭击，也害怕收到进攻的指令。其间他们不得不拿起机枪和刺刀跳出战壕，向敌方发起进攻。在他们冲向敌人时，甚至都看不到敌人，因为所有人都躲在沙袋掩体后。他们常常跑过被轰炸后凹凸不平的荒地，那里就像月球表面一样。成排的士兵挂在铁丝网上，他们或是被机枪射死，或是被炮弹击毙。

在袭击的间隙，士兵们在寒冷且条件恶劣的营房中忍饥挨饿。到处是老鼠和虱子，疾病和绝望四下蔓延。但指挥官不断将一批批士兵送往前线，完全不在乎其生死。很快没有人再相信能在短时间内战胜对方，许多人开始怀疑战争的意义。

这一切是为了什么？ 20 世纪初究竟为何会发生这场血腥的杀戮？为何会爆发这场让无数人丧命的战争？

星火燎原的军国主义时期

19 世纪末，法国、英国和德国等欧洲列强间的关系日渐紧张，这与上一章中所讲的帝国主义和民族主义有关。很多政治家认为自己的国家是最优越的，必须凌驾于其他国家之上。还有一些强国想得到更多领土，追逐更多资源和市场，以销售自己的产品，因此它们企图抢夺其他强国的殖民地。

除帝国主义和民族主义以外，军国主义也加剧了国家间的冲突。也就是说，在军国主义者看来，军事力量是一个国家最重要的实力。其中一些人甚至认为，全民都应该像士兵一样，接受严格的军事化管理，这样社会将会变得井然有序，一切就会顺利。因为沾染了军国主义思想，很多人断言，军事上的胜利能迅速且简单地带来经济收益。

帝国主义、民族主义和军国主义分别在很多人头脑中根深蒂固，但每个国家发动战争的原因各有不同。1871 年败给邻国德国之后，很多法国人认为自己与德国人有着未解的仇恨。在德国，国王威廉二世与一些军官和政治家梦想着能统治一个庞大的帝国。很多德国人认为，他们比其他国家更晚成为殖民国家，因此他们得从他国手中抢夺殖民地。英国想阻止德国发展壮大，一旦德国扩充军舰，将对英国的海上霸权构成威胁。而几乎所有欧洲列强都希望在中东地区的奥斯曼帝国领域扩大影响，因为那里石油资源丰富，而石油是工业发展的必需品。

因此 1914 年闪现的一点火星就足以引发世界性的大灾难。这点火星是一次袭击事件。1914 年 6 月 28 日，奥匈帝国皇位继承人费迪南大公夫妇拜访波斯尼亚首府萨拉热窝。波斯尼亚是被奥匈帝国占领后吞并的。当费迪南大公夫妇乘坐敞篷汽车穿过围观人群时，一位袭击者持手枪跑上街，近距离射杀了这两位皇室贵宾。该袭击者是塞尔维亚的一位民族主义分子，也是一个恐怖主义秘密组织成员。他的目的是，分裂奥匈帝国治下的原波斯尼亚地区，如萨拉热窝，并将其并入塞尔维亚。塞尔维亚民族主义分子认为，从根本上来说塞尔维亚和波斯尼亚人民都属于斯拉夫人。而根据泛斯拉夫主义思想，所有斯拉夫人应团结一致。

袭击者犯下了严重罪行，整件事很不幸，但这原本不必引发世界大战。可是德国首相特奥巴登 · 冯 · 贝特曼 · 霍尔维格支持奥匈帝国对塞尔维亚采取强硬态度。奥匈帝国指示塞尔维亚政府，必须找到袭击者的同谋和靠山，并给塞尔维亚下达最后通牒：若塞尔维亚一个月之内未完成任务，奥匈帝国将动用武力。塞尔维亚拒绝了这一要求，认为奥匈帝国过分干预自己的内政。奥匈帝国自恃有强大的德国做后盾，于是在 1914 年 6 月 28 日向塞尔维亚宣战。

随后几天，一系列始料未及的连锁事件接连发生。塞尔维亚与俄国结盟，俄国与法国结盟，它们相互支持以保护自己。但是德国首先采取了明确的军事行动：德国军队进入中立国比利时，继而从比利时向法国发起进攻。随后英国派兵援助法国和比利时。同时东部也有两股势力交战，一边是奥匈帝国，另一边是塞尔维亚和俄国。就此形成了我们起初所讲的两大派别——同盟国和协约国。由于英法拥有很多殖民地，因此被殖民的印度人和非洲人也必须在欧洲为它们作战。所以从另一方面来看，一战也波及了非洲和亚洲。

战争初期，欧洲各大城市都发生了反战游行，但游行人数仅占少数，因此被完全忽视。人们在回顾这段历史时，不禁自问，为何没有一位政治家，一位首相、国王或外交官呼吁大家："停止战争！奥匈帝国皇位继承人被杀，这虽然很糟糕，但我们还是不想要世界大战！我们必须另寻解决方法。"可惜没有一位决策者这样说。他们认为必须厘清各国的权力关系，以为战争可以被控制在小范围、短时间以内，像 19 世纪的一些战争一样。在军国主义盛行时期，和平的呼吁被很多人看作是懦弱的表现，是不光彩的。

不光彩？今天看来这当然是完全疯狂的想法。因为让士兵白白送死，这与荣誉毫不相干。但当时很多人接受的教育让将军们认为，他们必须展示出所谓的坚强意志和男子气概，可怜的士兵也必须为此做出牺牲。最终士兵仅仅为了几平方千米领地鏖战，战役长达几个月甚至几年，反反复复，没有一方能战胜另一方。1916 年，在北非城市凡尔登的战役持续了近一年时间，几十万人丧生。

一战在海陆空全面进行。德国元帅保罗 · 冯 · 兴登堡和埃里希 · 冯 · 鲁登道夫手段尤其残忍。英军为围困德军，进行海上封锁，兴登堡和鲁登道夫便命令潜艇指挥官击沉英国舰船，客运船也不例外，以此突破英军的封锁。封锁意味着装有食物或原材料的船舶无法抵达德国，因此在德国有数十万平民因饥荒丧生。而越来越多的来自协约国甚至中立国家的货船和客运船也被德国人用鱼雷击沉，导致数千平民丧生。1917 年 4 月，美国参战，加入协约国阵营。协约国再次扩大了优势。

死亡和对思想的毒害

战争初期，众多年轻男性自愿入伍，一些人甚至斗志昂扬，以为国而战为荣，但这种兴奋很快消失了。大部分士兵被迫去了前线，不愿战斗的人成为逃兵被处死。除直接强迫以外，人们也间接地被战争宣传语推动。英语中的“宣传”一词来源于拉丁语中的“传播”一词。混淆视听的思想和图片广泛传播，在自我吹捧的同时贬低敌人。

当然我们今天熟知的宣传早已存在，早在罗马帝国时期就有类似的宣传手法。16 世纪，它曾为改革派和反对派之争摇旗助威。法国大革命时期，各政党也曾利用宣传手段。但在一战中，人们才首次在大众媒体的帮助下有计划、有组织地进行宣传。宣传语出现在报纸上、电影中、海报上、传单上，甚至在明信片上。

电影出现在 19 世纪末，当时还未普及，因此数百万人首次进入电影院竟然是去观看一战的宣传片。这些宣传片轻易给人留下深刻印象，让人们着迷。当莎拉 · 伯恩哈特和查理 · 卓别林等世界上首批电影明星表示支持协约国时，造成的影响就更大。在一部电影中，卓别林扮演了一位协约国士兵，他用巨大的木槌连续敲打德国皇帝的头，直到皇帝下跪认错。

报纸上的宣传则严肃得多。上面写着，敌方军队杀害了手无寸铁的妇孺，或砍下他们的手。德军确实在比利时杀害了平民，但报道往往言过其实，描述中充满血腥。战争宣传加深了各国人民之间的仇恨，但其内容往往是蓄意捏造的，或者非常愚蠢疯狂，其目的是激起人们的愤怒和戏谑敌人。例如在德国的海报和明信片上，英国人总以章鱼或蜘蛛的形象出现，它们用吸盘、触手或蛛网包围了整个世界。

在我们取笑这些简陋和低级的宣传，以及当时人们有多天真之前，我们可能要想想另外两件事。首先，宣传和广告一样作用于情绪。就算我们用自己的理解方式解析它，认为它很愚蠢，但当同样的信息无数次重复出现时，依然能给我们留下印象：某个产品据说不错，或者某个政敌是坏人。广告能营造氛围。其次，如今在社交网络上，明显的谎言和假消息也能得到广泛传播，有些甚至是由成功的政党人士和政治家散播的。

一战中的宣传也大致如此，但其效果更显著。很多人当然也认识到这些宣传的不可靠之处。一些人开始表示对大众媒体中的报道和图片普遍的不信任，一切都可能是谎言。背离和夸大事实变得稀松平常，因此人们甚至不能再相信任何说法，最终连文字本身都遭到怀疑。此外人们也无法直接用言语恰当地表达恐怖和混乱。

这些情绪最终呈现在艺术中。战争的残酷让很多艺术家不愿再创作唯美的作品，他们转而创造出贴近现代生活的杂乱无章的拼贴画，由报纸、漫画、照片和文章碎片拼凑而成。一战前，立体主义画派就已创作过拼贴画，其代表艺术家有费尔南德·莱热和毕加索等。但1916年起，一个新艺术风潮——达达主义诞生，其成员创作出对比尤为强烈的拼贴画和画作。一些达达主义者创作出别具一格的诗歌，即所谓的“声音诗作”。这些诗句由无意义的字句组成，但其发音本身能营造一个意境。达达主义代表作家雨果·鲍尔曾在苏黎世伏尔泰酒馆登台表演，他站在台上，身穿用纸板制作的自制服装，看起来既像一位主教又像一台机器。鲍尔以卡巴莱的形式朗诵了这段诗：

gadji beri bimba glandridi laula lonni cadori
zimzim urullala yimyim urullala yimyim Zanzibar zimzalla zam
gaga di bumbalo bumbalo gadjamen
gaga dbiling blong
gaga blung

观众听完怔住了。达达主义艺术家们用这些诗歌表达他们对疯狂的战争的看法。这是一种完全新颖的艺术形式，也曾被称作“反艺术”。在此后几十年中，达达主义对文化领域产生了重要影响。它也是后来行为艺术和互动装置艺术的前身，至今它仍在继续影响着喜剧表演和讽刺新闻节目。

疯狂的一战于 1918 年 11 月 11 日结束。这一天德国投降。投降之后几年中，奥匈帝国和奥斯曼帝国等帝国纷纷瓦解。取而代之的是新国家：奥地利、匈牙利、捷克斯洛伐克、南斯拉夫、爱沙尼亚、立陶宛、波兰和芬兰。

历史学家至今为止仍然为一个问题争论不休：谁该为一战爆发负多少责任。很显然，德国应该为此负重大责任，一些史学家认为德国是一战的罪魁祸首。的确是它开始了第一次具体的军事行动，但其他很多国家同样难逃罪责。所有国家都实施了帝国主义、民族主义、军事主义政策。

如今一战被称作“20 世纪的原始性灾难”。这是什么意思？一方面是因为这次大屠杀是 20 世纪欧洲第一次真正意义上的大型灾难。从另一方面来说，很多人认为，经历过如此多的谋杀和恐怖事件，就像经历过地震或陨石等自然灾害之后一样，人类又重新站在文明开端的原始时代，因此这场战争也是一场原始性灾难。一些人的确希望重新开始，他们试图创造新发明。另一些人更想找回旧的价值观，这是他们在迷惘中的精神支柱。总的来说，原始性灾难之后会出现一些全新的或极端的发展态势。

第 23 章　派对的兴致和内战

讲讲俄国革命、美式生活、“黄金二十年代”及在德国初现的民主的兴衰。

1918 年 11 月，一战结束之时，人们一方面感到如释重负，另一方面也颇受震动。他们看到被炸弹和炮弹炸掉胳膊和腿的退伍军人返乡。这些军人身上还出现了奇怪的现象，比如所谓的“战争颤抖后遗症”。患有这种后遗症的人止不住地全身颤抖、抽搐，走路东倒西歪，就像被死神之手摇晃着，根本无法正常行走和说话。这些患者大多处于惊厥状态，前线的恐怖经历给他们造成了过度的惊吓和创伤，于是神经错乱，再也无法控制自己的身体和思想。

战争颤抖后遗症患者当然是极端的现象，但几乎每个人都直接或间接地遭受了战争的痛苦。几乎每个人都在哀悼失去的亲人、朋友或战友。将军和政治家们不顾民众的安危，草率地发起了战争，并且无所顾忌地延长作战时间，他们的无能和冷漠被很多人指责。

在德国，人们也为政治家战后签署的和约感到愤怒。一些人本应为这些苦难负责，却逃脱了后果。因为皇帝威廉二世和他的将军都已下台，战败的恶果落到了临时政府成员头上。1918 年 11 月，交战双方签署了停战协议。战败国德国临时政府属于民主政党，因此于 1919 年 6 月在凡尔赛宫签署《凡尔赛和约》的德国使臣也是民主人士。

和约规定，德国必须承担战争的所有责任。它应向战胜国支付数十亿马克的赔偿金，即所谓的战争赔款，以弥补战争所造成的伤亡和破坏。

很多德国人并不赞同《凡尔赛和约》，他们认为过重的处罚将导致严重的后果。

战后的另一些问题也造成了骚乱。大众仍然艰难度日，其处境就像工业革命时期一样。此外众多国家仍然没有实施民主体制，即使举行选举也只有男性能参与。在19世纪末的英国，就曾有女性政治活动家为女性选举权而斗争，后来她们也被称作“妇女参政论者”。德语中的该词来源于英语和法语，意为“选举权”。女性不仅被禁止参与选举，也几乎不能公开表达自己的想法，总之完全不能发表言论。因此妇女参政论者另寻他法，提出：“要行动！不要空话！”这也是她们的口号。

妇女参政论者通过行动获得了很高的声誉。她们在家是平和的家庭主妇，变身为活动家后，她们砸碎玻璃，烧毁信箱，有时还在政治家住所纵火。如果她们中有人因此被捕入狱，其他人就发起绝食抗议。埃米琳·潘克赫斯特就曾发起绝食，并做好了为女权事业献出生命的准备。她想，这至少能让报纸对此事进行报道。

艾米丽·戴维森则采取了更极端的行为。1913年6月，她购买了英国著名赛马比赛——爱普森德比的门票。比赛途中，正当骑手全速飞驰而过时，她越过观众席上的屏障直奔赛马而去。那匹赛马正是英国国王的马，飞奔之下将她撞倒，将她拖拽到赛道上，她最终因伤势过重身亡。为了让妇女参政论登上报纸，戴维森不惜冒生命危险，最终为此牺牲。事实上，这一悲惨的故事也如她所愿登上了报纸头条。

妇女参政论者成为后来众多政治活动家的典范。1918年，英国政府最终听到了她们的声音，年满30周岁、拥有财产的英国女性获得了选举权。1928年则更改为21周岁以上。在其他一些国家，女性更早就获得了投票权，但另一些国家则更晚。德国也是在1918年，法国在1944年，瑞士在1971年，直到1990年瑞士的一个州女性才被允许参加地方选举。

世界革命和强盗资本家：苏联和美国

在俄国，女性早在 1917 年就获得了选举权，但不久后又失去了这一权利。这是一段疯狂而又悲情的历史。

一战后，与其他欧洲国家相比，俄国总体发展滞后，很多俄国人甚至仿佛生活在几百年前。1861 年，沙皇亚历山大二世才废除了农奴制，但之后贫困的农民仍然为贵族当牛做马，贵族则以剥削他们为生。因此革命团体试图发起反抗。在 1917 年 2 月，一战期间，面对险情，工人和士兵发起革命，逼迫沙皇退位。

这时多个政党组建起了临时政府，包括社会主义、民族主义和自由主义党派，他们授予女性选举权。但正当各党派商议国家前景时，临时政府被大型革命运动推翻了。革命运动的领袖是社会主义者弗拉基米尔·伊里奇·乌里扬诺夫，他另一个为人熟知的名字是列宁。在沙俄时代，为逃避警察追捕，他逃到瑞士苏黎世。在数年的逃亡中，他撰写了一些革命文章，并静待时机。

1917 年年初，时机成熟了。沙俄政府瓦解，人们寻觅着新的解决方案。于是列宁长途跋涉，乘坐火车横穿欧洲，经芬兰到达俄国。到达故乡的列宁被拥戴为布尔什维克的领导人。布尔什维克在俄语中的意思是“大多数”，意指俄国社会民主工人党是最强大的派系。列宁知道如何让人民信服。在演讲中，他号召工人和农民组建代表会议——苏维埃，并呼吁他们从政治家和贵族手中夺取政权。此外列宁希望让俄军即刻停止战争。

很多人为此振奋不已，因为他们受够了战争。列宁和其领导的布尔什维克通过革命获得了政权，他们制订出准确的行动计划和清晰的目标。拥有武装的布尔什维克占领了重要的政府机构和车站，并囚禁了圣彼得堡政府的官员。这就是 1917 年 11 月 7 日爆发的俄国革命。根据俄国日历，这一天是 10 月 25 日，因此如今我们也称它为“十月革命”。

获胜之后，布尔什维克进行了一系列改革。他们将大地主的土地分配给贫困农民。他们没收了企业家财产，将企业国有化。从此，无论是贫困家庭还是富有家庭的儿童都能上学了，这是一项巨大的进步。因为在 20 世纪初，大部分俄国国民都还是文盲，文盲率远远超出欧洲国家文盲的比例。

当其他国家还在争斗的时候，布尔什维克就结束了一战对国民的伤害，于 1918 年 3 月在布列斯特 – 利托夫斯克与德国签署了和约。但不久后，俄国爆发了内战，死伤惨重。战争最终以布尔什维克领导的红军获胜而结束，红军由列宁的同僚里昂 · 托洛茨基建立。

内战期间，数百万俄国人丧生，战争影响了农业和工业生产。雪上加霜的是，刚建立的共产主义经济体系也运转不畅。从国家分得土地的农业工人不知道如何运营农庄，他们不知道如何管理农场、分配饲料和拟定收割计划，他们从未学习过这些，因此他们逐渐被集体农庄等大型国有企业吞并，失去了自主权。与农业领域相似，工厂也渐渐被国有化。没有人能说：“这是我的企业”或者“这是我的收益”，因此也没有人认为自己应对此负责，也就没有人真正努力工作。1922 年起，由俄罗斯、白俄罗斯、乌克兰、哈萨克斯坦和乌兹别克斯坦等国家组成苏联。1924 年，列宁去世了，斯大林掌握了大权。

在当时，西欧整体经济水平高于苏联，斯大林迫切希望赶超。为此，他强令数百万人在炼钢厂或煤矿从事重体力活，这么一来就荒废了农业生产，农田荒芜。因此，在大型工厂建成的同时，饥荒夺去了许多苏联人民的生命。

谁要是批评斯大林，或就算是背地里质疑他，都会被送到劳改营。在那儿，人们住在透风的营房里，喝稀粥，吃干面包。即使是在恶劣的天气下，他们也得干重体力活，例如铺设公路或开凿运河。很多人死于饥饿、严寒、过劳或传染病。劳改营之后被扩充成一个机构——古拉格集中营。与斯大林的意志背道而驰的人，或威胁到他的人，都会被迫害。其中一部分人也许能得到审讯的机会，但判决结果早已内定。法官必须做出符合斯大林意愿的判决，否则他自己也将被送入古拉格。

如此这般，俄国革命彻底误入歧途，数百万苏联人民面对痛苦和死亡。以美好的理念为出发点的这一切，却变成了梦魇。尽管如此，欧洲其他地方的很多人，甚至连生活在苏联的很多人，都以为苏联真的实现了社会公正，并将苏联看作典范。为什么？

人们并不清楚，在几千米外的劳改营中发生了什么。在遭遇被沙皇长期压迫的痛苦之后，人们也愿意相信，如今一切都变得更好了。仅就经济而言，苏联在 20 世纪 40 年代的确获得了成功：在工业生产上与美国齐头并进；孕育出伟大的设计家和建构主义建筑，例如建造了一些由相互镶嵌的四方块组成的房子，看起来十分现代且充满未来感。

对外，苏联完全是让人赞叹的大国。它与另一个二战后一跃成为世界大国的美国相互竞争，两国各自以其独特的方式成为欧洲很多国家的典范。美国拥有摩天大楼和另一些让人着迷的事物，例如爵士乐和米老鼠。越来越多的美国人手里有钱，可用于购买新式收音机、冰箱和汽车。福特 T 型小汽车经济实惠，因此尤其受欢迎，人们给它起了个昵称：“铁皮车”。

这些都是典型美国生活的写照。在美国，很多普通职员生活优渥。一些人创造了童话般成功的事业：他们最初以帮厨或跑腿为生，随后事业蒸蒸日上，最终成为企业家，身价百万，住别墅，开八气缸的凯迪拉克豪车。但有些地区却贫困落后，工作环境恶劣，且当地人受种族主义思想影响。黑人被压迫、被歧视，有时白人甚至对黑人处以私刑，将他们打死或吊死在树上，尽管他们往往并未犯罪。虽然有社会主义政党和工会为穷人和受压迫者伸张正义，但这些组织要么被禁止活动，要么组织代表遭到警察和厂商追杀。富有的企业家雇用打手，镇压罢工，导致枪战多发，多人丧生。有些企业家向政治家行贿，让他们拟定一些对企业家有利，却有损工人利益的法条。

人们把一些拥有政治势力的大企业家称为“强盗资本家”。为何称呼他们为“强盗资本家”？安德鲁·卡耐基和约翰·戴维森·洛克菲勒等大企业家往往用违法方式建立起商业帝国，包括钢铁厂、石油公司、铁路公司。他们剥削工人，非法操纵价格以淘汰竞争对手。“强盗资本家”另一显著特点是，晚年时，富有的他们会捐献出自己的部分财产，所以很多图书馆、医院和剧院都以他们的名字命名，例如纽约著名的卡耐基音乐厅，因此“强盗资本家”大多反而享有一定声誉。

在欧洲，人们看到的主要是美国生活美好的一面。在伦敦、巴黎和柏林，年轻人跳着来自美国的查尔斯顿舞。女人们摆动着双腿，挥舞着手臂，她们被叫作“拍打舞者”，这源于英语中“拍打”或“拍打翅膀”一词。拍打舞者的确跟身披彩色羽毛的鸟儿有些相似：她们身穿无袖连衣裙，以珍珠、流苏和有趣的图案为点缀，留着大胆干练的齐耳短发，即波波头。刚获得选举权的她们，激动地公开抽烟、饮酒，此前女人这样做都被认为是不得体的。

由于20世纪20年代的文化生活如此自由欢快，且很多人生活富足，因此我们称之为“黄金二十年代”，但欧洲其他地区的情况却不太如意。在很多国家，尤其是南欧和东欧国家，如波兰、保加利亚、罗马尼亚、希腊、西班牙和葡萄牙，民主运动者和独裁者争夺权力，而独裁者往往占上风。

在一些国家，民主运动依然小有成就。1923年，在古老的奥斯曼帝国瓦解之后，土耳其成立了，从很多方面来看，它都是较为现代化的国家。新总统穆斯塔法·凯末尔被赐名阿塔图尔克，意为“土耳其之父”。他废除了苏丹制，这是诞生于中世纪的行政制度，苏丹曾是国家的唯一统治者。

阿塔图尔克将政教分离，给予女性上大学的权利，并全面推动男女平等。土耳其虽不是今天所说的完全意义上的民主国家，但总算向共和国迈进了一大步。

功败垂成的年轻民主国家：魏玛共和国

同很多其他国家一样，德国在一战结束时也曾出现动乱。甚至一度要像俄国一样爆发共产主义革命，但最终结局却有所不同。我们应该仔细回顾这一重要的发展过程，因为它告诉我们，如果只有少数人相信自由和民主，而反民主党派人士对此加以利用，我们就将迅速丧失民主。

1918 年 11 月，一战结束前几天，德国海军士兵们在北德基尔发动叛变。之前指挥官下令进行一场毫无意义的海战，让他们去送命，于是士兵拒不从命。工人罢工抗议，支持海军。人们希望建立一个与当时俄国相似的所谓的苏维埃共和国。简而言之，德国共产党人也想发动一场革命。

1918 年秋，一连串事件接踵而至。在德国首都柏林，工人罢工。在全德建立地方性苏维埃政府成为可能。1918 年 11 月 9 日，斯巴达克派领导人卡尔·李卜克内西宣布建立代表大会体制。斯巴达克派是激进的共产主义党派，为强调这一特点，他们以发起起义的古罗马奴隶斯巴达勇士为名。但就在他们发起革命的同一天，社会民主党（社民党）政治家腓力·赛德曼宣布共和国成立。所谓的共和国拥有正规的议会，而不是代表大会。哪一派能最终获胜呢？社民党还是共产党？谁来决定？威廉二世已经退位，他清楚败局已定，又听闻罢工游行和暴乱频发，革命即将到来，于是早就逃往荷兰。

此时社民党领袖弗里德里希·艾伯特接管军队，镇压共产主义者。同时社民党与其他政党结盟，下定决心举行选举。因此德国并没有像俄国一样进行共产主义革命，并建立代表大会体制，而是走向了共和国体制。这是德国历史上首个民主国家，它被称作魏玛共和国。它以柏林以南250千米的小城魏玛命名，因为首次议会在这里召开。柏林街上混乱不堪，于是政治家都躲到了这座小城。在柏林，只要一脚踏出家门，就可能被卷入一场政治斗殴或枪战。有时就像陷入了内战一样，枪弹在空中不停穿梭。

魏玛共和国是一个民主国家，但它从一开始就不受欢迎，有很多反对声音。那时一方面有德国共产党希望建立类似苏联的代表大会制度，由无产阶级专治。另一方面还存在像全国人民党和德意志民族社会主义工人党等党派，他们虽参与竞选，但实则希望废除民主制。这让我们感到惊讶。但那时在战后，很多人希望重获安宁和秩序，而他们从小就习惯于听从命令和遵守严格的社会等级制度，从未考虑过对错，因此他们支持国王或皇帝代表的君主制，即使是军事独裁也颇受欢迎，即由一位将军担任国家最高领袖。

对众多退伍军人来说，更是这样。在经历数年前线作战生活以后，他们往往不知道如何回归正常生活。很多人失业了，无所事事，因此他们在寻找生活目标。于是他们组建起所谓的自由军团，也就是说，不是正规军队，而是从属于各领导人、雇佣者和政治团体的军队，即私人武装。他们拿人钱财，替人消灾。

私人武装人员通常是民族主义、军国主义或右翼极端主义分子。左翼和右翼这两个政治概念要追溯到法国大革命时期。当时在全国大会中，雅各宾派追随者，即极端改革派，坐在议会的左席，而君主制的支持者则坐在右席。如今很难确切地说明左翼、右翼到底如何区分。想要缩小贫富差距及要求富人为社会做贡献的政党，人们更倾向于称呼它们为左翼；而认为社会地位悬殊是正当的或不可避免的政党，则是右翼政党。所谓的右翼极端主义和左翼极端主义则是它们的两种极端形式。奇怪的是，这两种极端竟然在某些方面存在相似点：往往都试图通过武力而并非民主的方式实现自己的政治目标。

在魏玛共和国里，右翼极端主义倾向的私人武装分子常常殴打与其意见相左的政治对手，甚至谋害对手。他们杀害了共产党人罗莎·卢森堡和卡尔·李卜克内西。他们不仅针对共产党人，就连温和党派成员也不放过。例如财务部长兼议员马蒂亚斯·埃尔茨伯格，他是天主教中心党成员，也是魏玛共和国背后的一位英雄。这位虔诚的基督徒曾严厉声讨德国人在其殖民地的残暴行为。为协调贫富差异，他还对高收入者增收税收，在德国这是史无前例的。他最终被右翼极端分子枪杀。

右翼极端分子以及右翼极端主义自由军团犯下种种罪行。尽管如此，1920 年社民党政府还是让他们与正规军一起对抗 5 万红色鲁尔军。与自由军团相反，红色鲁尔军带有左翼极端主义色彩。在战斗中，上千人丧生。社民党政府虽然是左翼，却与右翼极端分子合作，共同打击类似俄国的左翼极端主义革命。

那是一段混乱的历史。右翼极端分子企图武装颠覆政权。很多人认为，议会中的政客是导致经济困境、贫困和失业的罪魁祸首。一战后德国必须向战胜国赔付数十亿马克的战争赔款，这在很多普通百姓看来是奇耻大辱。很多国民将这一结果怪罪到社民党和天主教中心党等民主党派身上，他们批评这些党派在面对协约国时软弱无能。但其实战争赔款虽多，在几十年内是能够分期偿还的。20 世纪 20 年代，赔款大幅下调；1932 年，协约国甚至全部免除了德国的赔偿金。但很多德国人仍然认为战争赔款是经济问题的根源，甚至认为它是“国家的耻辱”。

这些情绪是被兴登堡和鲁登道夫等将军煽动起来的，他们曾参与一战筹划和作战。他们在战后散布消息，以煽动民情，即所谓的“背后一刀”。将军们通过媒体散布消息称，德军之所以战败是因为国王退位后由社民党组成的临时政府出卖了他们。将军们声称军队仍在战斗，政府却拒不提供军粮、武器、弹药等必要的物资支援以及道德上的支持，士兵们被本国人背叛了。这并不是事实，而是谎言。但战后很多失望的德国人却愿意相信。

魏玛共和国的瓦解不仅因为遍布的谎言和沉积的恩怨，经济危机也给了它致命一击。其中主要问题在于通货膨胀，德语中的“通货膨胀”一词来源于拉丁语，意即国内流通的资金总量增多。为何会这样？政府印发越来越多的纸币和硬币，让其流入市场。通过公务员工资和银行借贷，人们获得了这些货币。与货物相比，市场上流通的货币变多了，因此钱就贬值了。为了能增加政府支出、偿还战争赔款，魏玛共和国政府增加了货币供应量。他们也想以此给企业提供银行贷款，促进企业拓展新业务，以推动经济发展。

如果控制得当，这类货币政策是可行的，但一旦过度就很危险。因为一旦货币供应量突然增加，而同时日用品、食品和设备等资源匮乏，形势就无法挽救了。当人们花 100 马克却连一盒香烟都买不到时，人们就对货币失去了信心，于是他们开始囤积货物，贸易活动就越发受阻。

1923 年，通货膨胀走向极端，升级为恶性通货膨胀。由于发行货币量过大，最终一个面包的价格不再是几分钱，而是几百万马克。人们提着的是一筐一筐的毫无价值的纸币。

此时很多德国人都惊觉，自己的国家变成了疯人院，所有政客都是失败者、背叛者。随后政府实行了货币改革，也就是说，完全废除此前的货币，引入新货币。人们迅速对货币和经济重拾希望，经济短暂回暖。但 1929 年 10 月，纽约股市崩盘，巨大的冲击导致全球经济危机爆发。

发生了什么？股市崩盘意味着股价暴跌，也就是说，股票的价值突然骤减，或完全失去价值。我们上文曾讲过，17 世纪在荷兰发生过历史上最著名的崩盘。当时人们过度投资郁金香，导致市场上出现过多郁金香，直到没人再想买它，价格暴跌。从根本原理上来讲，1929年的股市崩盘与此相似，但其涉及的货物更多。一切变得更复杂，影响范围也更广，后果更加严重。

1929年，人们大量买入汽车制造业等行业的股票，所有人都参与生产或疯狂购买，导致产能过剩。股东总想获得更高的利润，但某一天人们再也不能或不想购买汽车。因此企业利润下降，股价下跌。很多人想或多或少收回一点本金，于是在恐慌中迅速变卖所持股份。不久市场上就出现过多的无人问津的股票。

如果没人买股票，企业就没钱支付工人工资，没钱让机器保持运转。很多企业因此破产倒闭。美国的股灾对全世界，尤其是欧洲市场影响甚大。美国投资者和银行撤回他们在欧洲的资金。尤其是在德国，企业销售量骤降，很多企业不得不裁员，不久失业人口达到600万。在当时，我们今天熟知的失业保险体制刚建成不久，人们还没有缴纳足够的保险金。为填补空缺，不得不从人们工资中扣除一大笔钱，数百万人因此陷入困境。绝望的情绪开始弥漫，许多失业者感到无能为力。他们负担不起租金，买不起面包。很多人流落街头，以乞讨为生。

因此人们渴望看到任何一点希望、帮助和力量。此时一个男人和一个政党出现了，他们将为世界带来一场可怕的灾难。这就是阿道夫·希特勒和德意志民族社会主义工人党（即“国社党”或“纳粹”）。

希特勒是奥地利人，曾参加一战。战后与众多失业者一样，他也不知道该干什么，不知道自己的归属。他来到慕尼黑，加入了纳粹。在那儿他过得不错，民族共同体是他们常常谈论的主题。根据他们的说法，在民族共同体中，每个人都会被“解放”，无论是无产阶级或是企业家，手工业者或是教师，官员或是临时工，所有人都应团结一体。在纳粹中，希特勒发现自己善于用演讲煽动人心。1921年，他成为该党领导人。

纳粹等级森严。他们有冲锋队，是由纳粹成员和自由武装人员组成的军队。在赫尔曼·戈林的领导下，他们为纳粹的行动保驾护航。此外，冲锋队还会对其他政党组织的聚会发动袭击。同时其他政党也拥有自己的军队，例如德国共产党属下的红色前线战事同盟。这导致双方常常发生斗殴。此外，冲锋队也在街上大肆制造恐慌氛围：他们或挑动打架或发起枪战，无事生非。

希特勒的最大偶像是贝尼托·墨索里尼。墨索里尼在意大利建立了右翼极端主义政党——法西斯党，并自称独裁者，即元首。与德国的自由军团一样，法西斯党也与共产党苦战，同样他们也轻视民主。1922 年 10 月，墨索里尼带领 4 万追随者从意大利北部直达首都罗马。国王维克托·伊曼纽尔三世任命他为总理，如若不然就可能会发生一场内战。此外国王也惧怕共产主义革命，墨索里尼相较之下就仿佛是他的保护伞。

希特勒在报纸上获悉墨索里尼取得胜利，这让他灵光一现。他也想效仿墨索里尼。于是 1923 年 11 月，他带兵直驱慕尼黑统帅堂，企图武装颠覆政权。但他失败了，并且被捕入狱。然而他却只被监禁了几个月。当时的法官同很多法学家一样，对右翼极端分子怀有同情。重获自由的希特勒和其政党起初并没有多大影响。但随后上文提及的世界经济危机爆发了。这一灾难波及甚广，给了希特勒可乘之机。

1930 年德国国会选举期间，希特勒巧言煽动大众。在竞选演讲中，他责骂造成经济危机的资本家。同时他也怒斥共产党，因为他们将工人置于其他国民之上。最终他对所有敌对党派破口大骂，斥责他们是造成混乱的罪魁祸首。他承诺，纳粹与其他所有党派完全不同，只有他们能让全民族团结起来。选举中，纳粹有了巨大收获：他们从一个无名的小党一跃成为议会中仅次于社民党的第二大党。在随后 1932 年的选举中，希特勒领导的纳粹甚至获得了最多选票。

很多受经济危机打击的德国人重新燃起了希望。因为希特勒强调，所有职业和阶层一律平等，民族共同体就是解决之道。他并不解释真正的含义，但这听起来十分诱人。他说道，在德国不应该再有 30 多个政党，这些政党都只代表少数人的利益，这一观点让很多人信服。因此当他公然在竞选演讲中颂扬独裁主义、贬低民主时，很多人竟然也为他摇旗助威。他用沙哑的声音对着话筒大喊："我定下了一个目标，那就是把 30 个政党赶出德国！"

这句话的意思其实是，他要废除民主。尽管如此，人们还是选了他。1933 年 1 月 30 日，他当选德国总理，德国史上最糟糕的时代即将到来。

第 24 章　邪恶的元首

希特勒在德国“夺取政权”，影响 1933 年起的第三帝国人民的日常生活，发起恐怖事件。纳粹分子谋害了数百万犹太人和少数民族族裔。

1940 年 10 月，英国著名导演兼演员查理 · 卓别林将他的电影《大独裁者》搬上银幕。该片取得了巨大成功，全世界数百万人观看了这部影片。但在德国却没人能看，因为该片在德国被禁。1940 年，阿道夫 · 希特勒统治着德国，该片是对他的讽刺，它用幽默的方式嘲笑这位独裁者。卓别林所饰演的角色暗指希特勒，他在片中名叫亨克尔。在片中，亨克尔发表了一次公开演讲，从头到尾都在胡言乱语，让人难以理解。亨克尔像疯狗一样咆哮，唾沫横飞，让人感到不适，甚至连演讲台上的麦克风都想避开他，十分荒诞可笑。

该片虽是一部讽刺片，但值得注意的是，真实生活中的希特勒也很荒诞可笑。我们如今看他演讲的录像，就能听到他声音刺耳，支支吾吾，动作也十分僵硬。向人问候时，他抬起并放下手臂的样子十分迟钝和木讷。在我们看来，希特勒说话的方式也十分粗鲁，甚至那时就有很多人认为他的演讲夸大其词。但当时也有数百万人都完全为他的力量和热情着迷，忘乎所以。

卓别林的电影上映后，众多讽刺希特勒的电影纷纷上映，至今仍然如此。这也是因为，很多人还在试图理解，为何当时这么多人被这个可怕的人吸引。1933—1945 年，希特勒是德国的掌权者，也是历史上最可怕的人之一，他发起了让 6 000 多万人丧生的二战。二战是下一章的主题，而在接下来几页我将讲道，希特勒是如何成功说服这么多人，他又是如何进行恐怖统治的。在极短的时间内，他将独裁主义带到德国。他将近 600 万犹太人和辛提人、吉卜赛人等众多其他少数民族族裔以及同性恋者关入集中营，对他们用刑，并以残忍的方式将他们杀害。

武力、诡计和谎言

上一章中我就已经讲过，希特勒是如何成为魏玛共和国总理的。他承诺，所有德国人在民族共同体中都是平等的。同时他也恐吓其他政敌。1933 年 1 月 30 日，希特勒被任命为总理之后，他的冲锋队依然公开制造恐慌。他们身穿棕色军服，踏着军步，穿梭在城市中，在街上与德国共产党人进行巷战。

恩斯特·台尔曼领导着德国共产党，它是除社民党以外希特勒最大的敌手。但 1933 年 2 月，希特勒设计给了共产党人致命的一击。2 月 27 日深夜，德国国会大厦发生火灾，原因至今仍未查明。但一位共产党人被以纵火罪处死，随后希特勒为所有共产党人扣上危害国家安全的罪名。他逮捕了数以千计的共产党人，并向共产党下达禁令。

此外，他还颁布了一部《紧急法令》，纳粹分子据此取缔了《基本法》，《基本法》中原本规定警察没有具体指控不得逮捕国民。据称，颁布《紧急法令》的原因是为了对抗共产党。总统保罗·冯·兴登堡原本可以阻止《紧急法令》的颁布：必须经他同意，法令才能生效。虽然与如今德国总统一样，他也只行使代表职权，但在某些情况下他也能进行干预。在某种程度上，他像是一个跨党派的裁判。但出于对共产党的憎恨，他签署了该法令。

这是兴登堡犯下的重大失误。希特勒认为，现在他把足够多的对手和政敌都关了起来，记者们也感到恐慌，因此他以为自己能获得多数选票。在1933年3月，他再次举行选举。纳粹虽然以约44%的选票成为最大党派，但离绝对多数选票还差一点。有了绝对多数选票，他们才能在议会中拥有法律决策权，通过任何他们想要通过的法令。但最终这也完全不必要了，因为就在当月，在兴登堡的同意下，希特勒通过了所谓的《授权法案》。他以此获得了独裁权。他们给出的解释是，这样希特勒就能够快速且便捷地与议会商讨事宜，以防“人民和帝国”遭受威胁。

这是希特勒的诡计。出乎意料的是，所有政党竟然都通过了该法案。唯独社民党勇于反抗，德国共产党议员原本也应反抗，但他们已经被扣上罪名，被排除于议会之外。

这就是德国首个民主体制——魏玛共和国的结局。之后局势瞬息万变，希特勒向社民党和工会下达了禁令；受到纳粹分子的威胁，其他政党纷纷自行解散。就这样最后仅剩下纳粹。其他政党和政治家如此恐惧是事出有因的。自1933年起，希特勒就将政敌和批判他的记者关进了集中营，例如达蒙、奥拉宁堡和利赫滕堡的集中营。营地被带刺铁丝网围起来，里面矗立着棚屋。最初逮捕由冲锋队执行，后来由党卫队与盖世太保——国家秘密警察接手。盖世太保最初由赫尔曼·戈林领导，随后莱因哈德·海德里希和海因里希·希姆莱共同领导盖世太保和党卫队。他们是全德国仅次于希特勒的最有权势的男人。

党卫队与盖世太保的工作紧密关联。他们的眼线遍布全德国，一旦谁对政府发表一点负面评论，他们都会举报。党卫队与盖世太保共对数千民众进行审问、行刑或将其谋杀。此外，德国还被划分为各个行政区、区县、地方和街区。也就是说，甚至小到每个街区都会被督察员监视。一旦有人成为督察员，即使原本没有事情要上报，他也会开始装腔作势，逞威风。

就这样，第三帝国初现雏形。1934年8月，总统兴登堡去世，希特勒又将总统职务纳入自己的权限。他强令人们称呼他为“元首”，对他俯首帖耳。于是德国人得向元首和每个路人高举右臂，并高呼“希特勒万岁”！

这时大多数人醒悟过来了，并质疑这种疯狂的情况了吗？并没有，大多数人都习以为常，因为他们从小接触煽动性宣传，已经被洗脑。基本上10—18岁的青少年都加入了纳粹青年组织：女孩成为德国少女联盟成员，男孩则是希特勒青年团成员。在这里，他们身穿制服，学会军事思维方式，绝对服从命令。起初这些训练看起来并没有危害，反而十分轻松、令人愉悦。青年们在室外运动，或进行类似于抓人的对战游戏。一队人手臂上戴着黑色丝带，另一队人则佩戴白色丝带。谁被对手摘下丝带，谁就死了，得躺在地上不动。游戏结束时，哪一队活下来的多，哪一队就赢。

那时很多青年没有零用钱，他们还要搜集并贩卖旧金属制品挣钱。德国少女联盟和希特勒青年团在他们看来就像是夏令营：有吃的，还能跟同龄人玩耍或接近异性；此外还能体会到一种新鲜的权力感。他们行军穿过大街小巷，人们得向他们佩戴的卍字旗致敬。他们有时也参与斗殴，或将人抓进集中营。种种残暴和漠视人性的行为发生在他们生活的方方面面。如果他们父母在家吃饭时批评了元首，他们还会向盖世太保告发。所以就算是家庭成员，相互间也处处猜疑。

也有一些青年拒绝参与希特勒青年团的军事活动。因为希特勒青年团里唱的歌曲并不优美，也没有摇摆舞或律动音乐。这些青年僵硬地踏步穿过街区，高唱着充满攻击性的歌词，例如：“今天德国是我们的，明天整个世界都属于我们”，或者“德国必须存在，德国必须存在，当我们死去，当我们必须死去时！德国仍必须存在！”今天听起来，这些歌词太疯狂，但当时的青少年已经适应了斗争和战争，这些甚至是他们生活中最重要的部分。

另一个用来迷惑大众的方式是新闻影片，它是新闻和宣传片的结合，在电影院播放。新闻展示了阅兵仪式、工业生产获得成功或纳粹召开党会的画面。影片中气氛一派祥和，如纳粹在夜晚用火把举行阅兵式，希特勒在火光中对数千人发表演讲。很多人认为他简单的表达方式十分有说服力。例如他认为，最强大的民族可以对弱小民族进行征服和打压，以建立一种“秩序”，这是世界上所有冲突的解决之道。

纳粹宣传的方法十分多样。希特勒专门任命保罗·约瑟夫·戈培尔为宣传部长，他们之间的谈话通过电波传播到家家户户。收音机被称作“国民收音机”，就算没有收音机的人也要去邻居家收听元首的讲话，这样每个人都被周围所有人监视着。纳粹的广播必须收听，而 BBC（英国广播公司）广播台或美国爵士音乐台则被禁止收听。

纳粹宣传的首要目的是传播所谓的“种族学说”。纳粹声称，德国人是“优等民族”，属于“雅利安人”。雅利安人是十分强壮、聪明和健康的人种，天生身材高大、金发碧眼。希特勒和其他重要纳粹分子本身却与完美的雅利安人的形象截然相反，但由于大多数人已经被他们蒙蔽，这一点不同完全不是问题。于是一个笑话流传开来：“真正的雅利安人长啥样？有希特勒的金发、戈培尔的高大和格林的苗条！”这类笑话被称作“耳语笑话”，因为人们当然不准大声谈论这些笑话，只能跟绝对信任的朋友说。一旦某人向盖世太保举报，谈笑之人将立刻被逮捕，随即被长期监禁，如果情节恶劣，他甚至会被判处死刑。

可这些有关“种族”和“雅利安人”的荒唐想法竟然产生了极其奇怪的影响。被认定为不属于雅利安人，而是有着非洲或犹太血缘的人，被纳粹分子看作“下等人”。也就是说，他们必须被统治。这些胡言乱语在当时竟然有很多人相信。

1936 年柏林举办奥运会时，纳粹利用这场国际运动赛事进行宣传。他们企图为自己塑造国际化、强大且优人一等的形象，但是美国短跑世界纪录保持者杰西·欧文斯等黑人田径运动员还是获得了金牌。这些比赛首次通过最新电视的转播技术向公众转播。负责宣传的导演雷妮·瑞芬舒丹为这项赛事拍摄了纪录片《奥林匹亚》，她向人们展示了肌肉发达的所谓的雅利安人运动员形象。镜头中，他们本应该像高雅优美的古代雕像，但事实上他们却十分僵硬、紧张地从镜头前走过。

希特勒喜爱的艺术也是如此。他最欣赏的艺术家们也在雕塑和绘画作品中展现了雅利安人形象，它代表着人们被灌输的所谓的理想人物形象。在第三帝国的绘画作品中，体格强健的金发男女用坚毅的眼神遥望远方。在现在看来，他们显得僵硬而毫无生气，但当时有很多人认为他们传达出力量。纳粹对他们所支持的艺术家大肆鼓吹，与此同时，他们将保罗·克利、弗兰茨·马尔克、瓦西里·康定斯基和奥托·迪克斯等现代艺术家的作品列为“堕落艺术”。纳粹宣称，这一类艺术只展现了身体和精神的弱点。被归作堕落艺术的作品被公示，部分作品因此遭到毁坏。早在希特勒执政初期，他就曾公开焚烧与纳粹思想相左的部分作家的作品，因为他们的观点和评论过于自由，其中包括卡夫卡、亨利希·曼、贝尔托·布莱希特和茨威格的作品。

除了这些宣传戏法以外，第三帝国的真实生活是怎么样的呢？人们在希特勒统治下究竟过着什么样的生活？数百万失业者的确获得了工作。为创造就业，希特勒下令修建纪念建筑物和道路；他施行了义务兵役制，扩充军队并提升军需品的产量。但人们的收入却比以前更少。此外，投资建设使国家财政遭遇赤字，不久后造成了严重后果，因为随后德国人在二战中对他们所侵占的国家大肆掠夺。在德国国内，数百万德国人侵吞了犹太人被夺走的财产，包括后者的存款、住宅和财物。有的犹太人被禁止工作，有的被谋杀或驱逐出境，有的人幸运地及时逃离出境，但他们也因此不能继续工作，德国人便替代了他们上岗。

排挤、迫害和谋杀

许多德国人在物质层面上受益于纳粹政策，因此就算他们曾良心不安，此时也被抛之脑后。此外，各类宣传也能帮助他们遗忘。希特勒上台后，犹太人立即遭遇歧视。*Stürmer* 等报纸曾刊登犹太人的图片，图中他们弓着背，长着长鼻子，看起来十分狡诈。希特勒宣称，犹太人参与了一个大阴谋。他暗示犹太资本家剥削了贫困的德国工人，很快他便将犹太人与共产党联系起来。

这些当然都是他编造的谎言，宣传部企图以此为纳粹实行的严酷措施正名。1933 年起，他们呼吁德国人不要在犹太人的商店消费。犹太人被禁止从事医生、药剂师、律师和教授等职业，也被排除在公务员体系之外。此外，他们还必须缴纳特殊税款。1935 年，在纽伦堡举行的纳粹党会中，纳粹决定出台新规，即所谓的《纽伦堡法案》。其中第一条写着，“帝国公民只包括德意志或同源的有血缘关系的国民”。自此，犹太人被直接剥夺了公民权利，犹太人不能和非犹太人通婚或恋爱。

触犯法规的人就可能被关进集中营，政治迫害愈演愈烈。1938 年 11 月 9 日，“十一月大迫害”（在德语中表示为“Reichspogromnacht”）是他们公开对犹太人实施暴力的第一步。该词中的“pogrom”源自俄语中的“迫害”或“破坏”。因为早在 19 世纪的俄国，非犹太人就对犹太人发起过攻击，即“迫害”。犹太人得为所有事情背黑锅，甚至被残害。纳粹沿用了这一可怕的行为。1938 年 11 月 9 日，冲锋队和党卫军冲入犹太人的商店。由于很多玻璃窗户被击碎，因此人们也将此次事件称作“水晶之夜”。此外，纳粹分子还放火烧毁犹太教堂，杀害数百名犹太人。冲锋队和党卫军并没有穿制服，而是身穿便服，这让此次事件看起来仿佛是由普通民众发起的，伪装成攻击者以表示破坏之举反映的是所有公民的想法、感受和意愿。这也是希特勒邪恶的阴谋之一。

党卫军和盖世太保将越来越多的犹太人关入集中营。1941 年起，犹太人必须在衣服上佩戴黄色的犹太星。1942 年，纳粹分子通过了所谓的“犹太人问题最终解决方案”，意在灭绝犹太人。从这一说法可以看出，纳粹的说辞是多么虚伪、虚假及可恶：以“最终解决方案”指代一场大屠杀。对犹太人的种族大屠杀随即到来。

来自德国及德国殖民地的犹太人被送往波兰的集中营。早在二战初期，德国人就占领了波兰。大型的集中营包括奥斯威辛、马伊达内克、索比堡、切尔姆诺、贝尔泽克和特雷布林卡，它们曾是死亡工厂。集中营内的情形令人发指。囚犯在漏风的、肮脏的且拥挤的营房中过着食不果腹的生活。他们瘦得皮包骨，很多人病死。此外还发生了令人毛骨悚然的事情：数百万犹太人被齐克隆 B 毒气毒死在毒气室里。

这一切令人难以想象。与随处可见的对犹太人的歧视、羞辱和剥夺其公民权利不同的是，自 1933 年起，纳粹并没有对大屠杀进行报道。报纸上不见任何罪行的踪影，只写着犹太人被“重新安置”，他们被送往波兰，在那里他们集体居住在为他们打造的专属区域，类似大型贫民窟。但 1939 年希特勒就曾在广播讲话中公开以“灭绝”威胁犹太人，因此很多德国人当然也知道发生了什么。虽然在德国禁止谈论此事，但不断有消息传来：通过党卫军成员、集中营看守人、送货员，以及让集中营劳工像奴隶一样在其企业中工作的企业家，或者恰好居住在集中营附近的居民。

犹太人自己是从何时开始察觉到所发生的事情的呢？有些人早些获知了消息便移民了，另一些人不愿接受这个事实，他们无法想象恶人是多么可怕。如今我们仍然很难理解，犹太人是如何从被歧视沦落至被谋杀的地步的。一位犹太女孩的日记记录了当时这一切是如何发生的。我们如今还能读到这本日记，它就是《安妮日记》。

那时，安妮与家人生活在法兰克福。1942 年 6 月，13 岁的她开始记日记。她描述了自己的生活、感想和恐惧。早在 1934 年，她的父母就决定移居荷兰阿姆斯特丹，他们以为那里会不受纳粹的威胁。但二战期间，德国人打败并占领了中立国荷兰。德国人掌权，这意味着荷兰的犹太人与德国的一样会被排挤和迫害。

在日记的开头，安妮只提到了日常生活中所遭遇的歧视。她写下在一个夏日，“天气闷热。每个人都在呼噜呼噜喘大气，而在大热天里，我到什么地方都得走路。现在我才明白搭电车多愉快”[①]。安妮描述的是，她作为犹太人被禁止乘坐电车的经历。在另一天的日记中，她列举了犹太人在日常生活中遭遇的不公：犹太人必须佩戴犹太星。他们必须上交他们的自行车，也不被允许开车。他们只能在下午 3—5 点去采购，晚上 8 点至清晨 6 点他们甚至不许上街。他们不能踏入剧院、影院、游泳池和运动场，不许在公共场合运动。晚上 8 点以后，他们甚至都不能坐在自己的花园里。他们也不能拜访朋友或熟人。

就在安妮开始记日记之后几周，局势再次恶化，犹太人可能都要被送入集中营。因此 1942 年 7 月起，安妮一家和另外 4 个犹太人开始躲避纳粹。

他们躲在一位荷兰女人的家中，藏在书架后面的一个密室里。共有 5 人帮助他们躲藏，给他们带来食物和衣物。他们在恐惧中躲藏了两年之久，甚至无法呼吸新鲜的空气，或感受阳光洒在皮肤上的感觉。

随后出现了一丝曙光。1933 年夏天，救援大军就要来到，美国和英国军队抵达北非，并向德国军队发起攻击。1944 年 6 月 6 日，星期二，安妮在日记中欢呼道：“密室里一片骚动！苦等已久的解放，真的开始了吗？解放！我们谈了又谈，此刻还仿佛太美好，太像童话，永远也不会成真。今

① 《安妮日记》译文均引自彭淮栋译版本，海南出版社，1996 年出版。——编者注

年，1944 年，会为我们带来胜利吗？我们还不晓得。不过有希望，就有活路。这股希望使我们重新充满勇气，使我们再度坚强起来。”

但仅几周之后，1944 年 8 月，就在同盟国抵达的前夕，一切希望都破灭了。可能是有人告发了安妮等人，最终他们在藏身之处被逮捕。党卫军将他们关入货运火车车厢，很多人被闷死在没有窗户的车厢里。火车穿越欧洲，把他们送往波兰的奥斯威辛集中营。安妮的一些家人最终被毒气毒死，安妮本人因病在贝尔根 · 贝尔森集中营去世。她很可能染上了伤寒，死前瘦骨嶙峋、虚弱不堪。

在他们还能出境时，安妮的父亲一直从荷兰写信给美国，请求庇护。但美国当局拒绝了他的请求。跟其他一些国家一样，美国接受难民的数量也是有限的。当时申请庇护的难民大多都是为了躲避纳粹的追捕。要是安妮父亲的请求被接受了的话，安妮可能现在还活着。

被蒙蔽的大众和少数勇敢者的反抗

对犹太人和其他少数民族族裔的罪行就发生在眼前，很难理解，为何数百万德国人仍然成了纳粹的同谋。很多人怀有恐惧，他们认为“事情不会有那么糟糕的”或者“大多数人都这样做，应该是没问题的”，或者他们直接变得麻木迟钝。就像第三帝国从小给国民灌输的一句格言一样，人必须“跟克虏伯钢一样坚硬”。这句话的意思是，人必须跟德国军火制造商克虏伯所制造的钢一样坚硬。

宣传活动就这样蒙蔽了很多德国人，包括一位名叫安妮多赫 · 瓦尔特的女孩。希特勒于 1933 年掌权时，她 5 岁，跟安妮年龄相仿。安妮和安妮多赫或许能成为同班同学，但她们仿佛生活在两个世界。安妮多赫从小接受纳粹主义教育。她在鲁尔区的杜伊斯堡长大，父亲弗里德里希是纳粹地方组织代表。一战后他曾失业，但是在希特勒上台后，他获得了一个行政职位，因此他认为自己成功了。安妮·弗兰克在集中营受尽折磨而死，而对安妮多赫来说，第三帝国正是她通往耀眼未来的起点。

安妮多赫在纳粹时代中幸存下来，她回想起种族学说对学生时期的她所产生的影响。她讲道，她按照所学的，把同学划分为“东方人”和“日耳曼人”。她向一位十分抢眼的圆脑袋同学喊道：“要是你还长着黑头发的话，你就真的有一颗东方人脑袋，你就得去波兰了。”安妮多赫回想起“水晶之夜”次日早上，在纳粹毁坏犹太商店和谋杀犹太人之后，她和同学满怀好奇地去了事发现场。当她和朋友们看到商店被砸碎后的玻璃碎片和被碎片扎坏的橱窗里的模特人偶时，他们兴奋异常。据她回忆，他们甚至欢快地跳起了舞。

这当然是青年的兴致所致和轻率之举。但安妮多赫坦诚地说，她们失去了同情的能力。曾有一位德国女人因与一位波兰人相恋而被罚当众剃光头发，因为德国人认为波兰人是“低等人”。那位德国女人被要求挂牌游街，牌子上写着：“我玷污了德国的血统。”安妮多赫表示她当时并不同情这个女人。

但安妮多赫也描述了她是如何从让人迷惑的宣传和疯狂的种族学说中醒悟的。战争期间，很多男人都在前线作战，因此她不得不在一间工厂工作。俄国战俘也强迫在此工作，俄国人在德国人看来同样是“低等人”。一天，安妮多赫在工作时犯了错误，一根手指夹在了机器里。一个俄国人立刻按下了紧急停止按钮。他朝她笑一笑，就走了。从那时起，安妮多赫每天上班时都悄悄给他带一个苹果，这种行为在当时是被禁止的。那次经历之后，她对事物的看法就发生了改变，她对元首和他的思想产生了怀疑。

很多德国人从一开始就反对希特勒，也有一些人曾奋起反抗。例如汉斯和苏菲·绍尔兄妹以及他们在白玫瑰的朋友们。白玫瑰是由青年大学生建立的组织。1942 年夏天起，他们就在慕尼黑大学大讲堂等地方发放传单。在其中一张传单上写着：“自攻占波兰以来，30 万犹太人在这个国家被以最残忍的方式杀害。在这儿我们看到了对人类尊严最可怕的侵犯。在人类历史上没有比这更可怕的罪行。”白玫瑰强调，如果人们对希特勒的罪行袖手旁观，那所有德国人都应对此负责。这些大学生想以此警醒德国国民，但他们的行动并没有发挥作用。绍尔兄妹和他们的朋友们被盖世太保逮捕，并被处以死刑。

反抗纳粹的行动来自各个阶层。宗教方面最值得一提的是耶和华的见证人教派。总体来说天主教接受了纳粹，仅有少数勇敢的神父对此表示批判。他们抨击纳粹将残疾人判定为“没有生存价值的生物”，并将他们杀害。新教中大多数教徒支持希特勒，但也有一些忏悔者组建起反纳粹的教会。在这两个宗教中，反而都是普通的教徒出于基督信仰帮助遭受迫害的人，或以其他方式发起反抗。他们通常比地位崇高的教会头目更英勇。

整体来说，共产党人和社民党人是反纳粹的主要力量。反抗的形式很多样，大多数时候都从破坏行动开始，工人暗中干扰纳粹国防军的军火制造。或者一些勇敢的人帮助邻居躲避纳粹的迫害。也曾多次有人企图刺杀希特勒。1938 年 11 月，格奥尔格·埃尔赛在慕尼黑贝格布劳凯勒啤酒馆埋下了定时炸弹。希特勒常在这儿举行演说。11 月 8 日希特勒又来了，但他在炸弹爆炸前 20 分钟离开了，因此并没受伤。1944 年，史陶芬博格上校手下的一些军人也策划了一场袭击，虽然他们为希特勒征战多年。1944 年 7 月 20 日，这位纳粹国防军军官在与希特勒举行军事会谈前，在桌下安装了炸弹。但他也没能杀死希特勒，希特勒从袭击中逃脱。

进行反抗是一件极其英勇的事情。因为一旦被捕，将面临严酷的审讯和死刑。我们扪心自问，我们要是在那里能否勇敢地反抗？另一个问题是，最初为何有数百万人为希特勒摇旗助威？为何 1932 年纳粹能在自由选举中获得最多选票？人们不知道他要干什么吗？看不出来他是极端的战争分子、种族主义者和反犹主义者吗？

不是的，人们原本能看清事实。早在 1925 年，希特勒就出版了《我的奋斗》一书，书中就暴露了他的一些邪恶思想。但起初这并没有受到特别关注，又因为他的表现让许多人觉得荒诞可笑，因此人们并未认真看待他，低估了他。在《我的奋斗》中，他煽动大众对一战老冤家法国的仇恨，同时也挑拨大众虐杀犹太人，骂他们是“寄生虫”，将他们比作老鼠和细菌，称他们为“魔鬼撒旦”。除了对犹太人的仇恨以外，希特勒还在书中说道，他想为德国国民在东方建立一个全新的“栖息地”。他所说的东方是指波兰、捷克斯洛伐克和苏联。很明显，为了这个“栖息地”，人们不得不向这些国家发起战争。事实上这也是希特勒于 1939 年发起二战的原因之一。这又是一个因他而起的灾难。

第 25 章　全面战争

6 年中约 6 000 万人丧生，恐怖的战争从阿拉斯加蔓延至澳大利亚。

“5 点 45 分，我们发起了反击。”1939 年 9 月 1 日清晨，数百万德国人从收音机中听到了这句话。希特勒用这句话宣布二战开始。他又一次向公众撒下弥天大谎，因为他声称，是波兰军队先攻击了德军，德军不得不反击。事实却恰恰相反，是德军入侵了波兰。

据统计，1939 年德国发起的二战持续 6 年之久，约 6 000 万人丧生。战争是如何爆发的？开战前希特勒反复强调他想要和平，但同时他早就准备就绪。他下令暗中扩充军备。1939 年之前，他特意让德军在实战中，即 1936 年开始的西班牙内战中进行“演练”。这场战争中，右翼极端分子弗朗西斯科 · 弗朗哥带领的军队对抗支持民主制度的共和党政府军。希特勒为弗朗哥助阵。德国战机对西班牙共和党政府军进行轰炸，屠杀妇孺。

希特勒为弗朗哥助阵，但弗朗哥在二战中却保持政治中立。1936 年，希特勒与另一位欧洲的右翼极端分子，即法西斯独裁者贝尼托 · 墨索里尼，结成同盟。之后同样是被右翼极端主义分子统治的日本也加入了这一阵营。

一方面希特勒对全世界宣称他想要和平，另一方面他却一直试图侵占其他国家的领地。这真是荒谬。1938 年，德国军队横穿奥地利直达维也纳，数千奥地利人对德军夹道欢呼，希特勒接管奥地利统治权。同年，德国占领捷克斯洛伐克苏台德地区，那里居住着众多德国后裔，这也成为希特勒一直为自己攻占领土的行为狡辩的理由。

我们回顾这段历史时不禁疑惑，希特勒怎么能直接从捷克斯洛伐克夺走苏台德地区？1938 年希特勒与英国、法国和意大利代表通过所谓的《慕尼黑协定》达成这一决议，但这一决议忽视了捷克斯洛伐克方面的意见。最初西欧各大国的政府首脑对希特勒的邪恶游戏表示配合，是他们认为如此便能避免发生世界大战。他们不愿像一战一样为了几块领地发起血腥的战争，因此他们答应了希特勒的要求，许诺给他更多的土地。他们遵循一条格言，“更聪明的人会妥协”，这就是所谓的绥靖政策，意即妥协。绥靖政策首先是由时任英国首相内维尔·张伯伦提出的。他认为，以此便可以满足希特勒，避免更严重的战争。希特勒保证，这是他对扩张第三帝国领土的最后一个要求。

但这也是一个谎言，因此绥靖政策失效。随后德国军队占领了整个捷克斯洛伐克。1939 年 9 月 1 日，德军入侵波兰。毫无防备的波兰在仅仅几周后便宣布投降。但英国人和法国人的耐心已经耗尽，他们曾保证要保护波兰，于是他们于 1939 年 9 月 3 日向德国人宣战。

尽管如此，英国和法国仍需要一些时间，以动员军队，向德国的坚甲利兵开战。其间德国人扫荡了半个欧洲。1940 年年初，德军占领了多个国家：丹麦、挪威、比利时、荷兰和卢森堡，最后法国也沦陷。德国对这些国家实施“闪电战”策略。也就是说，在它们毫无防备时突袭。德军以坦克和战机发起进攻，偶尔也投入伞兵作战，而由步兵组成的地面部队随后支援。

1940 年，意大利、日本和德国成立军事集团，这一集团的成员被称为“轴心国”。所有轴心国都希望借助武力扩大自己的领土范围。与一战同样相似的是，在二战中也形成了两大针锋相对的阵营，其中一方是以英法为核心的同盟国，另一方就是以德国为首的轴心国。除了意大利和日本，罗马尼亚、保加利亚和匈牙利也加入了德方阵营。战争期间，斯洛伐克和克罗地亚也先后加入。在德国的支持下，极端右翼独裁者掌握了这些国家的权力。而同盟国的阵营包括英国、法国、波兰、加拿大、巴西、南非、澳大利亚、新西兰和美国。西班牙、葡萄牙、瑞士、瑞典和拉丁美洲大多数国家则保持中立。

苏联在其中扮演了一个特殊角色。1939 年，德国和苏联签订了《苏德互不侵犯条约》，人们也以两国统治者姓名称呼它为《希特勒 – 斯大林条约》。随着第三帝国对波兰开战，苏联也向波兰宣战。在短短几周内，它们瓜分了波兰的领土，并签订了《苏德友好与边界条约》。但很显然，希特勒从未想过要遵守约定。1941 年，他下令执行巴巴罗萨计划，入侵苏联，甚至没有事先向苏联宣战或宣布废除已有条约。虽然在初期希特勒获得了一些胜利，但他因此又多了一个仇人，这对德国最终的失败起到了决定性作用。

一些非洲和亚洲国家也卷入二战，因为它们是参战国的殖民地，在军事上必须支援宗主国。英国的殖民地印度派出了众多士兵。他们在非洲战场上与德军作战，在亚洲战场上与日军作战，他们甚至参与了反攻意大利。战争对印度本土造成的影响是，近 200 万平民因此病死和饿死。

同盟国阵营不仅有国家，还有一些来自被占领国家的反抗势力。轴心国的侵略者在法国、比利时、荷兰、丹麦、挪威、希腊、阿尔巴尼亚、南斯拉夫建立起自己的政府。政府官员一部分是来自德国或意大利的长官，另一些则来自当地，这些人与侵略者一起压迫自己同胞。侵略者和他们的帮手，即所谓的内奸，残忍地压榨这些国家。他们将机器甚至工人运往德国。工人们不得不像奴隶一样无偿工作，在德国最恶劣的工作环境下拼命干活。

反抗势力试图反抗这一切不公和残暴。在法国，他们发起抵抗运动，发动暴乱行动和袭击。在南斯拉夫，约瑟普 · 布罗兹 · 铁托带领一支游击队与德国人和意大利人作战，他也是后来的南斯拉夫总统。丹麦人并没有进行激烈的反抗，但勇敢的国民成功拯救了数千名犹太人，让他们免受集中营之苦。人们偷偷将犹太人用小船载往中立国瑞典，以此挽救后者性命。

侵略者所在的地方四处弥漫着恐慌的气氛。他们进行惨绝人寰的大屠杀，有时他们仅是怀疑某村村民支持了反抗势力，便屠杀了整个村庄的居民，将妇女和儿童拖出去枪毙。或者他们将有人居住的房子点燃。这发生在整个欧洲，包括在波兰、荷兰、希腊和法国等国家。它们曾被德国侵占、打压，并以残忍的方式掠夺，而我们如今却在这里舒适地度假。尤其让人毛骨悚然的是，当我们想到我们祖父母童年时还亲身经历了这一可怕的时期。

转折点：英国空战、斯大林格勒和太平洋战役

战争初期仅有一个国家成功击退德军：英国。为何刚好是英国人？主要是因为一位新上任的首相，他名叫温斯顿·丘吉尔。他有着敦实强健的身体、圆润的脸庞和狰狞的目光，因此也被叫作“英国斗牛犬”。做军官时，他就曾多次参战。身经百战的他熟悉战争，将战争当作冒险。整体来说，丘吉尔甚至有些好战。但当希特勒对整个欧洲造成威胁时，他就成了对抗这位德国独裁者的恰当人选。他对希特勒有着敏锐的嗅觉。丘吉尔发现，和约或让步并不能阻止这个泯灭人性的骗子，对待他得用他能理解的语言：武力。

丘吉尔如今要做的是让英国人相信，他们不得不反抗希特勒。但一战的经历其实让英国人不愿介入战争。1939 年 9 月，德国入侵波兰时，英国虽然曾对德国宣战，但没有严肃对待这一强敌。但丘吉尔成功让英国人相信，战争在所难免。1940 年 5 月，他在英国议会中发表重要演说。他的名

言“我能给你们的，只有热血、辛劳、眼泪和汗水”便出自这一演讲。

虽然乍听起来这句话不那么振奋人心，但丘吉尔了解，人们厌倦了一战中的宣传谎言。他知道真实本身更能使人信服，虽然它并不美好。在一次演说中，他公开阐述了他们的困难处境。他将德国纳粹政府称作“可怕的暴政”。他强调，德国人的罪恶行径在人类犯罪历史上是史无前例的。他明确指出，无论人们付出多少，善良的力量都必须战胜希特勒，否则这一恐怖政府就将占领整个欧洲乃至整个世界。

这一点上，丘吉尔是正确的，也能让人信服。此后英国人开始装备军队，虽然比德军装备稍逊一筹，但现在他们拥有战斗的决心。即使装备精良的现代化的德国空军几乎每天都向伦敦、利物浦、曼彻斯特、伯明翰和考文垂等英国城市投掷数吨炸弹，导致数千人死亡，英国人也没有泄气。在英国的工厂中工人日夜赶工，组装喷火战斗机。年轻的飞行员即使飞行经验不足，也冒着生命危险执行任务。英国上空的空战从 1940 年 7 月起持续了数月，最终英国占得上风。

英国空战代表着二战战况的一大转折，它是给希特勒的一次军事上的强力回击。德国人没能打败英国人，于是他们转向另一目标。1941 年 6 月，他们以 300 万军力和 3 000 辆坦克向苏联发起进攻，这就是上文提到过的巴巴罗萨计划。我们知道，希特勒的一大目的是在东方寻找他口中的新的“栖息地”。他企图在苏联实现这一愿望。

当德国入侵苏联时，以前的“闪电战”策略最初仍然奏效，德军渐渐深入苏联境内，但冬天比他们想象中来得更早，而且更严酷。士兵们装备不齐，供给不足，他们被饿死或冻死，最终德军被苏联红军击退。苏联战争的转折点与斯大林格勒（今伏尔加格勒）这座大城市紧密相关。德国人曾夺取并占领了该城市，但 1943 年 2 月，苏联人又收复了斯大林格勒，但双方死伤均达数十万人。

二战中的苏德战争是世界历史上最惨烈的战争之一，有数百万人伤亡。德国人大肆掠夺或损毁财物，导致无数苏联人冻死或饿死。在他们占领的地区，他们残杀了众多手无寸铁的平民，包括妇女和儿童。他们被强迫站立在万人坑边上，然后被枪毙，这样尸体才能叠在一起。在万人坑中，尸体之间还夹杂着奄奄一息的人。纳粹谋杀了众多平民，是因为在纳粹分子眼中东欧人是“下等人”。

二战中，苏联死亡人数约为 2 600 万人，是所有国家之最。从伤亡人口比例计算，波兰有 600 万人丧生，同样也是伤亡最惨重的国家之一。二战也给中国带来了巨大伤亡：日本人侵略了中国，杀害了大量平民，数千万中国人战死、饿死或被杀害。

除英国和苏联以外，二战的第三大转折点发生在亚洲。1941 年 12 月 4 日，日本在未宣战的情况下偷袭美国，轰炸了美国在夏威夷的海军基地珍珠港。随后在总统富兰克林·德拉诺·罗斯福的带领下，美国宣布参战，加入同盟国阵营。

在亚洲和太平洋海域战场上，主要是美军与日军对抗，但也有来自同盟国阵营的澳大利亚等其他国家参战。日本人在亚洲的所作所为与德国人在欧洲如出一辙。日本人对邻国进行侵略和占领，中国部分地区、韩国全境、菲律宾、马来西亚与其太平洋中岛屿、越南、老挝和柬埔寨等国家和地区被日本侵占。日本在这些地区建立新政权，以极其残暴的方式剥削当地民众。亚洲战场将二战的范围扩大到极致，日本人轰炸了澳大利亚的城市。而在地球的另一端，日本人甚至还袭击了阿拉斯加。

在太平洋海域，美国人逐渐增加了投入的航母、战舰和驱逐舰。美军从日本人手中解放菲律宾时，得到了当地反抗势力的支持。菲律宾反抗势力庞大，且管理有序，他们甚至有自己的货币。此外，在很多南海小岛上也发生了战争。美国海军从日本人手中一个个收复岛屿。日本人从小被灌输了绝不认输的思想。一些士兵在丛林里蛰伏数月，固守洞穴，宁愿被美军的喷火枪烧死也不愿离开自己的庇护所。在日本本土，儿童也必须练习，如何用削尖的竹签与美军士兵进行最后一搏。

但这些没能派上用场。1945 年 8 月，美国在日本上空相继投掷两枚原子弹：6 日在广岛，9 日在长崎。两座城市顿时被摧毁，10 万人被当场活活烧死，之后还有数十万人死于放射性辐射。

自战争爆发起，以罗伯特·奥本海默为首的世界最杰出的物理学家便组建起研究小组，共同研发原子弹。总计超过 10 万人参与了这项名为“曼哈顿计划”的行动。原子弹爆炸后，日本人的反抗意志才最终消散,1945 年 9 月 2 日，日本宣布投降。二战结束。

欧洲早在 4 个月前就已停战。德国人已于 1945 年 5 月 8 日投降，但此前还发生了可怕的战争。1944 年 6 月 6 日，同盟国军队在法国北部城市诺曼底登陆。将士们不得不下水，然后爬上陡峭的岩石。这时，他们被在海岸边埋伏的德军用 MG 机枪扫射。事实上当他们从船上或水陆两用车上下来时，就已经知道，他们中的绝大多数人无法幸存。同盟国士兵登陆诺曼底后，继续战斗，慢慢攻下一个个地方、一座座桥，穿过法国和比利时抵达德国。过程中数千位年轻士兵牺牲。为了从纳粹手中解放欧洲，他们献出了自己的生命。这时苏联红军也从东方一步步逼近柏林。

早在几个月前，德国就败局已定。他们几乎没有能继续战斗的士兵，但希特勒竟残忍地将 16 岁青年和 60 岁以上老人送上战场。1943 年 2 月，宣传部长戈培尔竟在一次演讲中宣布进行“全面战争”，德国人应当倾其所有，支援战争。希特勒自己却没有遵守全面战争的要求：1945 年 4 月，他在自己藏身数月的柏林地堡中自杀。

二战中，共计约 6 000 万人丧生，一些城市几乎被夷为平地。轴心国对平民犯下了不计其数的战争罪行。德国人对犹太人和其他少数民族族裔实施了种族屠杀。纳粹国防军和党卫军曾在苏联犯下极其残忍的罪行，如今很多人害怕战无不胜的红军会向他们复仇。众多难民试图逃向西方，往往已经太迟，因为纳粹头目一直以死刑威胁他们，其实纳粹头目往往正是最先逃之夭夭的人。

在逃亡中也有很多人丧生。二战中阵亡士兵总数远远高出一战。平民也因轰炸而痛苦不堪。非洲和亚洲的殖民地受牵连的程度也超过一战。就算这些国家并没有直接参战，也常常出现食物短缺，大量民众被饿死。

值得注意的是，与纳粹罪行相比，二战后同盟国对待德国人相对友好。虽然德国对二战负有不可估量的责任，但战胜国不愿与一战战后犯相同的错误。那时他们向德国提出了高额战争赔款等要求，这导致德国人的不满，引发了新的冲突。在纽伦堡国际法庭上，美国法官判处第三帝国的一些政治家绞刑或长期监禁，其中包括战犯和直接参与大屠杀的党卫军成员。但除此之外，同盟国几乎没有追究德国人的责任。德国人给世界带来如此多的苦难，却能全身而退，这真让人惊讶。

第 26 章　恐怖制衡

二战后，美国及其盟友和苏联等国家以原子武器相互制衡，其威力足以毁掉整个地球。在长达 40 年的时间中，冷战将世界分化为两极对立状态。

1948 年夏天，柏林上空突降一块块巧克力。它们被绑在微型降落伞上，还带着其他糖果，落在二战中被炸毁的建筑物之间。在废墟和瓦砾碎石之间，小袋糖果降落的地方，聚集起越来越多的小孩，来捡拾这些美味的糖果。他们欢呼雀跃，因为在战后巧克力是绝对的稀缺品，只有极少数的人能买得起。这些奇妙的小袋糖果从何而来？它们是由美国和英国空军运输机在降落柏林前投掷的，这一行动持续了几个月。不久后柏林人便亲切地将这些飞机称作糖果轰炸机。

这一行动的目的是什么？究竟发生了什么？甜蜜礼物的背后隐藏着一段可怕的历史，即柏林封锁。二战后三年，德国土地上发生了第一次冲突，差点引发军事争端，甚至差点触发新的战争。为何会这样？背后具体隐藏了什么？这是一段奇怪的历史。

1945 年德国战败，西里西亚和东普鲁士等东部地区被划入波兰和苏联，第三帝国其余领地被美国、英国、法国和苏联等四个战胜国瓜分。苏联军队驻扎在东部，其他三个同盟国在西部。德国旧都柏林情况特殊，位于苏占区，但由四个国家分治。苏联和另外三个西方强国互不信任。苏联想统治包括柏林在内的德国东部，并意图最终将整个德国变为社会主义国家。

因此苏联人在 1948 年 6 月开始了柏林封锁，也就是说，他们用军队和坦克从外围封锁了英国、法国和美国统治的柏林城区。由于这些城区的食物和供暖所需的煤饼等物品通常通过铁路或由货车从上述三国的占领区运送过来，因此这对这三个国家来说是很大的难题：运输得通过东部地区，红军正好封锁了这里。苏联企图向法国、英国和美国施压，一旦这三个国家消耗不起太多人力、物力，可能就将整个柏林甚至整个德国让给自己。与苏联的期望相反，占领德国西部的国家从 1948 年 6 月起搭设起一座空中桥梁，几乎每隔一分钟就有英国或美国的军机降落在西柏林，为人们带来食物和煤饼，这样持续了数月之久。

某天，美国飞行员盖尔·哈尔沃森突发奇想，他要为饱受战争之苦的孩子带去欢乐。他买来巧克力和一些糖果，在降落柏林之前，将它们从他的运输机上抛出。不久后他甚至会摆动机翼，这样跑道附近的孩子们便能认出他。最初只有哈尔沃森和他的同组飞行员这样做，但不久后很多其他机组也开始模仿。最终他们共计投放了数吨糖果，这些糖果由个人募集，一路从美国漂洋过海到达柏林小孩手中。

空运航道让柏林人平安度过了封锁期。一年后苏联最终解除了封锁，避免了一场正面冲突。从某种程度上来说，空运和糖果轰炸机对西方同盟国有利，这一救助行动改变了很多德国人对他们的看法。他们不再将美国人、英国人和法国人看作占领者，更多地将他们看作朋友、从困境中拯救他们的人和保障他们安全的人。

这种改变也是必要的，因为二战刚结束不久就又出现各种军事冲突的苗头。美苏两大强国为德国、世界其他区域的主导权而争夺。它们之间的敌对关系影响了整个世界后续 40 年的政治格局。

美苏两国之间的争斗之所以如此激烈，是因为它们代表着完全相反的世界观和政治体系。一方面是苏联的共产主义，另一方面是美国代表的资本主义。双方各自利用宣传来美化自己，其中也充斥着对对方的谴责：苏联斥责美国资本家剥削穷苦的工人；美国人批评苏联人没有自由，人民被政府压制。它们都怀疑对方想极力扩张自己的势力范围，而这种怀疑都不是完全没有道理的。

因此世界被分化为两极对立的格局。一方面是美国及其盟友，位于西方；另一方是苏联的大本营，被称作东方集团。二战时，当苏联红军将纳粹国防军驱逐出东欧时，自行占领了波兰、匈牙利和保加利亚等国家，战后还想继续控制这些国家。

双方阵营都企图遏制对方的影响力，不久甚至出现双方冷战的说法。为何是“冷”战？因为并没有出现“火热”的冲突，双方并没有直接的军事摩擦，即使是相互仇视，双方都想避免第三次世界大战的发生。因为一旦战争爆发，刚研发出的原子弹就会投入使用，它能在顷刻间将伦敦、纽约、莫斯科、华沙或柏林等拥有百万人口的大型城市夷为平地。所有人都知道，世界大战将让整个地球沦为具有放射性的荒漠。

这是历史上人类第一次拥有了毁灭自己和整个世界的能力。由此恐怖制衡的概念便诞生了。原子弹有可能造成灭顶之灾，但同时它也使格局达到平衡，美国和苏联都不能真正在核战中取得胜利。但它们仍企图在全世界获得政治上和经济上的更大影响力。为了获取更大的军事战略优势，双方阵营使出浑身解数。

这一次并不是德国造成的冲突，但它也在其中扮演着重要角色：德国正好位于两大阵营之间，它应该成为一个资本主义国家还是社会主义国家呢？美国、英国和法国决定给德国一个成为独立的资本主义国家的机会。就在柏林封锁解除后，糖果轰炸机事件后不久，这三国将各自所占区域合并为一体。1949 年 5 月，在德国西部建立了德意志联邦共和国（又称“联邦德国”）。获选的第一位总理名叫康拉德·阿登纳，来自基督教民主联盟，该政党至今仍存在。由于柏林依然被苏占区包围，因此波恩被确立为联邦德国的新首都，它是位于莱茵河岸的一座宁静的小城。

这好像是更稳妥的方案。一位法国朋友告诉我，那时她二十出头，她的父亲在20世纪60年代时禁止她去苏占区旅行。他害怕苏联封锁甚至占领波恩，那他的女儿就可能再也回不来了。即使柏林和整个联邦德国都在美国人、英国人和法国人的保护之下，这也是可能发生的。

苏联对联邦德国的建成做何反应？ 1949年10月，在苏占区成立了一个社会主义国家——德意志民主共和国（又称“民主德国”），受苏联掌控。这个国名完全名不符实，因为这里并不存在自由选举，这是一个独裁政权。

1949年起，出现了相邻的两个完全相反的德国。1955年，联邦德国成了北约成员国。美国、加拿大、英国、法国、比利时、卢森堡、荷兰、丹麦、挪威、冰岛、意大利、葡萄牙、希腊和土耳其都是北约成员国。

苏联则通过《华沙条约》聚集起一些东欧国家：民主德国、捷克斯洛伐克、波兰、保加利亚、阿尔巴尼亚、匈牙利和罗马尼亚。

由于两个德国正好处于两大利益集团中间，因此民主德国和联邦德国间虽然有着“血亲”关系，却突然变为敌人。如今，一道“铁幕”将西方世界与东方集团分隔开来，这道铁幕是双方无法逾越的世界观和生活方式的差异。随着时间流逝，“铁幕”的内涵也变得具体。东方集团成员国用铁丝网、地雷和触发式自动机枪加强了与联邦德国之间的边境防护。1961年，民主德国建起了臭名昭著的柏林墙，这道墙横穿过柏林，将东柏林和西柏林隔绝。民主德国政府宣称，他们想保护其国民免受西方敌人的攻击，事实上却是想阻止民主德国人民逃往相对自由、富裕的联邦德国。

但至少联邦德国自1948年起间接地受益于冷战，这听起来很奇怪。联邦德国与敌方阵营接壤，因此美国想帮助其发展。它是对抗苏联和其盟友的缓冲区，因此不仅有美国、英国和法国士兵驻扎在此，三国还制订出马歇尔计划，帮助其战后重建。该计划以时任美国国务卿乔治·马歇尔命名，计划内容包括，美国以贷款、原材料和货物推动西欧，尤其是联邦德国的发展，同时拉拢欧洲其他国家。马歇尔计划为联邦德国 20 世纪 50 年代出现的所谓经济奇迹做出巨大贡献。为何称之为奇迹？

因为眨眼间很多事情都实现了。在美国注入的资金及置办的器械的帮助下，因战争而停业的工厂和作坊再次开业。它们进行生产和销售，为雇员带来稳定的收入。在经过数年的困境后，越来越多的联邦德国人又有钱在下班后享受美食了，享用丰盛的煎肉排和大份奶油冰激凌。有时他们甚至能驾驶着大众牌甲壳虫汽车翻越阿尔卑斯山去意大利度假。

民主德国人民的运气就差多了。其政府禁止国民出境，甚至严格监视他们的日常生活。一些人被朋友、同事甚至家人监视，这些人为国家安全部秘密工作。该组织简称“斯塔西”，是警察和特务机构的综合体。到处都可能安装着窃听器；那些批评社会主义的人，即阅读反社会主义书籍或开党领导玩笑的人，被统治者严加监视和打压。民主德国人民一旦疏忽犯错，便要接受惩罚，被禁止上大学，停止工作，或者被关入狱。与苏联一样，其经济被国家掌控，运转不良，因此物资匮乏。联邦德国体制仅有的几个优点之一便是，每个人的工作都有保障，且都有国家分配的一套住宅。

冷战中的热战

其他东部集团成员国人民与民主德国人民的待遇相似。尽管冷战和铁幕并非好事，但它至少比真正的战争要好，但冷战也间接导致很多国家爆发了热战。对身陷战争的人来说这无疑与世界大战同样可怕。

二战之后第一场真正的大型战争是朝鲜战争。1950—1953 年的朝鲜战争动摇了整个亚洲。对二战时曾惨遭日本人肆虐的亚洲来说，这场战争无疑是雪上加霜。简单来说，二战后朝鲜半岛上成立了两个国家：朝鲜、韩国。1950 年 6 月，在苏联默许和支援下，朝鲜战争爆发。

1945 年成立的联合国就是为了避免或尽早结束这类冲突，当时来自各大洲的 51 个国家加入。联合国呼吁，战争应该通过谈判来结束，如有必要也可通过联合国维和部队调停。至今为止，联合国维和部队由联合国成员国各自派兵组成，也被称作蓝盔部队。如今联合国拥有 193 个成员国，即世界上几乎所有国家。

朝鲜战争是联合国多次介入的第一次大型军事冲突，最终在停战期间朝韩双方商定了南北边界，一直保持到现在。

美国直接参与了朝鲜战争，同时苏联通过向朝鲜提供武器间接参与其中。中国也曾派兵援助朝鲜。

朝鲜战争等战争被称作“代理人战争”。因为美国和苏联军队并不直接针锋相对，但双方都介入了战争：其中一方直接派兵援助，另一方则为它所谓的“战争代理人”提供武器等支援。

冷战时期的热战中，最糟糕的一场战争是越南战争。与朝韩两国情况相似，越南也分裂为两部分，北方是由胡志明领导的社会主义国家——越南民主共和国，南方是美国保护下的资本主义国家——越南共和国。美国政府害怕会发生所谓的多米诺效应，即当世界上某个地方出现社会主义国家，不久其他国家也将陆续沦陷，成为社会主义国家，就像多米诺骨牌一样。因此为确保越南共和国不垮，美国希望击溃北方的社会主义体系。1965 年美国人开始轰炸越南民主共和国，从千里之外的美国向越南增派兵力。

1965—1975 年，越南战争极其残酷。10 年间，美国空军向越南民主共和国投掷了不计其数的杀伤力巨大的炸弹。其中包括凝固汽油弹，它能活活将人烧死。此外，他们还通过飞机向越南民主共和国喷洒剧毒化学落叶剂橙剂，它能使树木脱叶，其目的是阻止越南民主共和国士兵藏身丛林，以逃避轰炸。美军还试图以此摧毁对方的农业，却造成很多人因此患病而死。由于毒素至今仍残留在土地中，因此很多越南儿童出生时都患有可怕的畸形。

越南战争持续时间比二战还长。1975 年 4 月 30 日，越南民主共和国军队拿下了越南共和国首都西贡（今胡志明市）。整个越南变为社会主义国家。超过 200 万越南人以及约 58 000 名美国士兵在战争中丧生。

越南战争结束后，越南也并不安宁，因为越南军队常年与柬埔寨的独裁者波尔布特及其红色高棉军队作战。1978 年，越南入侵柬埔寨，赶走红色高棉军队。此前波尔布特对柬埔寨实行恐怖统治，借口人们反共产主义，而残害了约 200 万柬埔寨人民。此外糟糕的生活条件也让一些人因营养不良而死。

通过代理人战争，冷战为亚洲、拉丁美洲和非洲的许多国家带去无法磨灭的痛苦。美苏发动战争是为了获取军事战略优势、推行强权政策和相反的或自以为是的世界观，及所谓的意识形态。此外与帝国主义时期相似，强国想以此获取廉价的原材料。自 20 世纪 70 年代开始，石油资源丰富的安哥拉一直处于内战状态，参战的其中一方从美国获得武器，另一方则从苏联获取武器。

007 问世：特务和秘密武器

代理人战争是冷战最坏的一面。遭遇战争的恰好是离美苏等中心地带最遥远的地方，即非洲、亚洲和拉丁美洲。当地人民以各种方式受到牵连，不仅因为战争，还因为间谍活动。美苏企图通过刺探情报掌控他国，其中最恶劣的是美国在智利进行的情报行动。1973 年，美国情报机构——中央情报局在智利支援政变者，企图推翻民主选举出的总统萨尔瓦多·阿连德。结果却是智利陆军总司令奥古斯托·皮诺切特发动政变上台。皮诺切特以谋杀异己而臭名昭著。

两极对立下的美国和其他国家的人民过得怎么样呢，冷战对他们完全没有直接的影响吗？有的。与西方一样，在东方也充斥着对特务的恐惧。所有人都害怕敌方的地下行动会破坏自己的军事设施，都希望阻止其他人获取本国秘密武器和军事策略等信息。

在东方集团的部分国家，类似民主德国情报机关斯塔西的政府部门会监视潜在的叛徒、评判者和异见者，这些人将被监禁、受酷刑折磨，甚至常常被处死。与此相反，在西方，人们拥有言论自由。但美国的联邦调查局在20世纪50年代发起了所谓的“猎巫行动”：他们怀疑部分好莱坞作家、导演和演员是苏联特务，暗中宣传共产主义。双方阵营对对方宣传手段的恐惧达到顶点。据说斯大林曾企图派人谋杀美国影星约翰·韦恩。韦恩在无数牛仔电影中扮演过英雄人物。为什么要谋害一位演员？因为这位富有威望的好莱坞明星是极端的反共者，在出席公共活动时常常咒骂苏联。

冷战的很多方面在今天看来都十分疯狂，但其中也有极端阶段与缓和阶段之分。美苏相互猜疑和局势紧张的时期被称作“冰河期”，缓和期被称作“解冻期”。第一次“解冻期”出现在1953年斯大林去世后。其继任者赫鲁晓夫甚至对斯大林的领导进行抨击，但他也采取了相同的残暴行动，四处派装甲兵镇压华沙条约组织的成员国发生的起义：1953年在民主德国，1956年在匈牙利。1968年苏联军队对所谓的“布拉格之春”运动进行镇压，捷克人试图组建一个自由社会主义国家，以失败告终。

敌对双方都想避免大型军事冲突，但军备竞赛一直在继续。双方都试图生产更坚实、更灵敏的坦克和喷射式飞机，以及比对方射程更远、更精准的核导弹。与此同时，在航天、太空探索领域，美苏也相互竞赛。部分民用和军用航天研究相互关联，相辅相成。1957 年 10 月，苏联发射第一颗人造卫星，这给美国造成了恐慌。这意味着，苏联不仅在民用航天方面，还在军用航天技术和火箭科技上领先于美国。于是美国加大了研发力度。1969 年 7 月 21 日，美国宇航员尼尔·阿姆斯特朗首次登月，全世界数百万人观看了电视转播。

在军备竞赛中，双方阵营耗费了大量财力，但同时偶尔也催生出一些日用发明，其中尤其重要的发明来自美国国防部组建的计算机网络——阿帕网。国防部致力于研究现代军事技术，它旗下的一些专家无意中为互联网的发明奠定了基础，如今互联网影响着数十亿人的日常生活，它的前身正是用于军事的阿帕网。20 世纪 60 年代，计算机功能不够强大，为了处理复杂的军事行动中庞大的数据信息，阿帕网应运而生。为提高容量，人们通过电话线路将美国各个研究中心的多台计算机连接起来，因此越来越多的数据和信息得以相互交流。起初仅有 4 个研究中心参与，不久便超过 20 个。随后在 20 世纪 90 年代，这一小型网络发展为如今成千上万人使用的网络，人们用它收发邮件、阅读报刊、工作、完成作业、看影视剧以及寻找恋人。

但冷战时期的大多数绝密研究项目最终毫无用处，或者最终成果很可怕。例如 1975 年，一个研究小组在美国中央情报局授命之下研发出一款新型手枪，能射出毫米级的微型毒箭。电视新闻节目对此进行了报道，令人瞠目结舌。专家解释道，毒箭能悄然刺入人体，随后导致受害人心脏骤停，而从外面只能看到皮肤上的一个小红点。当人们发现受害人死亡原因时，凶手早已逃之夭夭。

这已经很恶劣了，然而冷战中的中央情报局最令人难以置信的秘密计划大多出自监控和监听技术领域。除了各种各样的雷达系统和窃听器，美国还启动了窃听猫计划：医生通过外科手术将窃听器植入猫的皮毛之下，它们能不为人察觉地接近敌人的设施，例如华盛顿的苏联大使馆，从而监听苏联人的谈话。但该计划有一个缺陷，那就是小猫不受控制，不会听从特务的指令行动。美国随后终止了该计划。

很多时候冷战中的机密活动和发明就像是出自007电影一样不可思议。但它们确实存在过，它们顺应了那个时代。那时世界充满了猜疑，双方都希望用计谋取胜，过度的恐慌和敌方威胁论也为此推波助澜。

确实存在的危险是，双方确实有突然发起核战的可能，继而导致第三次世界大战。如果有一名军人在读取雷达图像时，将一个闯入己国领域的不明飞行物误认为是敌方战机，就可能造成严重的后果。当时美国学生得定期演练如何面对核武器袭击：在老师的引导下，他们迅速钻到课桌下。但要是真发生了核战，这当然并没有用。

走出核能阴霾

全世界都在进行机密活动和代理人战争，已经到达疯狂的地步，但恐怖制衡和各国间的相互猜疑以及民众的恐惧情绪为欧洲大部分国家和美国带来了长期的和平，这在历史上是头一回。但和平犹如行走在刀刃上，1962年极其戏剧性的一幕差点成为引发核战的导火线。

发生了什么？差点引起世界大战的导火线是美丽的加勒比海中的一个小岛——古巴。古巴原本远离世界政治圈，但1959年，菲德尔·卡斯特罗领导古巴革命，推翻了前政权，将古巴转变为社会主义国家，古巴便成了美国的心腹大患。1962年，美国战机从古巴上空发现了苏联部署的核导弹及其发射场，这是卡斯特罗允许的。而古巴离美国佛罗里达海岸不过约160千米，因此核导弹直接瞄准了美国。

美国做何反应？美国总统约翰·肯尼迪处于很尴尬的境地，他无法对导弹部署置之不理，他的几位军事策略家甚至催促他攻击古巴。古巴危机一触即发。肯尼迪不愿让自己成为国民眼中“懦弱”的人，他不得不当众回击苏联人，这导致古巴危机真正爆发。他对古巴实施封锁——美国海军用战舰包围了古巴，一旦其他国家的任何船只企图穿越，都将遭受攻击。

虽然其间美苏开始谈判，但双方都不愿妥协。随着时间流逝，情势危如累卵，一旦有人企图突破防线，即使是误报，也将触发冲突。

10 月 27 日，古巴危机爆发 12 天后，事情真的发生了：美国 U2 侦察机被古巴境内发射的导弹击落，同一天美国战舰对附近海域的一艘苏联核潜艇发动攻击。核潜艇船员与莫斯科没有通无线电，因此他们并不知道双方已经处于警戒状态。潜艇指挥官开始研究，是否该对美国发射核导弹。最终的决定要遵循一个安全法则：三位最高指挥官必须达成统一。其中舰队参谋长瓦西里·阿尔希波夫最终拒绝下达发射指令。他可能就是阻止了第三次世界大战爆发的无名英雄。

该事件之后，赫鲁晓夫和肯尼迪找回了一些理智。肯尼迪同意了苏联从古巴撤回导弹的两个条件：第一，美国承诺不攻击古巴；第二，美国撤回其在土耳其部署的中程导弹，像苏联在古巴部署的导弹直接威胁了美国一样，它也直接威胁着苏联的安全。10 月 28 日，经过形势极度紧张的 13 天后，在差点酿成灾难后一天，赫鲁晓夫在一次广播讲话中宣布从古巴撤回导弹。全世界人民松了一口气。

打破冷战世界格局

古巴危机差点触发核战，此后敌对双方都有了根本上的变化。美苏开始就削减军备进行谈判，并拟定和平条款。

但20世纪70年代，新问题又出现了，新一轮“冰河期”即将到来。当时勃列日涅夫是苏联最高领导人。苏联在欧洲部署了SS-20新型中程导弹。北约想予以回击，于是其成员国政府首脑于1979年达成一致，升级潘兴II型导弹。同年12月，苏联军队入侵阿富汗，企图扶持建立傀儡政权。这导致战争爆发，苏联军队与阿富汗游击队对抗近十年之久。阿富汗游击队从美国获取武器。最终苏联退兵。据推测，约数百万阿富汗人因此丧生，其中大多数是平民。

此后是数年“解冻期”，但到了20世纪80年代初，东西方隔阂日渐加深。美国人选举罗纳德·里根为总统。里根曾是好莱坞演员，与约翰·韦恩一样，他也是反共主义者，他的上台激化了东西方矛盾。里根发动了新一轮装备竞赛，此外他在南美实施众多军事和机密活动，导致多人丧生。在多年的核武器领域的装备竞赛后，里根与苏联新任总书记戈尔巴乔夫经过长时间谈判，最终均同意削减军备，并计划拆除各自在欧洲部署的中短程核弹。

戈尔巴乔夫是冷战时期最重要的政治家之一，因为他将冷战带向终结。由于苏联经济状况不良，他想放开东方集团，对其进行改革。改革、开放这两个词语，不久欧洲人对它们耳熟能详。戈尔巴乔夫改革的决心让东方集团各国最终在20世纪80年代末纷纷进行和平改革。

但各个国家情况不同。在波兰，曾被取缔的团结工会进行了罢工和游行，后来工会领袖莱赫·瓦文萨于1990年被选举为总统。匈牙利共产党则自动发起了改革，召开选举。1989年，作家瓦茨拉夫·哈韦尔当选捷克斯洛伐克联邦共和国总统。这是个轰动性事件，因为他身为作家和民权人士，曾因撰写批判性文章被捷克前政府关押多年。有时政权更替进行得相对和平，但有时却很残暴。在罗马尼亚领导者尼古拉·齐奥塞斯库下台前，该国军队和秘密警察杀害了数百位反抗人士。

在民主德国发生了什么呢？其领导人埃里希·昂纳克拒绝实施戈尔巴乔夫的改革方案。但在 1989 年秋天，数十万当地民众发起示威游行，高呼“我们是人民”！民主德国政府意识到几乎没有人再支持它了。让示威游行持续下去的话，将永无宁日。

1989年11月9日，民主德国领导人迈出重要一步：允许民众自由出境，即所谓的柏林墙倒塌。很多德国人都从电视上看到了这一幕：一群群民主德国人民涌向两国边境。一些人响亮地打开香槟酒瓶，为重获自由而庆祝。一年后民主德国瓦解。1990 年 10 月 3 日，在人群欢呼声中，德国总理赫尔穆特·科尔与众多贵宾一起在柏林国会大厦前庆祝德国统一。

几乎所有华沙条约组织成员国都在 1990 年前后完成了改革，苏联本身发生了什么呢？ 1990 年，多个国家宣布脱离苏联。在改革政策的鼓励下，越来越多的国家宣布独立，其中包括立陶宛、拉脱维亚、爱沙尼亚、乌克兰、白俄罗斯等波罗的海国家及哈萨克斯坦、乌兹别克斯坦和塔吉克斯坦等中亚国家。1991 年 12 月，苏联解体。这标志着持续 40 多年的冷战时期正式结束。

苏联解体后，俄罗斯仍然是该地区最强的国家。俄罗斯首都莫斯科曾是苏联的中心，从领土面积上来看，俄罗斯是世界上最大的国家。

苏联的解体改变了全世界的格局。冷战结束后，另一个国家——南斯拉夫的解体给欧洲本土带来了最直接、最残酷的后果。至今为止，地处巴尔干半岛的南斯拉夫是欧洲最后一个解体的国家，其过程尤其充满戏剧性。冷战期间，南斯拉夫曾是社会主义国家，但它没有与其他国家结盟，既不属于美国，也不属于苏联阵营。

与苏联一样，在南斯拉夫也生活着来自各个国家的多个种族。与苏联也一样，南斯拉夫的部分联邦从 1991 年起脱离了南斯拉夫联合体：斯洛文尼亚和克罗地亚率先独立，波黑和科索沃随后。它们脱离了位于塞尔维亚境内的贝尔格莱德的统治中心，塞尔维亚是南斯拉夫的最大联邦，它曾领导南斯拉夫这一庞大的国家。在塞尔维亚，很多人反对南斯拉夫解体，冲突演变为内战。

仇恨在这里爆发，这是二战近半个世纪后一场让所有人始料未及的战争。各势力龙争虎斗，它们往往是不同宗教的追随者。1995年，塞族军队屠杀了约8 000名穆族人，这将战事推向可怕的高潮。

在附近驻扎的联合国维和部队本应维护和平，但他们没能阻止这一罪行。武力冲突仿佛永无停止之日，1999年科索沃战争爆发。联合国介入调停，虽然它本是专为冷战冲突而建立的西方军事联盟。直到冷战结束后近10年，欧洲东南部才回归和平。

第 27 章　圣雄甘地、切·格瓦拉和鲍勃·马利有何共同之处

1945 年起，越来越多的非洲和亚洲殖民地脱离其宗主国独立。其中众多国家属于所谓的第三世界国家，至今仍饱受贫困困扰。它们有自己的传奇英雄。

这位总统在家接受记者采访时，常常身穿有破洞的针织衫、运动裤，脚蹬运动鞋或拖鞋坐在家门口。他家是平房 ，在杂草丛生的花园中，鸡群在灌木和水桶间穿梭，来回用嘴啄记者的裤脚。在狭小的房间中，身形圆润、留着花白胡须的总统开诚布公地与记者交谈，房间中塞满了杂物和书籍，墙漆已脱落了。尽管如此，这位国家首脑在上任时仍然拒绝搬去总统府，继续住在自己位于首都郊区的家中。他私下开着一台大众甲壳虫车，正式场合则用另一辆较为现代的小型车欧宝可赛。

哪位总统如此生活？他就是何塞·穆希卡，2010—2015 年，执掌着拉丁美洲国家乌拉圭。他或许是世界史上最独特的总统。穆希卡曾被称作“世界上最穷的总统”。为何是最穷的总统？就算总统生活朴素，但总体来说他们毕竟收入不菲。穆希卡每月工资仍然有约 12 000 美元。他怎么会获得这个称号？背后隐藏着什么？这是一个令人惊讶的故事。

穆希卡的经历十分传奇。他出身于贫穷的农民家庭，曾是一名花匠，但 20 世纪 60 年代他成了图帕马罗斯游击队创始人之一。这支游击队想要发起社会主义革命。他们先尝试以罢工与游行等和平方式颠覆政权，但随后他们便开始占领银行、绑架政治家。与很多其他图帕马罗斯游击队队员一样，何塞·穆希卡也被警察拘捕了。他被施以酷刑，被监禁长达 14 年，

有时是被单独监禁。

被释放后的穆希卡下定决心要以合法的方式继续追求自己的目标。他踏入政坛，通过选举成为议员，随后被任命为部长。2010 年，乌拉圭人将有前科的穆希卡选为总统。这已经很惊人了，而更令人惊讶的是，他成为总统后的行为：他将自己 90% 的工资捐献给贫困人群，用于建造房屋或创业。他每个月只保留约 1 200 美元，因此被称作“世界上最穷的总统”。

就我所知，穆希卡是世界上第一位将这么多自己的工资捐献出来的总统。为帮助穷人，他放弃了自己的优渥生活。这位 80 岁的总统在采访中表示，他不需要更多东西，他的生活已经很幸福。当我们想到，他曾想要进行社会主义改革，就不难理解他这些行为了。社会主义改革的理想目标便是消除财富分配不均所带来的贫富差距。总的来说，穆希卡执政的这个国家十分贫困，尤其需要捐助。

乌拉圭等国家被称作发展中国家，因为它们还需要发展才能到达繁荣阶段。虽然贫困国家的领导人捐献的财产不一定比富有国家的更多，但何塞·穆希卡仍然代表了一种特殊的传统——来自贫困国家的政治家和政治活动家往往都有着特殊的经历，而且他们常常用非常规的方式实现其目标。

这当然与这些国家严重的饥荒、医疗条件差等问题相关，解决这些问题需要使用极端的措施。这些国家主要是我们所说的第三世界国家，它们包括贫困的拉丁美洲、亚洲国家以及几乎所有非洲国家，几乎都位于南半球。北半球则多为富有的工业国家，例如美国、英国、德国、法国、挪威、瑞典和日本等，它们也被称作第一世界国家。第二世界则是冷战中的东方集团代表的社会主义国家，后来也被称作门槛国家。这些国家经济发展状况良好，正处于从第三世界国家迈向工业国家的路上。[①]

---

① 作者对“第一世界”“第二世界”“第三世界”的划分与我国定义不同，仅为其个人意见。——编者注

第三世界国家间存在各方面的巨大差异，却有一个相同点：都曾是被殖民国家。这些国家曾被欧洲人殖民、剥削，但二战后，它们开始去殖民化。也就是说，这些贫困国家渐渐实现了独立。对殖民主义，我们已经有所了解，自 16 世纪起的 400 年中，殖民主义影响了美洲、亚洲和非洲人民曾经的生活方式，也对他们如今的生活产生了巨大影响。

殖民主义所代表的不公平时代持续之久，几乎是人类历史上首例。而且在废除殖民主义之后，很多曾经的被殖民国家也仍然一团糟：独裁者掌权；人民还被第一世界国家的企业剥削，充当廉价劳动力。

我接下来将讲述第三世界及其去殖民化进程，包括想要解救人民于水火之中的政治家、政治活动家以及自由战士，其中之一就是之前所讲的何塞·穆希卡。当然还有很多别的斗士和活动家，尤其值得详细介绍的是圣雄甘地和切·格瓦拉两位。他们以不同的方式活跃于政界，但他们都代表着独断且有些极端的处事方法和重要历史进程。这些政治家通过自己独特的方式成为数百万人的楷模，包括穿着运动裤和拖鞋接受采访的“世界上最穷的总统”穆希卡。

缠着缠腰布对抗帝国主义的印度律师

印度是全球最大、最古老的殖民地之一。英国人统治这里时，曾分封了一些印度公爵，甚至还有少数当地人担任类似部长的职务。但他们仅能管理某一特定的小区域，并且依附于英国人，听从英国人下达的命令。截至 19 世纪，印度本土也只成立了一个印度政党，即印度国大党，起初它只是一个表达印度人需求的平台和论坛。话语权依然在英国人手中，印度最高职位是总督，代表大英帝国的统治者。

一位不起眼的律师为改变这一状况做出了巨大贡献。他名叫莫罕达斯·卡拉姆昌德·甘地，后来这位瘦弱的戴着金属边框眼镜的男人被尊称为圣雄，该词出自梵语，表示“伟大的灵魂”。圣雄甘地的父亲是一位土邦部长，他为英国人管理着印度西部的一个城市。因此与其他人相比，甘地成长的环境非常舒适。青年时期的他甚至能去伦敦学习法律。为了毕业后的第一份工作，甘地去了南非，当时那里跟印度一样也是英国殖民地。

甘地刚开始在非洲旅行的一次经历就让他有了深刻的体会。一天，他购买了一等座票坐上火车，一个英国人也进入了车厢。他一看到甘地，便叫来列车员投诉：他不想跟“深肤色的人”坐在同一个车厢里。列车员命令甘地离开车厢，甘地拒绝了，他解释道，自己有一等座车票。但这并没有用，警察在下一站将他扔出了火车。

因此甘地对黑人和部分印度人在南非遭遇的种族歧视有了切身体会。火车上的经历改变了他的观念，从那时起他便开始为生活在南非的同胞争取权益。如果他们在工作中遭遇不公，他便以律师的身份帮助他们。一次，当地政府颁布了一项只针对印度人的登记和签证规定，甘地便呼吁所有人拒绝登记，他自己因此被关入狱两个月。

这次经历之后，甘地放弃了律师工作，成为政治家和民权斗士。随后几年中，他开创了一个表达抗议的新方法：非暴力不合作。其中包括组织罢工和游行、抵制某些特定商品、拒绝缴纳不公平税款等印度人特有的抗议形式。

这类政治行为被称作非暴力不合作运动，该词源自梵语，表示“坚持真理”。非暴力不合作主义者应当坚守自己认为的公平和道德标准，即使是在面临暴力威胁或犯法的情况下。极端情况下，他们必须坦然承受牢狱之灾。重要的是他们表明了自己的态度，能受到相关媒体的关注。

1914 年，当甘地从南非返回印度时，他发现印度也在遭受英国殖民者的不公平对待。例如，他看到英国工厂以低成本生产服装并销往印度。这导致印度裁缝破产，因为他们无法与大企业的批量化产品竞争。甘地呼吁当地人抵制英国布料。

不仅如此，曾出入伦敦精品服装店购买英式西服的甘地突然开始用纺车织布。他想自己制造布料，用于制衣。即使在旅途中他也带着一部便携纺车，这一举动也带有象征性意义：它能激励印度人铭记本国传统和重视本国经济，抵制英货，取而代之使用自己编织的棉布制衣。但一位工人指出，对大多数印度人来说，手工制作的衣服过于昂贵，而且耗费大量时间。甘地思索后觉得这个观点也有道理，但他现在想要证明他的理论是可行的。他想道：为何不控制自己对布料的需求呢。说到做到，不久他就只穿一条缠腰带出现，上半身几乎都裸露着。

这个装扮引起了广泛的关注，但英国首相温斯顿·丘吉尔讽刺他是“半裸的骗子”。甘地的装扮对政治家来说确实是很荒诞，现在看也是如此。很长一段时间里他担任印度国大党党主席，他的同僚不想采用他的着装，但至少他们统一穿上手工制作的典型的印度白色套装，以做表率。甘地的装扮具有历史意义，他借此向世人展示了一个领袖的榜样作用。

甘地不仅是政治家。在南非时，他就与朋友开设了一家农场，他们想以此实现自己甘贫乐道和自力更生的理想。如今甘地也在印度建立了一处农场，农场的所有人都能获得同等的蔬菜和羊奶等收成，无论是普通工人还是管理者；每个人都得打扫厕所，无论他出身哪个阶级。这一制度轰动一时，因为在印度一般都是下等阶级为其他阶级清扫厕所。此外为了获得宁静和追求他们非暴力的理想，农场里的人还会进行冥想。考虑到这与精神修行有关，人们以古印度修士 Aschram 的名字命名。

甘地的终极目标是，在保持内心和平的同时让印度脱离英国统治。为此他在国大党中与尼赫鲁合作，后者之后出任印度总理，甘地主要负责组织非暴力活动。其中最轰动的要数他在 1930 年发起的食盐进军活动。

印度食盐被英国政府垄断，也就是说，只有殖民政府才能售卖食盐。甘地认为这很不公平，因为没有人能不吃盐，人体需要食盐以维持生命。如今印度人还得交盐税。谁能获利呢？毫无贡献的英国人。甘地及其追随者发起了徒步走到海边煮盐的活动，活动持续了三周多。到大海边后，新闻记者赶往拍摄甘地是如何煮盐的。他刻意触犯法律，并号召印度人追随效仿。结果有 5 万 ~8 万人响应了他的号召。很多人被逮捕了，但英国人不久又不得不释放了大多数人，因为监狱爆满了，而且大量人被捕入狱导致劳动力不足。这一活动通过媒体传播到全世界。

但又过了 17 年之久，印度才赢得独立：1947 年 8 月，印度终于迎来了独立的这一天。甘地为此做出了巨大贡献，因此印度人尊称他为“国父”。

但独立后的印度随即遭遇了一场灾难：穆斯林族群希望建立一个独立的国家，于是印度分治为印度教徒主导的印度和穆斯林主导的巴基斯坦。分治后，根据自己所属的宗教，1 000 多万人从原本统一的国家搬迁到分裂后的另一国家。混乱导致了宗教战争和大屠杀，100 多万人被害。

甘地很失望。他发起了绝食抗议，反对这些荒诞行为。因为他作为“国父”，地位崇高，因而一些冲突得以平息，但当然并非所有的。战争很可怕，通过非暴力活动，印度人成功击退了英国人，如今却同室操戈。最终甘地本人甚至成为一次暴力冲突的牺牲者：1948 年 1 月 30 日，一名极端印度教徒枪杀甘地。他想报复甘地，因为甘地维护了穆斯林的权利。

甘地的使命是建立一个独立、和平与公正的印度，他仅完成了一半。此外他所处的环境让他的生活十分艰难，尤其是他的妻子卡斯图巴和孩子、他的禁欲主义、他严苛的行为规范以及他的教条主义。但他为印度相对和平且漫长的独立过程做出了贡献。在其他很多国家，独立过程并不那么和平。例如在另一个庞大的亚洲国家：印度尼西亚。1945 年起，印度尼西亚人就发起了对抗荷兰殖民者的解放战争，战争持续数年之久，数十万人丧生。越南也与印度不同，二战后直到 1954 年，那儿一直进行着对抗法国殖民者的同样血腥的解放战争。

在非洲，去殖民化的过程也往往很暴力。在马达加斯加，法国军队镇压起义，导致数万人丧生。摩洛哥和突尼斯也通过血腥的起义才从法国的统治下独立。阿尔及利亚甚至经过数年战争才获得独立。1960 年被称作"非洲年"，因为在这年，法国和其他国家在非洲的所有殖民地均获得独立。

殖民和去殖民化都导致了数百万人丧生。去殖民化之后，这些国家仍然遭受内战或被独裁者统治。问题在于，殖民者在划分边境时，往往置当地种族和部落于不顾，毫不顾忌各族群的分布情况和相互间的关系，这导致了独立之后的国家统治权归属的问题。此外，殖民时期也没有形成民主风气。

因此在人们战胜了殖民政府后，新国家往往又由军方人士等军事势力代表执政。这也可能是与旧殖民政府合作得最好的不择手段的势力，因为在军事基地和企业的支持下，这些人往往在殖民后也能发挥巨大的影响力。曾经的殖民势力与残暴的独裁者交易，只要后者能保证当地局势的稳定。

中非的让－贝德尔·博卡萨的情况也正是如此。中非是法国的前殖民地，博卡萨甚至是在法国受训培养成军官的。1966 年，他掌权中非。他甚至登基称帝，对大众进行打压和剥削。他以残忍的方式杀害政治对手，据说是把他们喂狮子和鳄鱼。同时，他与法国总统一起狩猎，用钻石贿赂对方。法国人也想与他保持良好关系，因为他们觊觎中非的铀矿，铀是制造核电站和核武器的原料。直到博卡萨对人民的残暴统治导致中非局势动荡，法国突击队才发动政变，推翻了他。这些统治前殖民地的独裁者有着惊人相似的经历。

另一方面，民主选举产生的政府往往因为违背了西方大国的意愿而垮台。其中特别令人惋惜的例子是刚果的帕特里斯·卢蒙巴。曾是邮递员的卢蒙巴在1960年成为独立后的刚果的第一任总理，但不久后他就被政治对手谋害。曾经的宗主国比利时事先知道该行动，也很可能暗中支持。美国中情局可能也参与其中，据说美国特务也曾计划用毒牙膏毒害卢蒙巴。

为何他们都想除掉他？卢蒙巴曾经是在冷战中与美国对抗的社会主义者。美国人热衷交易，但与有些社会主义者却很难进行交易。有些社会主义国家领导人将企业国有化，并整体偏向于与苏联合作。因此美国中情局常常参与谋害社会主义国家领导人的行动。当然苏联特工组织克格勃同样也参与了谋害敌对方的各种行动。

曾经的殖民者有各种维持权力的方式，其中最奇特的要数南非。早在1910年，南非就脱离英国独立。但就算它早早摆脱被殖民的境地，英国白人仍继续统治着南非，甚至在这里实行种族隔离制度。

来自英国和荷兰的白种南非人对黑人进行打压，剥削他们的廉价劳动力。原则上只有白人能选举，并参选政治选举。黑人被安置在某几个城区和地区，不得擅离。学校、医院和海滩都按人种分隔开来，白人当然拥有比黑人更完善、更好的设施。黑人不得与白人恋爱、通婚。

黑人作为当地大多数群体依然被间接殖民，而且遭受与旧殖民时期同样残酷的待遇。多个反抗势力兴起，南非非洲人国民大会党是其中的主要力量，其领导人之一是纳尔逊·曼德拉。曼德拉出身于一个滕布族酋长家庭。与圣雄甘地一样，曼德拉青年时期也过着相对优渥的生活，也学习法律。面对不公待遇，他也渐渐开始积极投身政治活动，组织游行和罢工。但他的方式与甘地不同。他意识到，不向对方施加巨大的压力就无法改变黑人被压榨的现状，于是他开始计划破坏活动。他和战友一起对铁路和电站等设施发起破坏，为避免伤亡，他们往往选择夜晚行动。以防万一，曼德拉也在暗中为武装游击战练兵。

但这没派上用场。1962年8月，在发起战斗前，曼德拉就被警察逮捕了。因为他企图颠覆政权，被判终身监禁。他在牢中的 27 年间，全世界都试图向南非政府施压，要求释放曼德拉，其中包括多国政治家和明星。同时南非不断发生黑人暴乱。1990 年，南非政府最终做出让步，将曼德拉释放。此后 4 年中，种族隔离制度被逐步废除。曼德拉怎么样了？ 1994 年他参与了南非第一次自由选举，并以 75 岁高龄当选为南非总统。

成为总统后的曼德拉致力于化解南非白人和黑人的恩怨。例如在南非冰球世界杯比赛中，他身穿印有羚羊标志的国家队球服，即使几乎只有白人选手参赛。他想借此昭告天下，南非白人和黑人会和睦相处。

曼德拉曾受到甘地理念的影响，同时另一位与甘地截然相反的自由斗士——阿根廷的切·格瓦拉，也对他产生了影响。切·格瓦拉是所有游击战士中最著名的一位。

成为时尚偶像的游击战士

几百年来欧洲人或欧洲人的后代理所应当地对全球多个民族进行了侵略和迫害，并占领其领土，这实在令人难以置信。20 世纪初，全球 1/4 领土属于英国，它是最大的殖民国家。如果我们思考一下殖民主义中的不公，就会发现这很令人费解，因为殖民主义一直延续到二战后，当时殖民强国都已成为民主国家。但也存在特例——拉丁美洲。全球性殖民是从这里开始的，16 世纪西班牙征服者们开始在拉丁美洲殖民。这也是 19 世纪殖民最早结束的地方。然而受尽殖民者折磨的原住民印第安人并没有发起解放战争，大部分战争由克里奥尔人发起。他们是出生在拉丁美洲的白人，其祖先来自西班牙，也曾是殖民者。克里奥尔人人数很少，但大多富庶，其中大多数人拥有种植园或矿厂。他们对人数更少的西班牙人发起反抗，后者往往因为就职于政府管理机构而拥有政治权力。

19世纪克里奥尔人以武力对抗西班牙人，其最著名的领导人叫作西蒙·玻利瓦尔。在众多战争中，他为委内瑞拉、哥伦比亚、巴拿马、秘鲁和厄瓜多尔的独立而战，其中一个得以解放的地区甚至以玻利瓦尔命名建城（即今委内瑞拉首都玻利瓦尔城）。但即使在拉丁美洲国家获得独立之后，印第安人也处于劣势。很长一段时间里，奴隶制度仍然存在，政治权力被白人掌控，整体来说，少数白人族群及贫困的大众之间依然存在巨大的差异。因此在拉丁美洲去殖民化之后的20世纪，这里发生了社会主义革命。

切·格瓦拉是南美洲最著名的革命者。他的经历与圣雄甘地的一样传奇，也是同样极端的人，但他使用的武器与甘地完全相反。

1928年，切·格瓦拉出生在阿根廷，在高官家庭长大，学习医学。在他即将开始医生的职业生涯时，一个小插曲发生了。年轻的切·格瓦拉骑着摩托车开始了环南美之旅。其间他目睹大众的贫困和痛苦。他碰到在恶劣的条件下工作的农民和矿工；他也碰到营养不良而骨瘦如柴的孩子，就算他们身患重病也没有得到医治。因此他下定决心，他不能简单地成为富人的专属医生。他一定要成为革命者，从根本上改变贫富差异。如果革命成功，就能让更多医生为穷人治病。

切·格瓦拉想了解其他国家是如何实现良好公平的管理的，于是，他在1953年前往美洲中部的危地马拉。时任总统哈科沃·阿本斯·古斯曼在这里实行社会改革：他将美国联合果品公司的土地国有化。原来在该集团的水果种植园中，危地马拉工人在糟糕条件下为了微薄的工资工作，劳累不堪，他们的工作包括采摘香蕉，将其出口到富有的西方国家。古斯曼想改变这种现状：他给贫困的农村居民分发土地，鼓励其开展种植，以实现自给自足。而美国政府却将此看作社会主义的表现。当时世界还处于冷战时期，因此美国总统杜鲁门及其继任者艾森豪威尔便下令颠覆危地马拉政府。美国中情局对危地马拉反共军队进行装备和训练，用暴力夺得了政权，建立了一个依附于美国的独裁政府。

与许多拉丁美洲人一样，切 · 格瓦拉对危地马拉发生的事件感到震惊，但同时也被激怒，决定要与美国作战，加入了社会主义政党。美国的所作所为对他来说是此前殖民主义的延续。美国企图扩展其在整个拉丁美洲的势力范围，策略是颠覆与其政治倾向不一致的政府，并帮助满足其意愿的人夺得权力。

为反抗美国，切 · 格瓦拉与古巴律师及革命者卡斯特罗结成同盟。1959 年他们在其他游击战士的帮助下战胜了古巴军事领导人富尔亨西奥 · 巴蒂斯塔。巴蒂斯塔曾在美国的扶持下统治着古巴，使古巴人民生活在苦难中，古巴革命结束了这一切。卡斯特罗成为国家首脑，切 · 格瓦拉被授予多个职位，其中之一是工业部长。在古巴，政府积极开展扫盲行动，几年后，几乎所有古巴人都识文断字，比例高于其他拉丁美洲国家。为庆祝这一成果，古巴青年像士兵一样在哈瓦那大街上列队游行。他们并没有装备武器，而是扛着一米长的管子，看起来像是巨大的铅笔。与文盲的斗争中，铅笔是最生动的象征性武器。在这场战争中，笔比其他武器更强大。

但切 · 格瓦拉本身具有暴力倾向，他将自己认为有背叛嫌疑的游击队队员杀死。他还跳过正常法定途径，私自处死了很多旧政府的拥护者。

切 · 格瓦拉对此毫不在意，他沉迷于与美国抗争及尽可能地解放穷人。因此他丢下古巴的部长职务，来到非洲刚果。他计划在这里以游击战的形式发动革命，以完成不久前被谋害的总统帕特里斯 · 卢蒙巴未竟的事业。

切 · 格瓦拉希望成为整个非洲的楷模，于是这位曾经的部长不惜冒着危险、不辞辛苦地参与游击战，忍受着酷热、艰苦的生活条件、饥渴和疟蚊。刚果的革命运动以失败告终，但切 · 格瓦拉得以逃生。他回到南美洲，下一个目标是在玻利维亚发动革命。为避免嫌疑，他伪造了乌拉圭商人身份，用假护照从巴西入境玻利维亚。然而1967年，他在丛林里被玻利维亚士兵杀害。

虽然革命失败了，但切·格瓦拉死后仍然被很多人当作榜样，例如21世纪玻利维亚第一位印第安人总统埃沃·莫拉莱斯。他将石油和天然气企业国有化，并针对国家最贫困人群开展救助项目。

游击战士切·格瓦拉当然与非暴力主义者甘地截然相反，但是与甘地一样也被很多人尊为圣人。很多人认为他是为正义献出生命的殉道者，最能代表革命精神及全世界与压迫和不公待遇的抗争精神。他戴贝雷帽的照片是他最著名的肖像，照片中他一头黑色卷发，眼神无所畏惧。该照片在全世界传播开来，被印在海报和T恤上，受人推崇。2002年，巴西超模吉赛尔·邦辰在圣保罗的时装秀上展示了一件印满切·格瓦拉小头像的比基尼。

至今还没有其他任何一位政治家或革命家享有如此尊荣，这当然不太合理，因为时装秀原本与社会主义和革命毫不相关。但可能也有一点道理，切·格瓦拉一生中都致力于用他的仪态和衣着给人们留下深刻印象。他最喜欢穿粗布绿色军装，甚至在接待外宾时也如此着装，这是为了让自己在一片西服中脱颖而出。

因此切·格瓦拉对全世界很多人产生了影响，尤其是对年轻人，其中包括牙买加人鲍勃·马利。他将切·格瓦拉的照片挂在家里。这位雷鬼音乐人或许是第三世界国家走出的最著名的明星。马利并不是像甘地一样的活动家，也不是切·格瓦拉一样的游击战士，但他以自己的方式参与反抗。

马利的个人经历也让他愿意为穷人和被压迫的人斗争。在他童年时期，牙买加还是英国的殖民地。他母亲是一位牙买加黑人，父亲是来自英国的白人，无论在白人还是在黑人群体中，他都觉得自己是局外人，但他从音乐中找到了力量。他之后信仰了拉斯塔法里教。

拉斯塔法里教徒拥有独特的发型——脏辫。该发型可追溯到拉斯塔法里教徒对自我的认知：他们认为自己是一个犹太人分支的后代，长鬃毛的狮子是他们的图腾。拉斯塔法里教徒以我们前文提到的《旧约》为教旨，但他们对《旧约》有着自己的解读和学习方式。

在我们前文提到的《圣经》中，巴比伦是一切罪恶的代表，但拉斯塔法里教徒们却将巴比伦引申为白人文化的代表。因为他们认为，殖民时期白人迫害非洲的方式与2 000年前《旧约》中巴比伦人对犹太人的所作所为相似。他们认为白人时至今日仍继续打压着黑人，对此鲍勃·马利演唱过相关歌曲，例如 *Babylon System*（《巴比伦系统》）、*I Shot the Sheriff*（《我射杀了警长》）。总的来说，他都是在呼吁和平及和解。在 *Africa United*（《全非洲联合起来》）等歌曲中，他表达了希望全世界所有黑人回到非洲的愿望。黑人们应当聚集起来组建一个强大的集体，这就是所谓的泛非洲主义理念。

其中一位十分具有影响力且足智多谋的泛非洲主义代表人物是马库斯·加维，他也是鲍勃·马利以及全世界很多黑人的偶像。这位美国人之所以如此受人推崇，是因为他在1916年移民美国之后，创建了一系列黑人企业，其中包括一家洗衣店、一家裁缝店、一家食品店、一家出版社，甚至还包括一家名为 Black Star Line 的海运公司。

当时黑人几乎没有自己的大型企业。加维希望非裔美国人能获得一定的经济实力，这样他们就能为其他黑人提供薪水不错的岗位，继而实实在在地摆脱对白人的依赖。

但加维想要的不只是经济上的发展，他也想要增强黑人在白人主导的社会中的自尊心。为达到这一目标，他构想了一些举措，他甚至开设了一家只生产黑人娃娃的工厂。他为什么要这样做？那之前娃娃几乎都是白皮肤的。借助这些黑人娃娃，非裔美国人就能在小孩子玩娃娃的时候潜移默化地教导他们，黑人与白人一样值得美丽的衣裳和精心装扮，也同样值得他人赞美。

加维去世20年后，他被授予“牙买加国家英雄”的殊荣。对拉斯塔法里教徒和全世界数十万黑人来说，先知一般的加维预示着，更好的时代即将来临。但当拉斯塔法里教徒做弥撒时，他们却呼喊着另一位救世主的名字，一位名叫拉斯·塔法里·马康南的人。他曾是埃塞俄比亚的皇帝，拉斯塔法里教甚至是以他的名字命名的。他自己后来则改名为海尔·塞拉西，意为“三位一体之神力”。与埃及法老以神灵给自己命名一样，塞拉西的名字也象征着耶稣和强大神力。但为什么拉斯塔法里教徒要尊塞拉西为救世主呢？毕竟他生活在遥远且贫穷的埃塞俄比亚。

让很多人印象深刻的是，他领导的非洲国家击退了所有殖民者，因此埃塞俄比亚和塞拉西是非洲强盛和解放黑人的楷模。为解放黑人，这位眼神坚定的瘦弱男人于1930年加冕称帝。这样与欧洲各大帝国对战的对手就出现了——一位威严的黑人皇帝，他的加冕礼就像欧洲媒体一直以来激情澎湃地报道的皇帝加冕礼和周年庆典一样盛大。塞拉西成了第三世界国家发言人。在国际会议中他抨击殖民主义，并呼吁非洲国家携手合作。

在埃塞俄比亚国内，他为贫困儿童开办学校。但他倡导的改革却停滞不前，而且他也是该国唯一统治者。在埃塞俄比亚陷入经济危机后，他的政权于1974年被军队推翻。

但对全世界很多黑人来说，塞拉西依然是他们的榜样。拉斯塔法里教徒甚至认为他是再生的黑人耶稣，一个未来帝国的统治者。为何我在这里要详细描述拉斯塔法里教徒呢？该教并不是大型宗教，他们的观念存在很多问题，例如对女性的看法。但20世纪才创建的这一宗教是世界上最年轻的宗教之一，也可能是最年轻的具有国际知名度的宗教，因此它是我们可以用来观察宗教团体诞生过程的最新范例。与基督教和犹太教一样，在拉斯塔法里教中,《圣经》中的古老故事扮演着重要角色。除此之外，十分重要的还有历史事件以及被赋予某种特质的真实人物。

鲍勃 · 马利也在歌曲中提到过塞拉西:“这是个天使一样的男人。”他自己既不是天使，也没能直接改变政局，但作为国际明星，他道出了第三世界的心声，他是第三世界的一位标志性人物。

在方式、方法和影响范围方面，圣雄甘地、切 · 格瓦拉和鲍勃 · 马利大不一样，但他们有一个共同点，他们都是代表第三世界国家的问题和希望的享誉国际的标志性人物。殖民史对他们三人的行为造成了巨大影响。当然第一世界国家也有向贫困和不公发起反抗的英雄，但第三世界从一开始就存在亟待解决的更严重的问题，因此反抗就造成了更大的轰动。他们被迫勇敢地进行反抗，或者使用一些极端方法表达自己的观点。

第 28 章　药片、流行乐和洗衣机

我们的祖辈、父辈经历过的日常生活中的革命是什么样的？

二战后不久，我的母亲在英国出生，也就是说，20 世纪 60 年代时她正值青年。那时正是“摇摆的伦敦”为代表的“摇摆的六十年代”，那时流行乐兴起。披头士、滚石和谁人等乐队用他们的独特嗓音和演出让大量年轻人振奋。我母亲年轻时在伦敦观看过他们的演唱会，其中一些还是在很小的酒吧举办的。那时的人很疯狂，一些女孩在整个演唱会中都处于癫狂或无意识状态。在一些演出中，歌手在台上把他们的吉他砸碎甚至将它们点燃。

这些都不是历史书必须记录的历史大事，但或许也应该记录它们，因为 20 世纪 60 年代的激情是从未有过的。它影响了一代人，这种影响就通过他们传递到下一代。1968 年流行乐发展达到顶峰，因此在西方，这一代人被称作“68 代人”或简单地被称作“68 人”。这一代人表达的情绪没能被倾听，因此 60 年代的流行乐传达出一种完全新颖的生活方式：肆意而为，一种更自由的方式。

自由的方式是什么？此时的英国、法国、美国和德国等国家早已成为发达国家，与贫困国家相反，这里的人们不再受贫困和压迫之苦。但在这些富足的民主国家里却有着极其严苛的各种规则，人们在日常生活中必须遵守这些规则。这些规则我们如今完全无法想象，它们针对每个细微之处，例如发型。那时的男人大多留着短发，一旦有男人突然以长卷发造型出现，有些人会被激怒。留长发的男人会被邻居认为是不良人士，有时甚至被骂作“混混”，而“混混”是要被拘禁的。

未婚同居的恋人也被看作异类。60 年代末，我父亲与我祖父母在德国同住，那时他已经和我母亲在一起，我也已经出生。但他们还没结婚，所以就算我祖父母家还有房间，我母亲也不能跟他们一起住。他们害怕邻居会说闲话，甚至可能会去举报他们。那时有所谓的介绍卖淫罪，意在禁止业主将自己的房屋提供给未婚情侣，以供其发生关系。

但婚姻本身也与现在的形式很多差别。在当时，如果已婚女性要外出工作的话，必须从丈夫那里获得书面许可。大多数人都期望女性在家洗衣、做饭、洗碗。当时还存在很多荒唐的规章和禁令，对我们来说它们就像是来自中世纪，例如同性恋是犯法的。

自由恋爱、嬉皮士和毒品

当时反抗这些法律和规则的大多是年轻人。最初的反抗是以间接的方式，例如收听狂放的流行乐和留长发。他们想展示自己的随意、开放和自我。女孩穿着超短裙，展露她们的长腿。随后在很多年轻人中开始流行嬉皮士装扮——带有彩色蜡染图案的 T 恤、流苏外套和印第安人一样的头带。吸食大麻成为时尚，一些人吸食 LSD（D– 麦角酸二乙胺）等更刺激的毒品。与现在相比，那时人们还不是很清楚毒品的危害。一些年轻人创建起社群，或一起合租，在这里他们举办派对，并与未婚恋人同居。

这些在当时相当于一次小型革命。年轻人并不打算颠覆政府，但是越来越多的人认为自己有权选择不同的生活方式，即使其他人认为这很奇怪。其中马龙 · 白兰度、米克 · 贾格尔和约翰 · 列侬等明星成了大家的模范。早前爵士、乡村和蓝调音乐就已经出现，随后又兴起了摇滚。早在 20

世纪 50 年代“摇滚之王”猫王（原名埃尔维斯 · 普雷斯利）就造成轰动，此外他也被称作“埃尔维斯胯”，因为他跳舞时偶尔有些小幅度的胯部摆动，年纪稍长者认为这行为不雅。60 年代，摇滚和流行明星变得更加狂野，甚至比现在更狂野：伊基 · 波普在演唱会中将花生酱涂抹在自己裸露的上半身上，随后就这样跳入人群中；另一场演唱会上，他让裤子滑落，然后这样进行了几分钟吉他独奏。

在讨论法国大革命的那一章中我们看到，自称“奇妙”和“不可思议”的年轻人用他们荒诞的言行和服装风格开创了首个青年文化。但当时他们只是少数，也只有少数人了解他们。60 年代有数十万人，最后甚至有数百万人认为自己是青年文化和反主流文化的一部分，全新的生活体验也是这类文化的一部分，从特立独行的时尚到政治观。“68 代人”持社会主义观点，多数人观念左倾。也就是说，他们中的绝大多数人拒绝民族主义、帝国主义和军国主义，高唱“做爱不作战”。

当然相似的表达形式早已存在，例如 20 世纪 20 年代的拍打舞者，女性穿着狂野的流苏裙，跳着查尔斯顿舞；穿着怪异的艺术家创作了达达主义诗歌，呼吁反抗战争。但嬉皮士和 60 年代的所谓“花童”[①] 却掀起了更大型的运动风潮。国际时尚以及流行乐等音乐风尚与政治立场如此紧密联系，这还是世界史上的首次。

一些音乐人以独特的方式将政治信息隐藏在歌曲中。例如美国电子吉他手吉米 · 亨德里克斯在纽约附近举办的著名的伍德斯托克音乐节上的演出，1969 年夏天，约 40 万人来此观看演出。这位拥有印第安血统的非裔美国人演唱了一曲 *Star Spangled Banner*（《星光灿烂的旗帜》）。这首歌并不是流行歌曲，它其实是美国国歌。在 YouTube（视频网站）上观看亨德里

① 许多嬉皮士头戴鲜花或给行人发花，因此他们又被称作“花童”。——译者注

克斯的视频时，我们就能发现该演出的特别之处。用电子吉他演奏该曲时，他穿着代表印第安人的流苏衬衫，戴着橘色的头带和耳环，留着黑人发型。而人们过去往往只能听到军队或校园合唱队演奏这首歌。几个节拍之后，他改变了曲调，让原本的曲调支离破碎。一时电子吉他声突起，发出尖锐的哨声，就像是发生了一场炸弹袭击，战机盘旋在敌方领地上空，朝地面上的人开火。亨德里克斯以这种方式惊醒人们：你们啊，当你们在草坪上娱乐和享受音乐的时候，世界的另一端正进行着越南战争！此时此刻美国的炸弹正在杀害毫无反抗之力的无辜的越南女性和儿童。

在亨德里克斯的年代，很多音乐人尝试用音乐发声，表明自身政治观点，例如琼·贝兹、鲍勃·迪伦、吉米·克里夫和弗兰克·扎帕等明星。除了战争以外，他们还对种族主义进行抨击。20 世纪 60 年代在美国南部种族隔阂尤为严重，与南非的种族隔离相似。黑人儿童禁止进入白人的学校就读，总体来说黑人接受良好教育的机会更少。非裔美国人处于劣势，并且被很多白人轻视。为了让黑人享受与白人同等的权利并展现他们自信的一面，民权运动兴起。这一时期詹姆斯·布朗代表的放克音乐和灵魂乐成为热门，其代表歌曲是 *Say it Loud — I'm Black and I'm Proud*（《大声说：我是黑人我自豪》）。

这首歌成为黑人民权运动在民间的代表歌曲，主要源于一句口号“黑色是美的”。黑人民权运动呼吁黑人保持自身的黑人模样，而不是像以前一样拉直头发，让自己看起来更像白人。

静坐、理想和幻想制服：民权运动和学生运动

那时的美国是民主国家，但非裔美国人在诸多方面遭遇不平等待遇或被歧视。在美国一些州，与白人不同的是，黑人公民在进行选举前必须参

加国情考试。在公交车上，黑人和白人的座位用不同标识标记。如果白人座位不够坐了，黑人必须站起来给白人让座。这当然是十分荒唐的，但被大众接受了。直到 1955 年 12 月 1 日在亚拉巴马州蒙哥马利，一位公交司机让黑人女士罗莎·帕克斯给一位白人让座，帕克斯拒绝了这一要求，随后她被拘捕。这一事件掀起了一系列政治运动。其中就包括“蒙哥马利巴士抵制运动”，黑人民众不再使用公共交通工具，这在经济上给交通公司带来巨大压力。

这一事件受到广泛关注，最终这场由分隔座位带来的争执被搬上法庭。一年之后，美国最高法院裁定种族隔离违背法律，必须被禁止。但直到 1967 年，黑人都被禁止与白人通婚。

罗莎·帕克斯 1955 年 12 月的行为为民权运动打响了头炮。在 20 世纪五六十年代，民权运动为黑人抗争，黑人遭遇歧视，且往往被剥夺了对生活方式的选择自由。民主人士在学校静坐示威，很多学生盘坐在讲堂前，阻止教学活动。有时警察会干预他们的行动，甚至有时会发生枪击，造成伤亡，但多数时候都比较和平。一些活动家还引用了圣雄甘地的非暴力不合作方式。

群情激昂。1963 年 8 月 28 日，约有 25 万人走上华盛顿的大街参加游行，为黑人争取更多权益。他们播放着福音派传道者及民权人士马丁·路德·金的著名演讲《我有一个梦想》。其中他描绘了自己的远大理想，他希望某一天能实现 200 年前美国《独立宣言》里的愿景：人人平等，人人享有同等权利。马丁·路德·金演讲中有这么一句：“我梦想有一天，我的四个孩子将在一个不是以他们的肤色，而是以他们的品格优劣来评判他们的国度里生活。”

马丁·路德·金只希望以和平的方式实现他的目标。但 1968 年 4 月 4 日，他被一个白人种族主义者枪杀。随后在黑人居住区爆发了暴乱，人们砸破玻璃窗，烧毁汽车，之后军队不得不介入。在马丁·路德·金死前，一些民权运动成员就已经极端化。马尔科姆·X希望迅速改变现状，他认为必要时可使用武力。新成立的黑豹党成员穿着他们特有的幻想制服：黑裤子、皮衣搭配贝雷帽。他们常常随身配枪，这是美国法律所允许的自卫装备。黑豹党为黑人安排课程，让他们了解自己的权益和如何在日常生活中免受种族主义伤害。他们给需要的人分发食物，甚至专为贫困的黑人孩子开设学校。但最终黑豹党一些成员沦为罪犯；警察以莫须有的罪名拘捕了一些黑豹党成员；枪击事件中也多有死伤，因此黑豹党最终解散。

总体来说，美国的民权运动和反战运动成了全球政治运动的楷模。尤其是1968年，墨西哥、日本和欧洲一些城市的很多人发起了游行。他们反对自己的政府和美国的政策，尤其是越南战争。示威者行走在伦敦、巴黎和柏林的大街上，高呼“呼呼呼，胡志明”，以此为在世界的另一端与美军作战的越南共产主义领导人胡志明助威。他们手中高举着社会主义革命家切·格瓦拉的画像。

在法国，学生与工人联合，共同提出加薪、改善工作条件和延长休闲时间的要求。1968年5月，学生和工人在巴黎进行游行及罢工活动。他们关注的不只是笼统的政策，而是能影响日常生活的小事。例如他们要求学校改变严苛的等级制度、固定的教学计划，给研讨更多空间。整个社会氛围应变得更开放、更愉悦。

在巴黎，人们将标语写在墙上：“幻想是万能的！”“禁止禁令！”“沙滩就在地板下！”或“永远不要工作！”他们批判，绝大多数人没日没夜地在办公室工作，只是为了挣钱和在广告指使下购买商品，而没有感受到真正的乐趣。他们也对消费主义进行了抨击。“68代人”就这样断言他们知道什么是对其他人好的，他们当然是傲慢自大的。

巴黎的情况相当混乱，众多群体在这里交汇，其中包括共产主义者和无政府主义者。对当代无政府主义的描述最早出现在 18 世纪，由女权主义者玛丽·沃斯通克拉夫特的丈夫威廉·葛德文提出，我们已经在第 17 章中认识了玛丽。“无政府状态”一词来源于希腊语，表示“无统治”。它指代的不是一个混乱的状态，而是一个尽可能阶级平等的社会。一些无政府主义者希望完全废除国家，以小型团体取而代之。其目标是建立起合作社、公社、小型企业或类似乡村社区的集体，没有领导。无政府主义者希望通过讨论做出一个决定或一个大家支持的决策，达成共识。这与我们和朋友出游前共同商讨日程或安排晚饭有些相似。

1968 年年初，法国仿佛即将走向一个新社会。全国上下爆发罢工，游行者掀翻汽车，像旧时革命一样设置路障。警察使用催泪瓦斯驱散人潮。公共生活处于停滞状态，政府危机爆发。总统戴高乐几乎从公众视野中消失，他飞到德国，但随后他又回到法国呼吁再次选举。民众可以决定他们想要什么样的政府。

这时“68 代人”的活动家的弱点展露出来：他们中的大多数人不属于任何政党或任何大型政党，因此戴高乐赢得了选举。学生和工人运动失败了。短时间内并没有发生很多改变。长远看来没有一个“68 代人”的嬉皮士、共产主义者或无政府主义者经受住了考验。那之后大多数人正常地从事着律师、医生、建筑师、教师、教授或职员的职业，而大多数普通人则间接通过报刊或电视获悉了这一切。尽管如此，这些游行和行动都造成了一些影响。很多人还能记起当时发生的一些事情和感觉，他们认识到，社会制度不应过分苛刻，在日常生活中人们应当得到更多自由。

在德国，在 1969 年，自 20 世纪 20 年代以来第一位左派党人当选总理，他是来自德国社会民主党的维利·勃兰特。他想迎合“68 代人”的想法。在他的就职演讲中，他宣布，未来应当更多地进行公开讨论。他想关注与主流观念不一样的批评和意见。这一宣言在多个领域造成了影响，包括政治和日常生活。

日常生活中最大的改革与政治、流行乐和时尚都没有直接的联系，它是一项医学成果：避孕药得以普及。避孕药出现在20世纪60年代初。最初医生只能给已婚女性开避孕药，服用避孕药和意外怀孕都被看作“不光彩”的事情。为什么？大多数人，主要是有宗教信仰的人，都认为性是用来繁衍后代的，只能存在于婚后。但避孕药逐渐得以普及，人们也更容易买到避孕套等传统的避孕工具。女性不必再像几十年前或几百年前一样害怕意外怀孕。

而另一项发明也大大减轻了女性日常生活负担：洗衣机。洗衣机虽然早已经发明，但直到20世纪60—70年代销售量才大幅增加。洗衣机为女性节省了很多的时间和精力，那时她们往往得独自承担家务。

洗衣机、避孕药、流行乐和自由的生活方式的普及是一场小型革命，我们的祖辈、父辈都曾经历过这一时期。他们未曾像南美洲、非洲和亚洲的人一样亲身经历过战争或殖民统治，但我们也应当感谢他们，他们为我们创造了一个较为自由的社会。我们不必因我们的性取向或音乐审美而遭受批评或惩罚。年轻人能随意把头发染成粉色或绿色，或打扮成朋克。他们能听嬉皮音乐、电子乐、电音舞曲和重金属等各种音乐，而不被人责骂。人们也不一定要结婚了才能跟人同居。

所有这些我们认为理所当然的自由都是在不久前才获得的。而生活在世界其他地区的数百万人至今都还没拥有这样的自由，例如拉丁美洲、非洲、亚洲的一些国家的人民。

第 29 章　中东冲突

> 一个世纪以来，中东受霸权政府、恐怖主义和流血冲突困扰，这些冲突的根源可追溯到很久以前。

当我们在电视、报纸或网络上看到战争、恐怖袭击或国家领导人犯罪等报道时，其发生地大多是在中东地区。该地区的国家包括埃及、沙特阿拉伯、以色列、巴勒斯坦、黎巴嫩、叙利亚、伊拉克和伊朗。在近几十年中，它们持续遭受战争和危机摧残，数百万民众在暴力中丧生。无论过去或现在，中东地区所面临的麻烦之多，超越了世界其他所有地区，并且这些麻烦往往也影响着全世界。

冲突的原因各种各样：偶尔因为代表财富的石油控制权，偶尔则因为各个宗教的教徒——犹太教徒、基督徒和穆斯林——有各自不同的世界观和生活方式。古老的历史记忆和故事也发挥了作用，一直可以追溯到中世纪十字军东征和古罗马时期。在数百万中东人之间的争端中，甚至连百年前或 2 000 年前撰写的书籍也产生了影响。

如此多样和复杂的冲突因素在全球再无第二，这一点尤其体现在历史根源最悠久、情况最复杂的几个国家之间的冲突中。我将在这一章中讲述以色列、巴勒斯坦、几个阿拉伯国家和组织之间的冲突。人们也称之为中东冲突。

血腥的冲突和圣地

中东冲突从一开始就归结于几个根本性问题：巴勒斯坦哪些地区属于以色列人？哪些属于巴勒斯坦人？阿拉伯语群体能拥有自己的国家吗？巴勒斯坦人原本生活在今以色列和约旦的各个地区，如今大部分人生活在约旦河西岸部分地区和加沙，在那儿他们被以色列军队监视。以色列人和巴勒斯坦人相互间不断发生枪击和斗殴事件。为何会发展到这种境地？为了更好地理解这种情况，我们得回顾一下1900年左右的历史。我们要回顾的是一本书，它的作者是一位不太有名的欧洲作家，但他对历史的发展造成了巨大的影响。

该书书名为《犹太国》，1896年出版于莱比锡和维也纳。作者西奥多·赫茨尔是一位来自奥匈帝国的犹太作家及记者。如何结束犹太人几百年来所遭遇的歧视和迫害，这一问题一直困扰着他。在赫茨尔生活的年代，在俄国犹太人被极端分子屠杀。犹太人完全被当作赎罪的工具，人们将经济和政治危机等所有问题都怪罪于他们，即使他们与此毫不相干。人们在他们身上发泄愤怒，犹太人却毫无防御能力，因为他们是少数族群。

在《犹太国》一书中，赫茨尔描绘了，他所认为的如何解决反犹太主义的问题的方法——世界上所有犹太人应当移民去阿根廷或中东的巴勒斯坦，在那儿他们能建立自己的国家，团结一体，抵御外敌侵犯。这一想法促成了一项运动。犹太人选择了巴勒斯坦，2 000多年前犹太人就在那里生活过。犹太人的旧都是耶路撒冷，神殿山上的宗教中心。它的宗教意义非同一般，因为2 000年前神殿山被罗马军团摧毁了。那座山叫作锡安山，因此犹太人回归故土创建国家的运动被称作锡安主义。

20世纪20年代起，犹太人从全世界移民至位于地中海东岸的巴勒斯坦，如今以色列人和巴勒斯坦人都生活在这里。30年代德国处于第三帝国时期时，犹太人被德国人迫害和谋杀，移民潮达到高峰。二战结束时，共有数十万犹太人来到巴勒斯坦。在这个美丽国度的橄榄树和柠檬树之间，移民者建起了自己的房子，设立定居点，开展农业活动。

但这时犹太国还未建立。巴勒斯坦的这些地区曾长期被奥斯曼帝国控制，从中世纪以来这个古老的伊斯兰帝国就统治着中东地区。它在一战期间曾与德国结盟，因此战后在战胜国英国和法国的打击下，它的势力一落千丈。随后它曾经的一些领地由英国人接管，其中就包括巴勒斯坦。

不久信奉伊斯兰教的阿拉伯人和在巴勒斯坦定居的犹太人之间爆发了血腥的争斗。为停止争端，联合国1947年决定将巴勒斯坦领土一分为二，冲突双方应各自建立自己的国家。西边的部分划分给了犹太人，东边部分给了巴勒斯坦人。但巴勒斯坦人拒绝接受这一分配计划。他们拒绝将自己的领土分给刚来的犹太人，他们认为犹太人完全不属于这儿。而犹太人接受了联合国的分配。在正式分割之前，锡安主义者大卫·本·古理安就宣布以色列国成立。

大卫·本·古理安出生于波兰，是以色列国的第一位总理。建立自己国家的喜悦并没有持续很久。因为就在建国当年，埃及、约旦、叙利亚和伊拉克军队就对以色列发起进攻。以色列将他们击退，但让局势更雪上加霜的是，战争期间以色列占领了巴勒斯坦更多的土地，超出了联合国分配给以色列的部分。战后以色列仍然占领着阿拉伯人的这些领土，战争中逃亡的巴勒斯坦人被禁止回到他们的故土。

1948年这次战争导致的结果是，约75万巴勒斯坦人流亡到巴勒斯坦其他地区或相邻的伊斯兰国家。这些国家不承认以色列的主权，直言它们想消灭以色列。在随后的1956年、1967年和1973年，以色列和邻国间又爆发了若干场战争。而几乎每次以色列人都能严防死守。他们十分看重军队的实力和现代化。这当然是因为，他们再也不愿像面对纳粹德国恐怖统治时那样毫无还手之力。

埃及和约旦逐渐改变了对以色列的态度，但其他国家的立场依然没有改变。但同时以色列又有了新的敌人，例如伊朗。面对中东冲突，伊朗一直置身事外。因为当时伊朗受巴列维王朝控制，国王巴列维是借助美国和英国的力量才重新上台的。他们扳倒了民选总统穆罕默德·摩萨台，因为他企图将伊朗石油资源国有化。英国人和美国人不想让英伊石油集团的石油资源控制权被夺走，该集团即是英国石油公司的前身。巴列维国王独掌大权，他乐意与美国和其他西欧国家进行交易。他对宗教冲突完全不感兴趣，对以色列的局势漠不关心。然而1979年，他被赛义德·霍梅尼赶下台，从此伊朗实施政教合一制度，成为以色列的最大敌人之一。

除了这些对以色列产生威胁的国家以外，还有一些坚持斗争的小型组织。一些巴勒斯坦人开始了针对以色列的地下斗争。他们组建起包括法塔赫在内的巴勒斯坦解放组织（简称“巴解”）。1972年奥运会期间，“黑色9月”恐怖组织在慕尼黑绑架并杀害了以色列运动员。随后以色列情报机构受命为运动员复仇，他们在全世界通缉并加害涉案人员。

这导致暴力恶性循环不断加剧。与冷战一样，在中东冲突中也存在缓和期。20世纪70年代，和平仿佛要到来了。埃及总统安瓦尔·萨达特与以色列总理梅纳赫姆·贝京迈出了勇敢的一步：他们签署了和平协议。这一举动很勇敢，因为有些激进分子认为萨达特此举是对穆斯林、对阿拉伯人、对巴勒斯坦人的背叛，他应当为此付出巨大的代价。1981年10月，当萨达特在看台上观看阅兵仪式时，假扮成士兵的恐怖分子突然从卡车上跳下来，跑向看台，用机关枪向总统开火。在枪林弹雨中，萨达特和几位观众遭枪击身亡。

在我记忆中，埃及总统被谋杀一案是我在电视上观看到的第一起重要历史事件。该场景在相关报道中滚动播放，人们不得不观看爱好和平的总统萨达特是如何被凶手杀害的。而在伊朗首都德黑兰有些人却在欢庆袭击成功。在此后的几年中，巴勒斯坦的情势再次恶化。巴勒斯坦人发起 Intifada 运动，这个阿拉伯语词的意思是“起义”。在巴勒斯坦人看来，它表示颠覆以色列对巴勒斯坦部分地区的统治。

巴勒斯坦人不断发起恐怖袭击。自杀式袭击者在耶路撒冷的公交车上引爆炸弹，他们将以色列人以及在以色列生活的阿拉伯人和自己一起带向死亡。以色列军队对巴勒斯坦人发起反击，引发了暴力的恶性循环。

1993 年希望的种子再次萌芽，人们仿佛就要找到解决之道。以色列和巴解在挪威首都奥斯陆进行谈判。阿拉法特领导下的巴勒斯坦人至少承认了以色列的主权，以色列总理伊扎克·拉宾也同意巴勒斯坦人实行自治。长期来看，巴勒斯坦人建国有望。但两年后一次可怕且后果严重的袭击再次发生：在一次大型政治活动上，伊扎克·拉宾被一位以色列人刺杀身亡。

这位以色列人为何要杀害自己的总理？与 14 年前的埃及总统萨达特一样，拉宾也被反对和平进程的同胞杀害。从袭击事件及其造成的震惊中可以看出，以色列人民在巴勒斯坦问题上的看法存在很大分歧。和平进程再次陷入停滞。

如今巴勒斯坦人也几乎建成了一个国家，它被很多联合国成员国承认，但不包括以色列和美国。它还不是一个真正意义上的国家，因此它一直被叫作“巴勒斯坦自治区”。它包括约旦河西岸部分地区与介于以色列和埃及边境之间的加沙地带。“国家主权”的意思就是独立，但以色列军队仍然控制着该地区。也就是说，以色列士兵和装甲车在该地区巡逻，而巴勒斯坦人只负责管理。

中东形势复杂，不断有再次发生冲突的危险。以色列人不愿放弃巴勒斯坦人在约旦河西岸的定居点，即使这是违背国际条款的。他们甚至建立了新的定居点，由军队封闭出口，对街道实行管制，折磨巴勒斯坦人。暴力事件偶有发生，偶尔由巴勒斯坦人发起，偶尔由以色列人发起。这是巴勒斯坦抵抗组织哈马斯的目标。一些哈马斯成员也与巴解成员一样被选举成巴勒斯坦自治区政府人员。巴解成员相对平和，大多数时候他们都愿意与以色列进行谈判。而哈马斯中既有政治家，也有主张暴力的成员。

造成如此复杂情况的原因在于，宗教一直在冲突中扮演着至关重要的角色，这一切都来自犹太人和巴勒斯坦人的积怨。对犹太人来说，巴勒斯坦和约旦河西岸地区被看作“福泽之地”和“圣地”。为什么？因为一本2 000年前的古书——《旧约》上是这么写的，更确切地说是《托拉》（摩西五经）。根据这本犹太人的圣书中记载，该地区是神赐予犹太人的。在一则《圣经》故事——《创世记》中，神许诺给亚伯拉罕和他的后代约旦河西岸的这块土地，作为他们的定居地。一些虔诚的犹太教徒，即正统犹太教徒至今仍认为，这一古老的故事是这块土地归属于犹太人的“证明”。

这一切让人惋惜，我们还记得几千年前就在中东诞生了世界三大宗教：犹太教、基督教和伊斯兰教。他们从一开始的传教宗旨就是，用道德教化人，让人们拥有良好品行。

穆斯林内部冲突和美国的介入：三次海湾战争

除了上述已有的这些宗教冲突，中东各敌对的伊斯兰国家和伊斯兰教各分支之间也存在冲突，例如逊尼派和什叶派之间的冲突。它们在至今为止的三次海湾战争中发挥了重要作用。之所以被称作海湾战争，是因为它发生在阿拉伯国家和伊朗之间的波斯湾边。此外，以美国为主的西方国家也参与了这几次战争。

1980 年，逊尼派主导的伊拉克和什叶派代表的伊朗之间爆发了第一次海湾战争，双方都是为了争夺波斯湾的主导权。波斯湾具有重大战略意义，沙特阿拉伯和伊朗等国家的油轮通过这里将石油运往世界各地。石油作为能源和石油化纤的生产原料十分重要，它是整个工业的重要指标以及西方世界财富的重要基础。

第一次海湾战争是怎么发生的呢？ 1979 年，一位残暴且利欲熏心的独裁者萨达姆·侯赛因成为伊拉克总统。即便如此，最开始美国还曾支持过侯赛因。为什么？因为伊拉克的石油。而且侯赛因也与伊朗为敌。在伊朗，霍梅尼掌权。在某些穆斯林眼中，美国以及西方世界是最糟糕的异教徒的代表，即撒旦。另一方面，美国也想阻止伊朗扩大势力，因为这可能使美国在伊拉克的石油运输中断。美国为伊拉克提供武器装备，以供萨达姆进攻伊朗。8 年后第一次海湾战争结束，双方打成平手。政治上，双方势力与此前毫无变化，100 万人却因此丧生。

海湾战争再次证明，美国等强国对某些国家暗中干预，尤其是扶持独裁者，会造成多严重的后果。根据格言“敌人的敌人是我的朋友”而结下的盟约往往无法维持。

事实确实是这样，第一次海湾战争结束才两年，下一场战争便爆发。在 1990 年爆发的第二次海湾战争中，美国开始与自己曾支持数年的伊拉克对抗。为何会有如此转折？战争的导火线是萨达姆入侵科威特。联合国派出维和部队，以将伊拉克人驱逐出科威特。最终美国、英国和其他西方国家组成的联合军队以及沙特阿拉伯一起向伊拉克人开火，用炸弹、导弹和地面军队展开袭击，打败了伊拉克。科威特拥有丰富的石油资源，西方国家此举是为了保卫自己的石油来源，这是第二次海湾战争爆发的主要原因。

伊拉克撤军之后，波斯湾就能够找回平静吗？不可能。2003 年 3 月，美国和英国再次向伊拉克发起战争。两国联军最终甚至占领了其首都巴格达，并将萨达姆赶下台。根据其罪行，他被判为独裁者，随后被处死。但英美是在未向联合国申请且未得到联合国允许的情况下，发动了第三次海湾战争。时任美国总统小布什在其中起到了推动作用，他是发动第二次海湾战争的美国总统老布什的儿子。美国在联合国安理会上给出的理由是，萨达姆拥有核武器和化学武器等大规模杀伤性武器。美国国务卿声称，伊拉克对美国乃至世界造成了威胁。此外据说萨达姆还支持过沙特阿拉伯恐怖分子乌萨马·本·拉登。

本·拉登是恐怖组织“基地组织”的头目，带头制造了2001年9月11日纽约世界贸易中心双子塔的恐怖袭击。2001年9月11日上午，风和日丽，自杀式袭击者共劫持了美国国内航线的4架飞机，并控制其中两架飞机撞向了曼哈顿市中心的世界贸易中心。万米高楼坍塌，约3 000人丧命。

这一事件虽然与我没有直接关系，但9月11日我恰好在纽约，因此我也亲身经历了它给美国带来的震惊。第二天早晨，在我去往曼哈顿一座公立图书馆的路上，往来穿梭的警车和消防车明显多于发生普通的火灾或袭击事件时。人们惊惶不安。当我到达图书馆时，却被门口的工作人员告知图书馆已闭馆，她说因为“我们正遭受袭击”！

图书馆工作人员说得就像是整个城市或整个国家正处于战争状态。虽然我就在曼哈顿，但我也是在一小时之后才从电视上看到飞机撞击高楼的场景。但我至少与曼哈顿的数百万人一样，在这一天清楚地认识到，一个处于战争状态中的城市是什么样子，就像很多中东人民曾经和现在每天经历的一样——扑面而来的巨大的威胁、不安感。下一刻可能又会发生什么，任何一个地方都可能遭受炸弹袭击，又会有一个建筑被射击或坍塌，人们怀着这样的恐惧感。他们害怕自己将被封锁在曼哈顿。

“9·11恐怖袭击事件”深深撼动了美国，美国据此谴责伊拉克支持发动此次恐怖袭击的本·拉登，但这其实是一个谎言。就像他们声称萨达姆拥有大规模杀伤性武器一样。两个都是为了扳倒萨达姆，获得伊拉克石油控制权而制造的借口。

在第三次海湾战争以及美国在伊拉克驻军的随后几年中，数十万人丧生，他们在美国发动袭击时间接因为战争而丧生，如缺乏食物和没有得到相应医治。此外，在随后几年中又发生了多起恐怖袭击事件。因为萨达姆下台后，伊拉克未能建立一个强大的中央政府而陷入混乱，各个族群、部落和氏族相互斗争。非政府军和恐怖组织向美国军队及伊拉克平民发起袭击。虽然在此期间，伊拉克政府仍然在继续进行民主选举，但过程中往往存在很多暴力和腐败现象。

恐怖主义、“阿拉伯之春”和内战

恐怖主义（terrorism）并不是新事物，它出自拉丁语中的“terror”一词，表示“害怕”和“恐惧”。在中世纪带来害怕和恐惧的帮派组织成员可以说是最初的恐怖分子，他们出其不意地从背后杀害敌人的头目。如今大家熟知的最初的现代恐怖组织是爱尔兰共和军。1919 年来他们为爱尔兰独立和北爱尔兰脱离英国而斗争，为此对英国平民实施轰炸袭击。

德国在 20 世纪也遭遇了恐怖主义。1970 年红色兵团制造了令人惋惜的著名惨案。左翼极端主义群体声称，他们为对抗帝国主义德国而斗争。他们谋杀政治家、警察、企业家及他们的保镖和司机。

某些群体没有正规军队和大炮、坦克或战机等大型武器，这种情况催生了恐怖主义。他们用相对较少的工具对抗强大的敌人，并企图达到尽可能恐怖的效果。20 世纪，他们转而向毫无抵抗之力的人下手，在公共场合杀害平民，以散布恐慌。他们以此来削弱和打击对手，用极端血腥和残忍的方式宣告他们的意图。

21 世纪初，又出现了伊斯兰极端分子。这些极端分子想对抗西方人，在他们眼中西方人是罪人，通过军事、经济和文化控制中东。伊斯兰极端分子认为他们的战斗是其宗教教义的一部分。他们甚至称这为“圣战”，即“讨伐异教徒的圣战”。

伊斯兰极端分子中混杂着恐怖主义群体、以大炮和火箭炮为武器的小型非政府武装，例如阿富汗的塔利班。他们曾一度建立起自己的宗教国家。一旦有人违反了所谓的几千年来的古老的宗教规范，就得面临酷刑。同时女性受到压迫，塔利班用石刑处死出轨或被怀疑出轨的女性。2003 年起，美国和欧洲部队包括德国联邦国防军向塔利班开战，将他们赶下台。

尽管塔利班势力被削弱，但还是发动了多次恐怖袭击。仍然不断有人加入他们。以美国为首的西方国家的军事介入激起了当地人民的仇恨，塔利班从中受益。例如美国曾通过无人机发动致命性导弹袭击，无人机在空中瞄准的是阿富汗和巴基斯坦的恐怖分子，但是也伤及了无辜的平民，他们恰好在目标任务周围或被错误地判断为恐怖分子。而操控无人机的飞行员坐在千里之外的美国，他们只是通过屏幕和手柄控制远程武器，就像玩游戏。

越来越多的恐怖组织成立。2003 年起，其中一个组织发展迅速，他们自称为“伊斯兰国”，主要活动地区在叙利亚和伊拉克。与此同时，阿富汗和巴基斯坦的塔利班又重拾影响力。

2012 年，塔利班在巴基斯坦犯下了严重罪行，引起全球广泛关注。10 月 9 日，一位蒙面的恐怖分子劫持了一辆满载儿童的校车，近距离击中 15 岁学生马拉拉·优素福·扎伊的头部，致其重伤，危及生命。但最后她还是奇迹般地得以生还。

为何要如此无能地对这位女孩发起这场可怕的袭击？马拉拉·优素福·扎伊曾在自己的博客上写道，塔利班禁止该地区女孩上学，因为据塔利班称伊斯兰教教义不允许。此次谋杀事件后，这位来自巴基斯坦的女孩成功让女性受教育权成为全世界关注的议题。她得以在联合国会议上发表演讲。2014 年，因为她的勇敢行为，她成为历史上最年轻的诺贝尔和平奖得主。

马拉拉 · 优素福 · 扎伊和她戏剧化的经历反映了悲惨的当地局势，但同时也代表着中东一些国家有望获得更多自由。该袭击事件发生前一年，从突尼斯开始，诞生了一系列游行活动。这一切开始于 2011 年，被称作“阿拉伯之春”。

但当这项运动不断发展壮大，危及政权时，遭遇了武力镇压。在埃及，军队发起暴动，随后建立起一个军事独裁政府。在利比亚，其领导人穆阿迈尔 · 卡扎菲武力镇压民主运动，起义者与政府军发生内战。美国、英国和法国等西方国家的空军部队介入，支持反对卡扎菲的势力。与此同时，恐怖组织利用战乱浑水摸鱼。最终卡扎菲下台，随后被杀。在叙利亚内战中，数十万叙利亚人丧生，数百万叙利亚人在战乱中开始逃亡，大多数人逃往约旦、黎巴嫩和土耳其等邻国。一些人逃往欧洲，很多人到了德国。这里虽然远离他们的家乡，但至少是安全的。

第 30 章　下一个重要进程

欧盟与针对气候变化和世界饥荒的慈善机构，寻求新主意、新方法。

在前 29 章中，我们看到了人类和地球的历史，其中有很多正面的值得一提的事情。5 000 年前人类首次建立起一些高等文化族群和国家，最早出现在埃及和美索不达米亚，随后在全世界遍地开花。在此过程中诞生了一些伟大的发明：文字、华丽而实用的建筑、技术和治疗方法。人类创造出美妙的艺术品。哲学家提出了有关政治、道德和美学的巧妙构想。在 18 世纪开始的启蒙运动中，人权逐渐得以传播，随后民主思想也广泛普及。此外社会保险体系得以建成，它让穷人、病人都能得到帮助。

这是其中的一面，但历史也有阴暗的一面。当我们翻开历史书时，时不时就能看到人类被禁锢在一个由战争、犯罪和暴行组成的疯狂轮回中。此外，其中一些最可怕的恶行恰好来自受人追捧和尊敬的国王、皇帝、教皇。

有时我们或许会想：最糟糕的事情已经是很久以前发生的了，它们是另一个时代的事情。甚至即使曾经存在过奴隶制度，但如今人们已了解它的坏处。可惜并没有这么简单。因为曾经发生的一些最令人发指的事情出自 20 世纪，距离我们仅几十年。我们看到希特勒等独裁者造成了数千万人惨死。21 世纪也有可怕的独裁者，共中一些人至今仍在执政。

我们也许从独裁和罪行中吸取了教训。我们不再轻易受骗，并且有了一些值得一提的进步。2016 年全球约 2/3 的国家成了民主国家。从某些方面来看国与国之间的联系更紧密了。上文我们已经介绍了联合国。一旦国家之间发生冲突或爆发战争，联合国便试图进行调解。但仍然有一些国家拥有核武器，足以将全人类和整个星球毁灭。除了曾经拥有核武器的美国、英国、法国和俄罗斯等强国以外，以色列、印度、巴基斯坦和朝鲜也研发出了核武器。一些国家不断与他国爆发争端，因此国际性的国家联合体不得不为消除冲突而不断努力。

还有一个具有历史性意义的全新的国际性联合体：欧盟。在过去几十年中，欧洲大多数国家加入了欧盟，它的前身是欧洲共同体，是由 28 个主权国家结成的伙伴关系，1958 年在罗马就初现雏形。当时法国、德国、比利时、意大利、荷兰和卢森堡结成同盟，建立起一个欧洲经济共同体，旨在通过免除进口货物税收等方式促进贸易。但更重要的目的是，阻止国家间再次爆发战争。近几十年来，欧盟成员国间和西欧确实再也没有发生过战争。这对今天的我们来说好像是理所当然的，但这一成果在历史上是前所未有的。

经过了几十年，越来越多的国家加入欧盟。大多数欧盟国家如今使用统一的货币——欧元。欧洲理事会、欧洲议会和欧盟委员会定期举行，它们由成员国的政治家组成，偶尔也为所有成员国做出决策。欧洲理事会成员是各国政府首脑，他们在欧盟峰会上制定基本政治方针。欧盟委员会类似于一个政府，委员就像是经济、农业、能源、文化和外交等各个领域的部长。委员由成员国推选。欧盟委员会坐落于比利时布鲁塞尔，欧洲议会则位于法国斯特拉斯堡。

欧盟居民不需要申请护照就能自由地出入所有欧盟成员国，甚至能自由搬迁。在面对经济和财政危机时，国家之间的团结变得尤为重要。在全球化趋势下，局部地区的危机往往会给全世界带来更大的影响。欧盟对问题严重的个别成员国进行支持。此外它也能帮助世界其他地区，例如接受难民和为贫困国家提供发展援助。

当然欧盟在很多方面还有待提高，例如它间接地损害了一些非洲国家贫困农民的利益。欧洲农场从欧盟获取津贴，即经济上的支持，因此能将番茄、肉类和奶制品等产品以低于当地生产商的价格在非洲销售，这导致当地农产品往往无法与欧洲进口产品竞争。

在很多问题上，全世界所有国家都得参与改善，例如全球气候变暖的问题。主要因发电站、汽车和飞机燃烧煤炭和石油产生水蒸气、二氧化碳和甲烷等温室气体，造成了温室效应，而受到温室气体层的阻碍，到达地球上的太阳热能无法很好地反射回大气层中，导致全球气温上升。气候变化导致两极冰川融化加剧，因此一些国家洪水泛滥，另一些国家则因为升温而遭遇旱灾。这些受灾的国家位于南半球，原本就存在水资源和食物匮乏等问题。世界气候大会因此举行，所有国家都得负起责任，减少温室气体排放量。

高科技的未来和一个古老的问题

从历史上来看，人类造成的气候变化所带来的威胁是相对较新的问题。2013 年 5 月，美国情报机构美国国家安全局的一位技术专家——爱德华·斯诺登，以惊人的方式揭露了另一个新问题。他通过《卫报》和《纽约时报》等主流媒体公开了一些绝密文件，揭露了英美情报机构对全世界各国政府和个人实施严密监听，搜集了大量私人通话和邮件往来的信息。这一发现造成了丑闻，将斯诺登置于危险境地。美国政府指控他泄露重要军事机密，以此危害了国家和国民安全。斯诺登面临终身监禁的处罚，因此他经中国香港逃往俄罗斯莫斯科，秘密藏身起来。

斯诺登是所谓的“吹哨子的人”，引申义为“告密者”或“泄密者”。

他们大声揭露集团或国家等大型组织犯下的罪行或存在的问题。一些人认为斯诺登是背叛者，另一些人认为他是英雄，因为他揭发并控诉了一个重要的弊端。

但情报机构的监控和监听到底是不是一个严重的问题呢？这种举动是否同时也保障着我们的安全，例如在面对伪装的恐怖分子时？持续监控的危险在于，做出异常却无害行为的人都被当作犯人，甚至可能被逮捕。或者他们私底下说起或做过的事被他人用以勒索，而其中有些事不过令当事人略为尴尬，但不犯法。此外，人们总有被人暗中观察的感觉，这也可能导致他们不再自由地表达自己的想法，即使有时他们并没有意识到。这样就存在一种危险——为了不让自己变得异于他人，我们可能会向政府的意见或大多数人的意见靠拢。在历史中，很多独裁者最终都会监视自己的国民，即使他们使用的是远落后于如今现代科技的工具。

技术在历史中发挥的作用是多样的。工业化以来，技术革新改善了医疗状况和膳食，人均寿命从仅 30 岁上升至近 80 岁。如今的现代医学让一些人梦想着通过器官移植将寿命延长至 130 岁。

在记忆力和智力方面，很多人也看到了无限潜力。如今在公交和地铁上，我们的眼睛离不开我们的智能手机或平板电脑，借助这些设备获取网上的信息并与其他人交流。如果将这些装置的芯片植入我们的皮肤，直接与我们的神经系统和大脑相连，会怎么样呢？这样我们大脑里将储藏无尽的能直接利用的知识，再也不用费力积累知识，这样很多事情是不是就变得简单多了？甚至我们是不是可能超越 20 万年前的“聪明的人类”——智人？我们能演变成另一种人类么？变成“超智人”或“程序人”？

这一切都是对未来的憧憬。同样不明确的还有一点，当这样的超智慧型人类能够通过大数据高效率地管理和计算一切事物时，他们会更幸福或更友好吗？原本应该为我们服务的人工智能设备和机器人越来越多地为我们做决定，限制我们的自由。我们不清楚，这最终会发展到什么地步。

这些主要是富有国家的居民提出的问题，也就是有足够多的钱享受高科技的人们。而很多贫困国家关心的问题完全不同。2016 年，以非洲为首，包括拉丁美洲和亚洲地区，近 10 亿人遭受饥荒或营养不良，即 1/7 的地球居民。每年有数百万人死于饥荒！

饥荒和贫困都是古老的问题。5 000 多年以来，自古埃及以来，一直存在着极大的贫富差距。古罗马、中世纪和文艺复兴时期都是如此。直到 19 世纪末和 20 世纪，贫富差距才逐渐缩小。至少在富裕的国家中，失业险、医疗保险和社会救助体系逐渐让居民远离饥荒和贫困。

但近几十年来，欧洲和美国的贫富差距再次增大。某种程度上来说，贫富差距在所难免。不是每个人都想要或必须拥有很多钱才能过得幸福，第欧根尼、佛陀和耶稣等人就曾强调过这一点。但悬殊不可过大。当一些人拥有的比他们需要的多很多，而其他人还处于饥饿中或还得为如何支付房租或付医疗费忍受折磨时，这种差距就很可怕了。

除战争的苦难和环境污染之外，极端的贫富差距和贫困是人类历史上亟待解决的下一个问题。它们存在已久，因此除非自己遭遇贫困和饥饿，人们几乎认为它们是“稀松平常的”，就像它们理应存在一样。这当然是错误的。150 年前人们还认为奴隶制是正常的，是“理应存在的”；100 年前对大多数国家来说，国王或独裁者掌权是正常的；即使在民主国家也只有男人可以进行选举，而女人不能，这也是正常的。幸好如今一切都改变了。世界上还有一些东西能变得更好，我们应该对此抱有希望。

为解决上文提到的这些问题，人们已经做出了很多努力。很多人加入了非政府组织，例如德国“给世界面包”基金会、无国界医生、绿色和平组织等。他们对抗环境污染、饥饿和营养不良，对抗对人权的侵害，让贫困人群和战争地区的人们都能获得医疗救助。

在环保方面，科学家们提倡利用环境友好型建筑方法和电动汽车，提倡使用太阳能、风能和地热，与煤炭和核能相比，它们更无害。新技术对环境有利，同时也能帮助贫困国家的经济发展。一些人越来越对转基因粮食种类寄予厚望，期望它们能带来更高的产量。另一些人则寄望于可持续性的有机种植方式——永续农业和公平贸易，获利的就能是第三世界国家的农民，而不是常常用廉价产品打击他们的发达国家的农业集团。

人们给饥民一些捐赠，给第三世界国家一些发展援助，这些还不够。在经济和教育方面，贫困国家需要更多的帮助和投资。与贫困和环境污染作战是极大的挑战，如今的儿童或青年未来也将与它们做斗争。或许他们会提出我们如今无法想象的全新的想法、发明和解决之道。可以确定的是，消除战争、贫困必将是人类历史上下一个重要的进程。

这将是一个伟大的成就，它的意义与废除奴隶制及施行民主和人权旗鼓相当。后两个成就在很大程度上归功于那些超越时代的人和重视改善全人类生活环境的人。他们往往与志同道合者一起努力，最终说服了大多数人。这是十分令人鼓舞的。

致　谢

衷心感谢 Arlette Böttger、Fabrice Braun、Hubertus Breuer、Antonia Brix、Mathanja Brix、Lhea Gasteiger、Tobias Lehmann、Carl Mirwald、Florin Preußler、Thomas Rathnow、Eva Schubert、Helen Schütz、Heiner Tent、Tobias Winstel 以及 Tean Zweckr。Luzi Brix、Jakob Gasteiger、Johanna Mirwald 和 Malina Mirwald 等年轻读者。我的校对员 Hans Peter Buohler、Andreas Rode、Sebastian Lehmann 和 Suzette Capati Paguirigan 也给我提供了特别的帮助。